COT
CHARLIE.OSCAR.TANGO

POR DENTRO DO GRUPO DE OPERAÇÕES ESPECIAIS DA POLÍCIA FEDERAL

Dados Internacionais de Catalogação na Publicação (CIP)

(Câmara Brasileira do Livro, SP, Brasil)

Betini, Eduardo Maia e Tomazi, Fabiano
COT: Charlie. Oscar. Tango: por dentro do grupo de operações especiais da Polícia Federal / Eduardo Maia Betini, Fabiano Tomazi -- São Paulo: Ícone, 2018.

ISBN: 978-85-274-1064-9

1. COT - Comando de Operações Táticas / Polícia Federal - História 2. Crônicas brasileiras 3. Policiais federais como escritores I. Tomazi, Fabiano. II. Título

09-09368   CDD- 869.93

Índice para catálogo sistemático:

1. Crônicas: Literatura brasileira   869.93

EDUARDO MAIA BETINI
FABIANO TOMAZI

COT
CHARLIE.OSCAR.TANGO
POR DENTRO DO GRUPO DE OPERAÇÕES ESPECIAIS DA POLÍCIA FEDERAL

www.charlieoscartango.com.br

1ª Edição – 9ª Reimpressão

Ícone editora

Copyright © 2018, Eduardo Maia Betini e Fabiano Tomazi.
Ícone Editora Ltda.
Todos os direitos reservados.

1ª Edição – 2009
1ª Reimpressão – 2010
2ª Reimpressão – 2010
3ª Reimpressão – 2010
4ª Reimpressão – 2010
5ª Reimpressão – 2012
6ª Reimpressão – 2013
7ª Reimpressão – 2014
8ª Reimpressão – 2016
9ª Reimpressão – 2018

Capa e Projeto Gráfico
Fabiano Tomazi

Diagramação
Richard Veiga

Revisão
Ana Paula Carneiro Canalle
Karoline Melo de Lemos
Rosa Maria Cury Cardoso

Proibida a reprodução total ou parcial desta obra, de qualquer forma ou meio eletrônico, mecânico, inclusive através de processos xerográ icos, sem permissão expressa do editor (Lei nº 9.610/98).

Todos os direitos reservados pela
ÍCONE EDITORA LTDA.
Rua Javaés, 589 - Bom Retiro
CEP: 01130-010 - São Paulo/SP
Fone/Fax: (11) 3392-7771
www.iconeeditora.com.br
iconevendas@iconeeditora.com.br

Este livro é uma homenagem a todos os Policiais Federais, em especial aos que fazem ou fizeram parte do Comando de Operações Táticas, heróis anônimos que entregam diariamente suas vidas em prol de uma sociedade mais justa e segura.

Agradecimentos

Agradeço a Deus; a minha esposa Adriana, por partilhar comigo os momentos de esperança e apoiar-me nos momentos de incerteza; a minha família, que se manteve íntegra durante a provação; ao mestre Rogério Greco, pelo incentivo; ao amigo Fabiano Tomazi, pela lealdade e profissionalismo; ao melhor turno da história! O COEsP 2006/1 – "*Si vis pacem para bellum*".

Eduardo Maia Betini
betini.emb@gmail.com

Agradeço a Deus; a minha mãe Rosinete Nissen e a minha avó Traudel Nissen (*in memorian*), sempre grandes incentivadoras dos meus sonhos; a Karoline Melo de Lemos, por acreditar nesse projeto e auxiliar-me em sua revisão e melhoria; a Ana Paula Carneiro Canalle, pela revisão dessa obra; aos meus amigos e irmãos de luta, Eduardo Maia Betini, Ruben Martins da Cruz Neto e Vinicius Tadeu Correa, pelo constante apoio em minha jornada.

Fabiano Tomazi
fabianotomazi@charlieoscartango.com.br

Agradecemos a todos que apoiaram e acreditaram nesse projeto, em especial a Luiz Fernando Corrêa, Rogério Giampaoli, Marcos Ferreira dos Santos, Pehkx Jones Gomes da Silveira, Herald Tabosa de Cordova e Luiz Carlos Fanelli.

Charlie Oscar Tango (Betini / Tomazi)
www.charlieoscartango.com.br

Sumário

Apresentação 11

Prefácio 17

Autores 19

1. Introdução 23

2. Histórico 33

3. A forja 55

4. Aluno 08 79

5. Aluno 14 85

6. Grupo e estrutura 91

7. Invasão coordenada 99

8. Observar, proteger, neutralizar 103

9. Gerenciando crises 113

10. Treinamento 117

11. Dia-a-dia 127

12. Missão Alfa 131

13. Missão Bravo 145

14. Missão Charlie 159

15. Missão Delta 171

16. Missão Eccho 181

17. Missão Fox 201

18. Missão Golf 211

19. Missão Hotel 223

20. Missão Índia 235

21. Missão Juliete 245

Apêndice – A sociedade e a violência 257

Apresentação

É com satisfação que apresento o livro **"Charlie Oscar Tango: por dentro do grupo de operações especiais da Polícia Federal"**, de autoria dos Agentes de Polícia Federal Eduardo Maia Betini e Fabiano Tomazi, que de maneira proativa e fiel aos princípios éticos e morais que regem a atuação do Policial Federal, tiveram a sensibilidade de trazer ao público em geral um pouco da realidade do dia-a-dia dos policiais federais brasileiros, sem expor nem comprometer a compartimentação necessária ao bom desempenho da atividade de polícia judiciária da União, ao mesmo tempo em que oferecem uma leitura agradável e realista sobre o cotidiano desta Instituição Policial, que no auge dos seus 64 anos, encontra-se amadurecida para refletir sobre seu passado e, muito mais, pensar o futuro, hoje planejado estrategicamente com uma visão de tornar-se uma polícia referência mundial em segurança pública.

Confesso que ao receber o honroso convite e a partir da leitura do presente livro, pude ter a oportunidade de rememorar a minha própria carreira na Polícia Federal; foram 14 anos como agente de polícia federal de operações, especializado no combate ao tráfico de drogas e, até aqui, mais 13 anos como delegado de polícia federal, também sempre atuando no combate ao tráfico de drogas e o crime organizado. O relato do livro é, certamente, uma síntese das experiências dos autores com o resgate da história do Comando de Operações Táticas – COT, que agora se projeta para o público e que, seguramente, acalenta e conforta a muitos daqueles de nós policiais federais que fizemos e ainda fazemos parte desta história, mas que, por qualquer motivo, ainda não pudemos externá-las como forma de contribuição transformadora para a sociedade em geral.

Eis porque acredito ser atual a milenar frase atribuída ao político romano Caio Graco: "Livros não mudam o mundo, quem muda o mundo são as pessoas. Os livros só mudam as pessoas".

Séculos se passaram desde então, muitos foram e são aqueles homens e mulheres que têm reservado lugar especial na história em suas buscas pela implantação e aperfeiçoamento da democracia no mundo. Contudo, em alguns momentos deste processo de amadurecimento político, mesmo os mais ilustres e sábios tiveram seu momento de descrença. Dentre eles destaco o imortal Rui Barbosa em relação ao futuro da política brasileira, quando vaticinou, em memorável discurso no Senado Federal, em 1914: "... de tanto ver triunfar as nulidades, de tanto ver prosperar a desonra, de tanto ver crescer a injustiça, de tanto ver agigantarem-se os poderes nas mãos dos maus, o homem chega a desanimar da virtude, a rir-se da honra, a ter vergonha de ser honesto...".

Hoje, após quase um século daquele discurso, creio que a assertiva desoladora não se concretizou, para o bem da sociedade brasileira, em que pese tenhamos sofrido de forma recorrente com o ataque vilipendioso dos inescrupulosos, que teimam em fazer fortuna à custa do erário público por meio dos mais variados tipos de ilícitos penais e atos imorais. Por isto também oportuno o apêndice que trata da sociedade e violência, com algumas sugestões de segurança preventiva.

Tal medida reforça minha torcida e minha convicção de que se faz necessário o investimento maciço na consolidação do próprio Programa Nacional de Segurança com Cidadania – Pronasci e do Sistema Único de Segurança Pública e todas aquelas medidas sócio-educativas que são propugnadas pelo Pronasci, que conclamam a participação social, o que nos remete à nossa obrigação constitucional perante o Estado em contribuir de forma cooperativa na construção da paz social.

E nada mais oportuno do que o momento histórico que vive o país e o mundo, frente à atual crise econômico-financeira, para que a sociedade em geral possa se reafirmar e de cabeça erguida, por intermédio de seus líderes, acreditarem em um futuro melhor e poder afirmar, em alto e bom som, que a esperança vencerá o medo. Até porque este é um país que teima em dar certo!

Quanto a isto, nós, policiais federais, estaremos fazendo o possível e o impossível para que a sociedade possa continuar acreditando em si e em seus valores éticos e morais e, em consequência, fazendo com que o discurso de Rui Barbosa tenha sido mais um desabafo do que uma premonição.

É neste sentido que também o livro corrobora o *ethos* que orienta a atuação do policial federal ainda no umbral do século XXI, do qual destaco:

"O quarto e, talvez, o mais importante, é o compromisso que o grupo possui com a ética. Lembramo-nos de uma determinada situação onde estávamos todos em um 'briefing' que antecedia uma operação. Poucos meses antes, participamos de um confronto pesado com assaltantes de banco onde quatro bandidos foram mortos. Durante a reunião, levado pela emoção, um dos nossos comentou com o chefe:

– Eles estão cada vez mais ousados e estamos cansados de prender o mesmo cara duas, três vezes seguidas. Ou eles fogem da cadeia ou nem são condenados. Deveríamos "quebrar geral" para aproveitarmos a vantagem tática sem nos expormos.

O condutor do 'briefing' parou um instante, pensou por segundos e replicou:

– Mas é por isso mesmo que somos protegidos, porque somos assim, não matamos sem necessidade. Tenho certeza de que se um dia começarmos a matar sem a real necessidade Deus não nos protegerá mais".

Em face disto e em razão de uma conjunção de forças do bem que o momento atual tem favorecido que se erga a mão forte do Estado, por meio de seus órgãos e instituições, dentre elas, a Polícia Federal, para que coíbam, de forma qualificada e exemplar os atos que atentem contra os interesses da União, seu patrimônio, a paz social, a saúde pública no combate ao tráfico de drogas, dentre outras competências reservadas pela Constituição Cidadã.

É neste sentido que caminhamos para nos tornarmos verdadeiramente uma polícia cidadã, conforme afirmam os autores já nas primeiras páginas do livro. O que se busca hodiernamente é que o policial federal tenha ao longo de sua carreira a capacitação permanente, para que a repressão qualificada, representada no uso progressivo da força e em tecnologias não-letais, aliada à inteligência policial torne-se a alavanca da investigação policial criminal e com isto garantam o caráter técnico-científico da ação da Polícia Federal, sempre com a preocupação constante na robustez das provas. Por isto a criação da Escola Superior de Polícia, no âmbito da Academia Nacional de Polícia Federal, é fator de grande expectativa e motivação.

É nesta ambiência que se fortalecem os princípios republicanos que norteiam a esmagadora maioria de servidores públicos em nossa democracia recém (re)inaugurada. Neste contexto a Polícia Federal tem sido vigilante não só para atuar repressivamente contra os malfeitores, repito de forma qualificada, mas, também, para sempre se orientar pela observância dos direitos e princípios fundamentais do cidadão, com ênfase no respeito à dignidade da pessoa humana.

A prova disto encontra-se nos relatos contidos no presente livro. Eis porque oportuno lembrar também do ilustre escritor Monteiro Lobato quando afirmou que "um país se faz com homens e livros".

Na esteira deste raciocínio reputo oportuna a afirmação do professor Edson Nascimento de Carvalho[1] quando afirma que "o livro não é egocêntrico. O livro coopera, reparte. Divide saberes. É um registro de linguagens e ideias em transformação permanente. É um ato libertário que conduz o homem holístico e globalizado a expressar-se com dignidade e respeito".

Por óbvio que os autores buscaram retratar a realidade de uma Unidade Especializada da Polícia Federal, o COT, que interage com todas as demais. Neste ponto urge ressaltar que grande parte das operações policiais citadas no presente livro foram idealizadas

---

[1] In: *http://jornalismo-novoolhar.blogspot.com/2007/04/importncia-do-livro-no-brasil-do-sculo.html*

CHARLIE OSCAR **15**

no bojo de investigações policiais criminais que se desenvolveram ora por uma Unidade Central, ora por uma Unidade Descentralizada da Polícia Federal, e em grande parte de forma coordenada e colegiada, mas, sempre com o apoio do COT, conforme descrito de forma fidedigna.

Tudo isto para reafirmar que a Polícia Federal é uma Instituição Policial republicana, composta por homens e mulheres, profissionais, abnegados, comprometidos e, necessariamente, anônimos, onde o mais importante não é saber quem cumpriu a missão, mas tão-somente ter a certeza de que esta foi concretizada por policiais federais, certamente inspirados na frase insculpida em placa de bronze que recepciona o visitante que chega ao COT: "a qualquer hora, em qualquer lugar, para qualquer missão".

É por isto que tenho a satisfação de convidar o leitor a percorrer as histórias aqui relatadas e, quiçá, possa motivar-se a se ombrear conosco na construção de um futuro melhor para a cidadania brasileira.

Boa leitura!

Brasília – DF verão de 2009.

Luiz Fernando Corrêa
Delegado de Polícia Federal – Classe Especial
Diretor-Geral do Departamento de Polícia Federal
Ex-Secretário Nacional de Segurança Pública (2003-2008)

Prefácio

O desenvolvimento desse livro levou aproximadamente dois anos. Muitos foram os obstáculos enfrentados para que chegássemos até aqui. Talvez o maior deles, no início, tenha sido o dilema "escrevê-lo ou não".

Essa dúvida surgiu em razão do receio que tínhamos de lançar um livro contendo histórias sobre o funcionamento de grupos de operações especiais, principalmente no âmbito da Polícia Federal. Os filmes envolvendo esses grupos estão na moda, mas o desenvolvimento de material por parte de seus integrantes gera sérios conflitos éticos. Seria deslealdade ou quebra do princípio do "sigilo" tão presentes nesses grupos? As informações aqui contidas poderiam ser utilizadas por criminosos? Haveria aceitação por parte de policiais e agentes da Segurança Pública? Existiria maneira de aproximar o conteúdo deste livro de seus leitores?

Por outro lado, a falta de material dedicado ao tema **Operações Especiais e Táticas**, principalmente relacionados à área policial, fez-nos pensar em quanto seria interessante e curioso mostrar ao público a realidade e o dia-a-dia do policial. Mostrar suas dificuldades, tristezas, sucessos e fracassos. Os poucos trabalhos publicados tratam, em sua maioria, da área militar e são escritos em outros idiomas. Isso gera uma escassez de informação que atrapalha a formação, evolução e nivelamento dos diversos grupos existentes. Outro fator motivador era a realização de um antigo sonho dos autores: a documentação, mesmo que superficial, do trabalho desenvolvido pelo Comando de Operações Táticas (COT), o grupo de operações especiais do Departamento de Polícia Federal, bem como de sua história. Complementando a ideia, disponibilizamos para os leitores algumas informações sobre as operações realizadas pela Polícia Federal que tanto tem combatido a criminalidade, nas suas mais perversas facetas.

Por sermos Policiais Federais e conhecermos o funcionamento e o trabalho da PF, tínhamos quase uma obrigação de difundir essa cultura de Polícia Cidadã eficiente e que utiliza como sua grande arma a inteligência, não a violência.

A decisão, então, pôde ser tomada. Resolvemos concretizar o projeto. Buscamos uma abordagem cuidadosa sobre o assunto, garantindo o sigilo de algumas informações, como dados sensíveis sobre as operações, investigações ou sobre a identidade dos policiais que delas participaram. Houve, ainda, preocupação na utilização de uma linguagem acessível a todos, favorecendo o entendimento geral.

Em razão do livro não ser voltado apenas a policiais, tivemos a intenção de contar histórias reais, experimentadas em algumas missões por esse país, tornando a leitura mais dinâmica e agradável. Para finalizar, criamos um apêndice contendo breves considerações sobre a sociedade e a violência, fornecendo dicas de segurança preventiva e emergencial para o cidadão, a maior vítima dessa violência.

Esperamos que a leitura desse livro vá além de saciar a curiosidade sobre o funcionamento do COT ou sobre as missões da Polícia Federal, mas provoque discussões a respeito da eficiência da polícia, a importância da segurança pública para a vida das pessoas e sobre a valorização do profissional que arrisca, diariamente, sua vida para salvar outras.

Autores

EDUARDO MAIA BETINI, Agente de Polícia Federal, Bacharel em Direito, Engenheiro Agrônomo, licenciado em Biologia, Mestre em Química do Solo pela Universidade Estadual de Maringá/PR. Atualmente lotado na CAOP (Coordenação de Aviação Operacional), em Brasília, Distrito Federal, na Seção de Doutrina e Instrução do Setor de Operações Aerotáticas. Iniciou sua carreira policial na Delegacia da Polícia Federal de Corumbá, no Mato Grosso do Sul, atuando na área de entorpecentes entre os anos de 2001 e 2004. Atuou no combate ao crime organizado e em operações de inteligência. De 2004 a 2010 foi lotado no COT (Comando de Operações Táticas), onde integrou o grupo de atiradores de precisão. É instrutor de tiro e defesa pessoal da Academia Nacional de Polícia; Tiro Tático; Armamento e Munição; Imobilizações Táticas; Tecnologias de Menor Potencial Ofensivo e Controle de Distúrbio Civil na Força Nacional de Segurança Pública; instrutor de Uso Diferenciado da Força e de Patrulha da Secretaria Nacional de Segurança Pública e de Combate Corpo a Corpo no BOPE/PMERJ. Atuou como coordenador e instrutor do Curso de Atirador Designado Aerotático instituído pela ANP e ministrado pela CAOP.

Realizou vários cursos na área de segurança pública, entre eles o Curso de Formação de Agente de Polícia Federal (ANP), Curso de Operações Táticas (COT/DPF), Curso de Capacitação em Técnicas e Meios Especiais para Estrangeiros (GEO/Espanha), Combatente de Montanha (Exército Brasileiro), Curso de Operações Especiais Policiais - COESP (BOPE/PMERJ), Curso Expedito de Mergulho Autônomo – CExpMAUT (Marinha do Brasil), Curso de Atirador de Precisão (COT/ANP), Curso de Instrutor de Armamento e Tiro (ANP), Curso de Instrutor de Defesa Pessoal (ANP), Curso de Análise de Evidências Digitais (Serviço Secreto dos EUA – USSS), Curso de Socorrismo de Combate (*Tactical Casuality Combat Care*) ministrado pelo US Army, Estágio de Operações Aéreas no SAER-PCERJ, programa de treinamento com o grupo GSG9, da Polícia Federal da Alemanha e programa de intercâmbio entre a CAOP, os US Navy SEALS, o SAER/CORE/PCERJ e o BOPE/PMERJ.

Atuou em diversas operações de vulto nacional, como Ana-conda, Farol da Colina, Têmis, Carro Forte, Cia. do Extermínio, Contranicot, Xeque-Mate, Poeira no Asfalto, Águia, Pista Livre, Terra Nostra, Caronte, Curupira, Cevada, Cavalo de aço, Upatakon, Trojan, TNT, Pacificação do Complexo do Alemão, Pacificação do Complexo do São Carlos e operação Guilhotina, entre outras. Participou na segurança de diversos eventos internacionais, como a Cúpula das Américas, Cúpula ASPA, Mercosul, Jogos Pan-Americanos, Rio + 20, entre outros. Trabalhou na segurança de presidentes estrangeiros em visita ao país (China, EUA, Alemanha, Rússia, Israel, Arábia Saudita, Egito, Jordânia, Líbano, Marrocos, Síria, Argélia, Chile, Colômbia, Argentina, Uruguai, Paraguai, Equador, Venezuela, Peru, Bolívia).

FABIANO TOMAZI é Agente de Polícia Federal, bacharel em Análise de Sistemas e com MBA em Gestão Empresarial. Atualmente, está lotado no GEPOM (Grupo Especial de Polícia Marítima), em Joinville, Santa Catarina. Foi lotado no Comando de Operações Táti-cas (COT) do Departamento de Polícia Federal, integrando o grupo de assalto/intervenção e o grupo de atiradores de precisão (sniper). Em sua carreira como Policial Federal, teve atuações em diversos estados brasileiros nas áreas de operações táticas e especiais, com-bate ao crime organizado, repressão a entorpecentes e inteligência. É professor de tiro da Academia Nacional de Polícia (ANP); professor do Centro de Instrução e Aperfeiçoamento em Polícia Marítima (CIA-POM) e em diversas cadeiras no Comando de Operações Táticas.

Realizou vários cursos na área de Segurança Pública, entre eles o Curso de Formação de Agente de Polícia Federal (ANP), Curso de Operações Táticas (COT/DPF), Curso de Controle de Distúrbios Civis (COT), Combatente de Montanha (Exército Brasileiro), Aplica-ções Táticas (BOPE/PMERJ), Curso Expedito de Mergulho Autônomo (Marinha do Brasil), Curso de Atirador de Precisão (COT/ANP), Curso

Especial de Polícia Marítima (CIAPOM/ANP), Curso de Instrutor de Armamento e Tiro (ANP) e programa de treinamento com o grupo GSG9, da Polícia Federal da Alemanha.

Atuou em diversas operações de vulto nacional, como Sucuri, Anaconda, Farol da Colina, Esteira Livre, Pororoca, Poeira no Asfalto, Águia, Petisco, Pista Livre, Terra Nostra, Caronte, Curupira, Hidra, Tentáculos, Cevada, PontoCom, entre outras. Participou na segurança de diversos eventos internacionais, como a Cúpula das Américas, Cúpula ASPA, Mercosul, Jogos Pan-Americanos, entre outros. Trabalhou na segurança de presidentes estrangeiros em visita ao país (EUA, Alemanha, Rússia, Israel, Arábia Saudita, Egito, Jordânia, Líbano, Marrocos, Síria, Argélia, Chile, Colômbia, Argentina, Uruguai, Paraguai, Equador, Venezuela, Peru, Bolívia).

1. Introdução

Para que todos compreendam com maior facilidade o assunto tratado neste livro, faremos uma breve introdução com o objetivo de situar os leitores sobre as origens, conceitos, princípios e doutrinas dos grupos de operações especiais. O termo Operações Especiais está ligado ao conceito *ultima ratio*, do latim, ou, última razão, última opção. Esses grupos são treinados para atuarem como última resposta quando as situações são extremas e os riscos elevados.

As origens

Há tempos, os líderes, os governantes ou chefes de qualquer organização social utilizam grupos treinados para realização de missões de natureza especial. É possível citar passagens que comprovam esse fato, mais especificamente nas operações de essência militar.

Em "A Ilíada", de Homero[2], é narrada a história do Cavalo de Tróia, ocorrida por volta do ano de 1200 a.C., em que um pequeno grupo de soldados gregos consegue conquistar Tróia, adentrando às muralhas da cidade dentro de um cavalo de madeira como presente dos gregos aos troianos.

Por volta de 400 a.C., guerreiros espartanos realizavam ações de comandos contra seus inimigos, infiltrando-se com seus melhores homens e causando muita destruição.

Da Primeira Guerra Mundial (1914-1918) também existem relatos de pequenos grupos que, por meio de infiltrações junto às linhas inimigas, causaram prejuízos desproporcionais ao seu tamanho.

Foi na Segunda Guerra Mundial (1939-1945), porém, que o

---

[2] Homero, poeta grego. Teria vivido no século VIII a.C. Suas principais obras foram Ilíada e Odisséia.

termo "comandos" passou a ser mais utilizado para denominar esses grupos especiais, tendo se originado na II Guerra dos Boêres[3]. Do lado dos países do Eixo, podemos citar o grupo de paraquedistas alemães que utilizava técnicas de guerrilhas para o cumprimento de suas missões, assim como a própria Waffen-SS[4]. Do lado dos Aliados, os ingleses criaram tropas especiais de assalto com objetivo de lutar dentro do território inimigo, realizando sabotagens, emboscadas e cortando comunicação ou suprimentos. O mais famoso desses grupos, em atividade até os dias atuais, é o SAS[5] (Inglaterra).

Após o sucesso na Segunda Grande Guerra, surgiram outros grupos especiais militares. Podemos citar, como referência, a Força Delta (EUA), Navy Seals (EUA), Forças Especiais do Exército Brasileiro, Comandos Anfíbios da Marinha do Brasil.

Inspirados nos grupos militares, no final dos anos 60, surgiram os primeiros grupos especiais de natureza policial. Isso ocorreu, principalmente, em virtude da necessidade de combater ameaças causadas por veteranos de guerra, portadores de algum desequilíbrio emocional que, por vezes e sem razões aparentes, efetuavam disparos contra civis ou policiais utilizando armamento de grande poder ofensivo. Um dos primeiros grupos foi a SWAT[6] da Polícia de Los Angeles (EUA). Podemos ainda mencionar outros grupos policiais de operações especiais espalhados pelo mundo, como o GSG9[7] (Alemanha, criado em

---

[3] II Guerra dos Bôeres (1899 a 1902). Confronto armado ocorrido na África do Sul, onde se opuseram os colonos de origem holandesa e francesa ao Exército Britânico, que pretendia apoderar-se de minas de diamantes encontradas naquela região.

[4] As Waffen SS foram tropas especiais alemãs que lutaram ao lado da Wehrmacht, o exército regular, na II Guerra Mundial. Foram caracterizadas por sua agressividade em combate, assim como por terem uma moral elevada e grande habilidade no combate. Seu lema era: "Lealdade é a minha honra."

[5] Special Air Service – Serviço Aéreo Especial. Forças especiais britânicos, um dos grupos precursores em operações especiais militares, criada em 1941.

[6] Special Weapons and Tactics – Táticas e Armas Especiais.

[7] Grenzschutzgruppe 9 – Grupo 9 da Guarda de Fronteira. Unidade de operações especiais da Polícia Federal Alemã. Foi criado em 1973, depois do episódio de Massacre de Munique, nos Jogos Olímpicos de Munique – Alemanha (1972).

CHARLIE OSCAR **25**

1973), o GIGN[8] (França, criado em 1973), o GEO[9] (Espanha, criado em 1978).

Apesar do rigoroso treinamento e das técnicas serem parecidas, os objetivos dos grupos de operações especiais militares e policiais são bem distintos.

Operações especiais de natureza militar

Os grupos de natureza militar são treinados para atuar em situações de paz, conflito e, principalmente, de guerra. Os objetivos giram em torno da destruição do inimigo, obtida através de infiltração, sabotagens, espionagem, técnicas de guerrilha, destruição de alvos sensíveis, destruição de linhas de comunicação e suprimentos. Atuam também no resgate de prisioneiros e na captura de pessoal ou material. Seus alvos podem ser militares, políticos e econômicos. São empregados como parte da estratégia indireta de combate, dentro do conceito moderno de economia de forças, defendido por autores consagrados como Liddell Hart[10] e Delbrück[11], servindo como alternativa a defensores da estratégia direta, como Clausewitz[12].

Operações especiais de natureza policial

Os grupos especiais de natureza policial possuem objetivos bem distintos dos militares: salvar vidas e fazer cumprir a lei.

---

[8] Groupe d'Intervention de la Gendarmerie Nationale – Grupo de Intervenção da Polícia Nacional francesa. Também foi criado em 1973, depois do episódio de Massacre de Munique, nos Jogos Olímpicos de Munique – Alemanha (1972).

[9] Grupo Especial de Operaciones – Grupo Especial de Operações da Polícia Nacional da Espanha. Criado em 1978 com objetivo de combater o terrorismo e o crime organizado.

[10] Basil Henry Liddell Hart, historiador e militar Inglês, nasceu em 31 de outubro de 1895 e faleceu em 29 de janeiro de 1970. Foi um dos maiores estudiosos sobre estratégia de guerra, autor de "As grandes guerras da história".

[11] Hans Delbrück, historiador e militar alemão, nasceu em 11 de novembro de 1848 e faleceu em 14 de julho de 1929. Foi um dos primeiros historiadores militares modernos.

[12] Karl Philipp Gottlieb von Clausewitz, historiador e militar, autor de On the war, nasceu na Prússia em 1º de julho de 1780 e faleceu em 16 de novembro de 1831.

Sua principal vocação não é matar o inimigo ou causar destruição. Suas missões e, por conseguinte, seu propósito são desarticular organizações criminosas, pôr fim em conflitos, capturar criminosos, resgatar reféns, retomar pontos e instalações (móveis e imóveis), fazer segurança de pessoas e lugares, sobreviver em ambientes hostis. Matar somente em legítima defesa, própria ou de outrem, ou quando a lei assim permite, através das excludentes de ilicitude.

Esses grupos são regidos pelas leis vigentes no país e precisam atuar de acordo com esse ordenamento jurídico, respeitando tudo o que foi estabelecido. Por isso tudo, a seleção dos integrantes dos grupos policiais de operações especiais é tão rigorosa.

Alguns conceitos

Os grupos de operações especiais trabalham sob o conceito de que um pequeno número de homens, altamente treinados e com armamento diversificado, é capaz de enfrentar, com sucesso, grupos bem maiores ou em bases fortificadas. A capacidade de uma força atacante menor conseguir uma vantagem decisiva sobre uma força maior, por meio da utilização de princípios como a surpresa, simplicidade, sigilo, repetição, segurança, mobilidade, rapidez, independência e comprometimento, é chamada por muitos autores de Superioridade Relativa. Os princípios citados são utilizados em todas as fases da missão: planejamento, preparação e execução.

O princípio da **surpresa** trata da importância da ação acontecer em momento inesperado para o inimigo, pegando-o desprevenido. Independentemente se a operação acontecerá no período diurno ou noturno, a surpresa dará uma vantagem enorme à força atacante. É um conceito que depende do fator psicológico e do efeito da movimentação. Seu objetivo é gerar o desequilíbrio do oponente. Toda estrutura, seja ela biológica ou física, seja um homem ou uma casa, está passível de entrar em colapso. Este é resultado do desequilíbrio gerado, exatamente como um lutador de Judô que primeiro desequilibra seu oponente para, na sequência, jogá-lo ao chão (colapso). Uma força especial desequilibra seja física e/ou psicologicamente através da surpresa, para depois obter a vitória sobre seu oponente. No nosso caso, os criminosos.

A **simplicidade** consiste na elaboração de um plano claro, simples e de fácil execução. Deve abranger um número limitado de objetivos e, necessariamente, tem de ser de conhecimento de todo o grupo. Planos complexos dificultam sua execução e interferem em outros princípios, principalmente, na rapidez das ações.

O **sigilo** é fundamental na realização de qualquer missão de natureza especial. Deve existir em todas as fases, mas, primordialmente, na execução. Está diretamente ligado ao fator surpresa. Isso envolve atenção especial com as comunicações, deslocamento e com os equipamentos utilizados.

A **repetição** está relacionada à fase da preparação. Toda ação planejada deverá ser treinada até que todos os integrantes a realizem automaticamente. É uma espécie de condicionamento. A ação necessária para o cumprimento da missão tem que estar no "sangue" do grupo. Costumamos dizer que o cotiano tem que ter "músculo na cabeça e cérebro por todo o corpo". É a chamada memória neuromuscular que torna as ações reflexivas, ou seja, efetuadas sem a exigência de pensarmos nelas.

O trabalho, em sua totalidade, deverá ser realizado com **segurança**. Dos dados do planejamento até a execução final, qualquer vazamento de informação poderá comprometer a segurança de toda a operação e de seus integrantes.

Uma das grandes vantagens de um grupo reduzido é a **mobilidade** que ele possui. Pode ser transportado facilmente e com certa discrição. Itinerários podem sofrer alterações sem maiores dificuldades, contribuindo para garantir o fator surpresa em uma ação.

A **rapidez** nas ações está muito ligada ao sucesso da missão. Quanto mais rapidamente o confronto é resolvido, menor o risco da quebra da superioridade relativa. Por isso a importância do treinamento, da repetição. Se todos os procedimentos foram ensaiados, o grupo não terá por que demorar na conclusão dos objetivos. Não devemos confundir, porém, rapidez com velocidade. Velocidade é basicamente o espaço percorrido em determinado intervalo de tempo. Rapidez implica na velocidade ideal para que sejam alcançados os objetivos de surpresa dentro dos padrões de técnica e segurança.

Outra vantagem sobre forças maiores é a *independência*. Os grupos de operações especiais, em virtude do treinamento e da natureza das missões, podem trabalhar de forma independente, facilitando a tomada de decisões e execução das ações.

Por fim, talvez o mais importante de todos os princípios é o *comprometimento*. Os integrantes de grupos especiais precisam comprometer-se com seus pares e com a missão. Devem estar conscientes de como será executada a ação e seus objetivos, comprometidos realmente com o serviço. Essa consciência do grupo é o que mantém todos ligados entre si e o principal diferencial sobre as outras unidades.

Doutrina e fundamentos

Um grupo de operações especiais, devido à peculiaridade de seu trabalho, deve ser formado sobre bases sólidas. Será posto à prova em missões nas quais falhas não são toleradas. Dependendo da operação, um erro poderá significar a sua extinção e a instituição à qual pertence ficará, para sempre, maculada.

Para uma efetiva redução das probabilidades de cometimento de erros, alguns fatores são fundamentais, dentre os quais: treinamento, experiência e equipamento. É preciso aliar o homem certo, o equipamento adequado e o treinamento ideal. Para atingir os objetivos, o grupo deve ter uma doutrina bem definida e fundamentos que nortearão o seu desenvolvimento.

Fundamentos éticos

Existem fundamentos éticos que são comuns à grande maioria dos Grupos de Operações Especiais:

1 – A responsabilidade coletiva;

2 – A fidelidade aos princípios doutrinários;

3 – O voluntariado;

4 – O dever do silêncio;

5 – O compromisso.

É preciso que esses fundamentos sejam absorvidos integralmente, ajudando na formação do grupo e solucionando os conflitos com o ordenamento jurídico.

A responsabilidade coletiva

Esse fundamento trata sobre a importância de seus membros pensarem na coletividade. Qualquer ação feita individualmente refletirá direta ou indiretamente no grupo. Um único erro poderá comprometer a todos. Juridicamente, o integrante que cometeu um erro dentro da operação (se este estiver previsto no ordenamento jurídico), responderá individualmente, mas todo o grupo será penalizado, seja moralmente pela missão não cumprida, ou pior, pela perda de um membro ou pela morte de um refém, por exemplo. A responsabilidade coletiva é filha do controle emocional e da disciplina consciente, segundo e terceiro mandamentos de operações especiais, respectivamente.

A fidelidade aos princípios doutrinários

Fundamento de grande importância trata sobre a observância e respeito aos princípios doutrinários nas missões realizadas pelo grupo. Existem doutrinas, técnicas e táticas já testadas, comprovadas e utilizadas mundialmente. Ao adotá-las, o grupo deverá operar seguindo tais princípios.

O voluntariado

Princípio básico em operações especiais, ninguém pode ser obrigado ou coagido a fazer parte de um grupo dessa natureza.

Todo o membro tem que ser voluntário e deverá ser dispensado no momento em que deixar de sê-lo. Alguns grupos tentam fazer com que seus integrantes, mesmo contra a sua vontade, permaneçam engajados, fundamentalmente, em razão dos investimentos feitos em seu treinamento. Isso é um erro porque a partir do momento em que se perde o voluntariado, provavelmente, perde-se o comprometimento essencial para o sucesso das missões.

O dever do silêncio

Um "Operações Especiais" deve preservar informações sigilosas, não divulgando técnicas utilizadas, informações sobre operações, treinamentos realizados ou qualquer dado sigiloso. As exceções são as informações solicitadas devido ao ordenamento jurídico vigente ou com fins histórico-didáticos, como é o caso deste livro. Esse fundamento advém do mandamento da lealdade.

O compromisso

Todo integrante de um grupo de operações especiais deve estar comprometido com os objetivos e com seus pares, não hesitando na tomada de atitudes que devam ser efetivadas.

Doutrina

Doutrina, segundo o Dicionário Aurélio, é "1. Conjunto de princípios que servem de base a um sistema religioso, político, filosófico, científico, etc.; 2. Catequese cristã; 3. Ensinamento, pregação; 4. Opinião de autores; 5. Texto de obras escritas; 6. Regra, preceito, norma".

Essas regras, normas, preceitos evoluem com o passar do tempo e variam de grupo para grupo. Uma delas, porém, vem sobrevivendo aos anos, tornando-se uma unanimidade entre eles: o trinômio Treinamento, Ensinamento e Operação.

Na verdade, isso é um ciclo, um círculo virtuoso. São as três etapas às quais, constantemente, o grupo de operações especiais deve ser submetido: treinar, dar treinamento e operar. Com isso são fundamentados o aprendizado, a continuidade do grupo e suas doutrinas, sem falar na experiência adquirida nas operações.

Outros princípios basilares comuns às atividades de natureza especial são: hierarquia, disciplina, lealdade, união e determinação de seus integrantes.

Esses fatores nos remetem ao porquê da mítica sobre esses grupos que funcionam como a última barreira na garantia da segurança e na preservação da vida dos cidadãos de bem.

No Departamento de Polícia Federal, essa última alternativa é representada pelo Comando de Operações Táticas (COT), seu grupo de operações especiais.

Mandamentos dos Operações Especiais

1- agressividade controlada;

2 - controle emocional;

3 - disciplina consciente;

4 - espírito de corpo;

5 - flexibilidade;

6 - honestidade;

7 - iniciativa;

8 - lealdade;

9 - liderança;

10 - perseverança;

11 - versatilidade.

2. Histórico

A ideia de criar um grupo de operações especiais no Departamento de Polícia Federal surgiu em 1983, quando uma Comissão Parlamentar Mista de Inquérito, responsável por apurar atos de terrorismo no país e preocupada com a evolução destas ações, recomendou ao Ministério da Justiça a especialização de um grupo de policiais federais no combate aos crimes dessa natureza. A maior preocupação era com incidentes envolvendo sequestro de aeronaves e atentados a bomba.

No ano seguinte, a direção da Polícia Federal, baseada na determinação do Ministério da Justiça, realizou estudos visando à criação desse grupo especial e incumbiu o Coordenador Central de Polícia (atualmente correspondente ao cargo de Diretor Executivo), o Delegado de Polícia Federal Raimundo Cardoso da Costa Mariz, da implantação do grupo especial. Naquele ano, foi apresentado ao Delegado Mariz um projeto preliminar de grupo tático, confeccionado pelo Agente de Polícia Federal Evandro Carnaval Barroso. Em 1986, Alberto Coury Junior uniu-se ao projeto. Decorrido um ano, em 1987, o projeto foi apresentado oficialmente pelo APF Evandro e começou a ser implementado. No projeto, estavam previstos os fundamentos do recrutamento de seus membros e do funcionamento dos cursos de formação. Juntaram-se ao grupo inicial os Agentes de Polícia Federal Nelson José da Silva Nascimento e Antônio Queiroz.

Assim foi constituído e denominado **Comando de Operações Táticas (COT)**. Ainda sem sede, a equipe foi instalada em uma sala da Divisão de Polícia Fazendária, no Edifício Sede do Departamento de Polícia Federal (DPF) em Brasília/DF.

Em 1988, um croqui contendo um desenho preliminar da sede do COT foi entregue ao Departamento de Engenharia do

DPF. Naquele ano, juntaram-se ao grupo os Agentes de Polícia Federal Washington Avelino de Souza e Noslen Brito da Silva, sendo que este permaneceu nesse Comando até sua aposentadoria e serve como fonte de conhecimento até os dias atuais. Também se juntaram ao grupo o Papiloscopista Policial Federal Marcus Vinícius Filgueiras de Almeida, os Agentes de Polícia Federal Luiz Augusto Carvalho, Carlos Alberto Machado – que continuou no grupo até sua aposentadoria, Leandro Tedoldi Moreira Lopes – atualmente chefe de equipe no COT, o Delegado de Polícia Federal Celso Aparecido Soares e o Perito Criminal Federal Ângelo Oliveira Salignac.

Foto com os precursores do COT.

Em 1989, o primeiro coordenador do Comando foi o Delegado de Polícia Federal Carlos Bernardes Mendes, sucedido, após aposentadoria pelo Delegado de Polícia Federal Daniel Gomes Sampaio que atuou como coordenador até o ano de 2004. Juntaram-se ao grupo o então Agente de Polícia Federal, atualmente Delegado, Daniel Lorenz de Azevedo – um dos precursores do grupo de atiradores de precisão, o Escrivão de Polícia Federal Walberlino de Jesus Carvalho (*in memorian*), e o Agente de Polícia Federal Luiz Wangles Martins Conde.

CHARLIE OSCAR **35**

Somente em março de 1990 o COT passou a fazer parte do organograma oficial do Departamento de Polícia Federal, sofrendo enormes dificuldades e preconceitos até se firmar como um dos mais preparados grupos policiais de operações especiais do mundo. Ainda nesse ano, ingressaram no COT os Agentes de Polícia Federal Marcos Ferreira dos Santos, atualmente Delegado de Polícia Federal e Chefe de Operações, José Barbosa Sobrinho, agora chefe de equipe do COT, Davi Soares dos Santos, além do Escrivão de Polícia Federal José Márcio Gomes Santana.

Em 1993 passaram a integrar os quadros do COT o Agente de Polícia Federal Van Dyck Oliveira e o Escrivão de Polícia Federal Luzenir Cavaignac Ribeiro, ambos operando até hoje no grupo. No mesmo ano ainda ingressaram os Agentes de Polícia Federal Júlio Gomes de Carvalho, Sérgio Rodrigues Albuquerque (*in memorian*) e Walter Paulo Schimicoksi.

Sua sede foi construída no Setor Policial Sul, em Brasília, Distrito Federal, junto à Superintendência de Polícia Federal do DF. Ocupa uma área de aproximadamente 40.000 metros quadrados, com infraestrutura completa e melhor detalhada no Capítulo 6. Recentemente, recebeu a aprovação para a construção do novo complexo de edificações, incluindo até um tanque de mergulho e uma cidade cenográfica.

Os policiais receberam treinamento de alguns dos melhores grupos internacionais de operações, como o GSG9 da Alemanha. Ao longo dos anos, seus integrantes desenvolveram doutrina própria em diversas áreas, derivada, essencialmente, desses intercâmbios e adaptada à realidade do nosso país. Desses conhecimentos e doutrinas, unidos à experiência adquirida nas várias operações executadas por esse Comando, surgiram diversos cursos, inclusive ministrados a outras instituições de segurança pública e forças militares, nacionais e estrangeiras. Dentre eles, podemos citar o Curso de Operações Táticas e o Curso de Atirador de Precisão Policial.

Foto histórica da sede do COT.

O COT utiliza moderno armamento que inclui pistolas Glock[13] no calibre 9mm, submetralhadora HK[14] MP5 SD (supressor de ruídos) no calibre 9mm, submetralhadora HK MP5 A5 no calibre 9mm, fuzis de assalto Colt[15] M16 A2 e HK-G36 ambos no calibre 5,56mm, espingardas Franchi[16] SPAS 15 calibre 12, metralhadora Colt M16 A2 LMG (Light Machine Gun) no calibre 5,56x45mm (.223 Remington),

---

[13] A Glock é fabricante austríaca de armas e cutelaria, fundada por Gaston Glock em 1963. Suas pistolas são famosas pela sua simplicidade e eficiência, utilizando polímero em sua fabricação. Equipa muitas forças policiais e militares em todo mundo.

[14] Heckler & Koch, fabricante alemão de armas, fundada em 1949 por Edmund Heckler, Theodor Koch e Alex Seidel. É reconhecido pela qualidade de seus produtos, sendo considerado como um dos melhores fabricantes de armamentos no mundo.

[15] Colt's Manufacturing Company (CMC), fabricante norte-americano de armas, foi fundada em 1847 por Samuel Colt. Durante as Grandes Guerras foi uma das maiores fornecedoras de armamento para o exército americano.

[16] Franchi, fabricante italiano de armas de fogo, foi fundada em 1868, por Luigi Franchi. Atualmente é parte do Grupo Beretta. Especializada na fabricação de espingardas.

CHARLIE OSCAR   37

fuzis de precisão Remington[17] 700 / HK PSG1 / HK MSG 90 no calibre 7,62mmx51mm (.308 Winchester) e fuzis de precisão Sig Sauer[18] Tactica II no calibre 7,62mm intercambiável para o calibre 8,58x70mm (.338 Lapua Magnum). Dispõe, também, de vários armamentos específicos, de diversos calibres, para testes ou missões especiais.

Possui, ainda, outros equipamentos que auxiliam nas missões, como visores noturnos, visores termais, binóculos, lunetas, material para arrombamento, material de alpinismo, explosivos e materiais afins, canhão disruptor, coletes balísticos resistentes a tiros de fuzil, capacetes balísticos, escudos balísticos, equipamentos de controle de distúrbio civil, barcos infláveis de assalto com motores de popa, entre outros.

Para seu deslocamento conta com os aviões e helicópteros do CAOP (Coordenação de Aviação Operacional do DPF), ônibus adaptado para funcionar como um gabinete móvel de gerenciamento de crises, caminhão para transporte de equipamentos, micro-ônibus, vans, viaturas off-road, viaturas blindadas e motos.

Utilizando-se do trinômio homem, treinamento e equipamento, vem desempenhando missões dos mais variados tipos em todo país. Em mais de vinte anos de operações, duas coisas são destaque: nunca deixou de cumprir uma missão e nunca perdeu um homem em combate, demonstrando o profissionalismo e a eficiência do grupo.

O símbolo e o lema

A Águia segurando o fuzil (um Colt M16 701 com Lançador de Granadas M203) é o símbolo do Comando de Operações Táticas. De acordo com a heráldica, a águia simboliza o apoio aéreo, a força, a garra, a inteligência e o espírito de luta do Grupo. O fuzil representa a técnica, a tática e os equipamentos empregados.

---

[17] Remington Arms, fabricante norte-americano de armas, foi fundada em 1816, por Eliphalet Remington. É uma das mais antigas fabricantes de armas dos EUA ainda em produção. É reconhecida principalmente pela precisão de seus rifles com ação de ferrolho.

[18] Sig Sauer é uma fabricante de armamento de origem Suíça. Foi fundada em 1853 por Friedrich Peyer im Hof, Heinrich Moser e Conrad Neher, originalmente com o nome de Schweizerische Industrie Gesellschaft (SIG).

Águia com fuzil, o símbolo do COT.

O idealizador do símbolo, o APF Evandro, transpôs a imagem de uma águia encontrada em uma caixa de munição americana, juntando com a imagem de um fuzil Colt M16 com lançador de granadas de uma revista de armas, formando o que é hoje o símbolo do Comando de Operações Táticas.

Símbolo do COT.

A águia foi escolhida, ainda, por ser o único animal que enfrenta tempestades para caçar, não recuando perante as adversidades. Ela vai de encontro a elas, no olho do furacão. Assim também é o COT. Não existe missão fácil ou difícil. Existe missão cumprida (ou não cumprida). Tenha certeza: ele vai onde for necessário, em qualquer lugar; com os recursos que estiverem disponíveis, a qualquer hora; e só retorna com sua missão cumprida, qualquer missão. Em resumo, esta frase representa muito bem o que é o grupo: "**A qualquer hora, em qualquer lugar, para qualquer missão**".

O lema retrata bem a realização deste sonho e a força do grupo: "**À Pátria, a vida. Ao DPF, o COT**".

O lema afixado em sua entrada.

Competência da PF

A competência da Polícia Federal é definida, primeiramente, pelo art. 144 do Capítulo III da Constituição Federal de 1988, com as devidas emendas. Ele define a organização do sistema de Segurança Pública no país. Cada cidadão brasileiro deveria ler, ao menos uma vez, sua Carta Magna. Com isso poderia exercer sua cidadania de forma mais soberana, conhecendo seus direitos e deveres. O capítulo é reproduzido na íntegra para o conhecimento dos leitores.

CAPÍTULO III - DA SEGURANÇA PÚBLICA

Art. 144. A segurança pública, dever do Estado, direito e responsabilidade de todos, é exercida para a preservação da ordem pública e da incolumidade das pessoas e do patrimônio, através dos seguintes órgãos:

I - polícia federal;

II - polícia rodoviária federal;

III - polícia ferroviária federal;

IV - polícias civis;

V - polícias militares e corpos de bombeiros militares.

§ 1º A polícia federal, instituída por lei como órgão permanente, organizado e mantido pela União e estruturado em carreira, destina-se a: **(Redação dada pela Emenda Constitucional nº 19, de 1998)**

I - apurar infrações penais contra a ordem política e social ou em detrimento de bens, serviços e interesses da União ou de suas entidades autárquicas e empresas públicas, assim como outras infrações cuja prática tenha repercussão interestadual ou internacional e exija repressão uniforme, segundo se dispuser em lei;

II - prevenir e reprimir o tráfico ilícito de entorpecentes e drogas afins, o contrabando e o descaminho, sem prejuízo da ação fazendária e de outros órgãos públicos nas respectivas áreas de competência;

III - exercer as funções de polícia marítima, aeroportuária e de fronteiras; **(Redação dada pela Emenda Constitucional nº 19, de 1998)**

IV - exercer, com exclusividade, as funções de polícia judiciária da União.

§ 2º A polícia rodoviária federal, órgão permanente, organizado e mantido pela União e estruturado em carreira, destina-se, na forma da lei, ao patrulhamento ostensivo das rodovias federais. **(Redação dada pela Emenda Constitucional nº 19, de 1998)**

§ 3º A polícia ferroviária federal, órgão permanente, organizado e mantido pela União e estruturado em carreira, destina-se, na forma da lei, ao patrulhamento ostensivo das ferrovias federais. **(Redação dada pela Emenda Constitucional nº 19, de 1998)**

§ 4º Às polícias civis, dirigidas por delegados de polícia de carreira, incumbem, ressalvada a competência da União, as funções de polícia judiciária e a apuração de infrações penais, exceto as militares.

§ 5º Às polícias militares cabem a polícia ostensiva e a preservação da ordem pública; aos corpos de bombeiros militares, além das atribuições definidas em lei, incumbe a execução de atividades de defesa civil.

§ 6º As polícias militares e corpos de bombeiros militares, forças auxiliares e reserva do Exército, subordinam-se, juntamente com as polícias civis, aos Governadores dos Estados, do Distrito Federal e dos Territórios.

§ 7º A lei disciplinará a organização e o funcionamento dos órgãos responsáveis pela segurança pública, de maneira a garantir a eficiência de suas atividades.

§ 8º Os Municípios poderão constituir guardas municipais destinadas à proteção de seus bens, serviços e instalações, conforme dispuser a lei.
...

Atribuições do COT

As atribuições do COT são definidas pelo art. 19 da Instrução Normativa nº 013/2005, de junho de 2005, que define as competências específicas das unidades centrais e descentralizadas do Departamento de Polícia Federal e as atribuições de seus dirigentes.

Art. 19. À Coordenação do Comando de Operações Táticas compete:

I - propor à Direção-Geral do DPF diretrizes de política de operações policiais referentes a ações táticas e de gerenciamento de crises;

II - planejar, promover, coordenar e avaliar, no âmbito do DPF, a execução das ações táticas, nas situações de sequestro, de apoderamento ilícito de aeronaves, ressalvada a competência militar, e de emprego de ações terroristas;

III - apoiar as unidades centrais e descentralizadas no desempenho de ações táticas, cujas características exijam policiais com treinamentos específicos em armas e táticas especiais, concorrendo com os meios necessários, e informando o Diretor da DIREX sobre seus resultados;

IV - propor diretrizes específicas de planejamento, controle e desenvolvimento de ações táticas, bem como estabelecer prioridades para a otimização do uso de armamentos, munições e equipamentos táticos;

V - planejar, promover e coordenar treinamentos e cursos técnicos e táticos especializados em sua área de atuação;

VI - supervisionar testes e verificações em armamentos, munições e equipamentos para emprego policial federal;

VII - promover o intercâmbio de informações com outros órgãos governamentais e autoridades policiais constituídas no País, além de entidades congêneres estrangeiras;

VIII - promover o processo seletivo interno, o treinamento e a especialização de policiais federais destinados a integrar sua equipe;

IX - organizar, manter e controlar o acervo de Leis, Tratados, Acordos, Convênios, Normas e demais informações correlatas às suas atribuições;

X - colaborar com a ANP/DGP na orientação do planejamento e da execução do ensino da matéria de sua atribuição;

XI - promover o controle estatístico dos indicadores referentes às atividades e aos resultados das operações policiais relacionadas à sua atribuição, tendo em vista subsidiar a gestão do Diretor da DIREX.

Áreas de atuação

O COT atua em todo o território nacional, nas mais diversas áreas de operações especiais. As principais são: retomada de aeronaves e embarcações não militares, gerenciamento de crises

CHARLIE OSCAR **43**

e negociação, bombas e explosivos, combate em áreas restritas, retomada de edificações, retomada de trens e ônibus, crises com reféns, controle de distúrbios civis, operações rurais e urbanas, segurança de dignitários, contraterrorismo e combate em áreas de alto risco.

Possui em seu quadro policiais federais especializados em mergulho, paraquedismo, explosivos, combate em áreas urbanas, combate em áreas rurais, operações aéreas, operações anfíbias, técnicas verticais, combate em montanhas, tiro de precisão, entradas táticas, comunicações, sistemas de informação, agentes químicos, inteligência, controle de distúrbio civil, aberturas e pronto-socorrismo.

Além da preparação física e tática, os policiais necessitam de uma forte preparação psicológica para enfrentar todas as atividades de alto risco a que são constantemente submetidos.

Algumas missões realizadas

Diversas operações foram realizadas ao longo da existência do COT, com atuações nas mais variadas frentes e em todas as regiões do território nacional. Abaixo listaremos algumas delas, principalmente as mais recentes, com um pequeno resumo de cada uma.

BOING 737 (VASP) – Goiás – 1988
Um sequestrador com distúrbios psicológicos tomou a cabine de comando do avião, matando o copiloto, com intenção de fazer a aeronave colidir no Palácio Alvorada, em Brasília/DF. Caso resolvido com a utilização de atiradores de precisão quando a aeronave estava em solo. Todos os passageiros e a tripulação foram liberados.

BANDEIRANTES – Pará – 1989
Na tentativa de empreender fuga após assalto a banco, um grupo de fanáticos religiosos tomou uma aeronave Bandeirantes, fazendo

cinco reféns. Quatro deles foram liberados através de negociação, o quinto foi resgatado pelo grupo de assalto. O líder foi preso e quatro sequestradores cometeram suicídio.

ECO'92 – Rio de Janeiro – 1992
Realização da segurança do evento. Atuou com grupo de assalto e grupo de atiradores de precisão.

PORTO BELO – Paraná – 2002
A Estrada do Colono foi desativada porque estava degradando uma área do Parque Nacional do Iguaçu. Foram mobilizados centenas de Policiais Federais, que receberam treinamento do COT em Controle de Distúrbios Civis. Além da destruição da Estrada, a balsa que fazia a transposição do rio foi afundada.

ARCA DE NOÉ – Mato Grosso – 2002
Operação realizada para prender o homem acusado de comandar o crime organizado no Mato Grosso, que acabou sendo preso posteriormente no Uruguai.

ÁGUIA – Amazonas – 2003
Foram presas 36 pessoas envolvidas com o tráfico internacional de entorpecentes, entre eles vários policiais civis.

SUCURI – Paraná – 2003
Repressão a crimes praticados por servidores públicos federais e comparsas que atuavam na Ponte da Amizade. Foram presas 39 pessoas, dentre eles diversos policiais federais.

PLANADOR – Rio de Janeiro – 2003
Foram presas 24 pessoas que compunham uma organização criminosa com ramificações em São Paulo e Amazonas. Praticava, entre outros, os crimes de tráfico internacional de drogas, extorsão, roubo, receptação, adulteração de veículos e formação de quadrilha,

contando com a participação de policiais civis, magistrados estaduais, advogados e policiais federais.

TRÂNSITO LIVRE – Paraná – 2003

Foram presas dezenas de pessoas envolvidas com tráfico de drogas e contrabando, entre elas policiais rodoviários federais. Essa foi a maior operação do gênero na região.

PRAGA DO EGITO / OPERAÇÃO GAFANHOTO – Vários Estados – 2003

Operação com objetivo de prender pessoas que promoviam desvio de dinheiro público no Estado. Foram presas 53 pessoas, entre elas um ex-governador do Estado de Roraima.

ANACONDA – Vários Estados – 2003

O objetivo da operação era o desmantelamento de uma organização criminosa que atuava em São Paulo, com ramificações nos Estados do Pará, Alagoas, Mato Grosso e Rio Grande do Sul. Foram presas 8 pessoas, entre elas dois delegados e um agente da Polícia Federal, um Juiz Federal, a esposa de um Juiz Federal e quatro empresários. Os crimes apurados foram: formação de quadrilha, prevaricação, tráfico de influência, corrupção ativa e passiva, facilitação ao contrabando, lavagem de dinheiro e concussão. Os membros da quadrilha atuavam na intermediação de sentenças judiciais favoráveis.

PAZ NO CAMPO – Paraná – 2003

Operação de combate a milícias clandestinas armadas que atuavam nas áreas rurais do Estado. Foram apreendidas 66 armas de fogo, totalizando 17 pessoas indiciadas por crimes de porte ilegal de arma e formação de quadrilha.

LINCE – Rondônia – 2003

Foram presas 4 pessoas envolvidas na extração ilegal de diamantes na reserva indígena Roosevelt, entre elas um policial federal e empresários da região.

ZAQUEU – Amazonas – 2004

Operação com objetivo de desarticular quadrilha composta por auditores fiscais do trabalho, empresários e intermediários que cometiam crimes de corrupção ativa e passiva, concussão, advocacia administrativa e lavagem de dinheiro.

OPERAÇÃO VAMPIRO – Vários Estados – 2004

A Operação ocorreu em Brasília, Rio de Janeiro e São Paulo, resultando no cumprimento de 17 mandados de prisão por acusações de fraude em processo de licitação de hemoderivados no Ministério da Saúde.

CASO UNAÍ – Minas Gerais – 2004

Foram presas oito pessoas, entre executores, intermediários e mandantes do assassinato de dois fiscais do trabalho e um motorista do órgão, em fevereiro de 2004.

ALBATROZ – Vários Estados – 2004

A Operação foi deflagrada em Manaus/AM e São Paulo, visando combater uma organização criminosa que atuava na fraude de licitações públicas no Estado do Amazonas. Foram presas diversas pessoas, além do indiciamento de um Deputado Estadual.

FAROL DA COLINA – Vários Estados – 2004

Operação com o objetivo de combater crimes financeiros, sonegação fiscal, lavagem de dinheiro e formação de quadrilha. Foram cumpridos 123 mandados de prisão temporária nos Estados de Amazonas, Minas Gerais, Pará, Paraíba, Pernambuco, Paraná, Rio de Janeiro e São Paulo.

CAVALO DE TRÓIA II – Vários Estados – 2004

A Operação desarticulou uma quadrilha de hackers, internautas e "laranjas" que desviou dinheiro de bancos públicos e privados do país, através da internet. Foram presas 64 pessoas nos Estados do Pará, Tocantins, Maranhão e Ceará.

POROROCA – Vários Estados – 2004

Foram presas 25 pessoas no Amapá, Minas Gerais, Pará e Distrito Federal, acusadas de participar de uma quadrilha que fraudava licitações. Entre os presos acusados de participar da quadrilha estava um ex-senador pelo Amapá, um ex-empreiteiro paraense que assumiria mandato de senador, prefeito de Macapá e prefeito de Santana.

POEIRA NO ASFALTO – Vários Estados – 2004

A Operação ocorreu, simultaneamente, no Rio de Janeiro, São Paulo e Paraná, com objetivo de desmantelar uma das principais quadrilhas especializadas em fraudar e falsificar combustíveis no país. A atuação dos fraudadores contava com a participação de uma rede de servidores públicos, dentre eles policiais rodoviários federais, civis e militares, fiscais de tributos estaduais e fiscais do meio ambiente.

OPERAÇÃO PERSEU – Vários Estados – 2004

Foram presas 12 pessoas que faziam parte de um grupo criminoso envolvido em sonegação de impostos e de contribuições previdenciárias. Aconteceu em oito estados (Acre, Goiás, Mato Grosso do Sul, Mato Grosso, Rondônia, São Paulo, Tocantins e Paraná). Além de empresários, um auditor-fiscal também foi preso.

CAVALO DE AÇO – Vários Estados – 2004

A Operação foi realizada nos Estados do Espírito Santo, Rio de Janeiro, São Paulo, Minas Gerais e Bahia. O objetivo era desarticular uma organização criminosa que atuava no roubo de cargas e veículos.

PETISCO – Rio de Janeiro – 2005

A Operação desarticulou uma quadrilha do tráfico de drogas que atuava na cidade de Campos (RJ) e outros municípios do interior fluminense. Ao todo foram presas 43 pessoas.

CARRO FORTE – Rio de Janeiro – 2005

Desarticulada quadrilha envolvida em assaltos de carros fortes da região fluminense, sendo presos 14 integrantes da quadrilha, além de armamento de grosso calibre.

TERRA NOSTRA – Tocantins – 2005

Operação com objetivo de desarticular uma quadrilha que fazia grilagem de terras em áreas no norte do Estado de Tocantins. Foram presas 15 pessoas que agiam de forma ordenada, falsificando documentos relativos à posse e à propriedade das terras, forjando contratos de cessão de direitos de posse a fazendeiros de outros Estados e, pressionando, com ameaças de violência, os interessados que efetuavam a negociação a desistirem da compra, recebendo de volta menos da metade do valor pago.

CARONTE – Pará – 2005

Operação com objetivo de prender servidores públicos do INSS, advogados e empresários que fraudavam a Previdência Social através da emissão irregular de Certidões Negativas de Débito. Foram presas 22 pessoas.

HIDRA – Paraná – 2005

Operação com objetivo de combate ao crime de contrabando e descaminho. Foram presas 67 pessoas. A quadrilha tinha ramificações no Estado de Mato Grosso do Sul.

CURUPIRA – Mato Grosso – 2005

A Operação desarticulou uma das maiores organizações criminosas do país, composta por madeireiros e despachantes especializados na extração e transporte ilegal de madeira mediante corrupção de servidores públicos do Ibama e da Fundação Estadual do Meio Ambiente de Mato Grosso (Fema).

CEVADA – Vários Estados – 2005

A Operação prendeu 70 pessoas envolvidas em um esquema criminoso que beneficiava empresas ligadas a um famoso grupo do ramo de bebidas. O grupo era investigado por crimes de formação de quadrilha, sonegação fiscal e fraude no mercado de distribuição de bebidas. A operação aconteceu nos estados do Paraná, São Paulo, Rio de Janeiro, Minas Gerais, Espírito Santo, Goiás, Rio Grande do Norte, Pernambuco, Ceará, Maranhão, Tocantins e Pará.

TENTÁCULOS – Paraná – 2005

Na Operação foram presos integrantes de uma quadrilha que atuava, principalmente, como grupo de extermínio, além de cometer crimes como tráfico de drogas, de armas e roubo a veículos, entre outros. Foram apreendidas armas, veículos, drogas, jóias, celulares, cheques e dinheiro. Vários policiais militares foram presos.

PEDRA BONITA – Rio de Janeiro – 2005

Operação para prender oito pessoas acusadas de compor um grupo de extermínio que agia na região de Itaboraí (RJ). Durante a ação houve resistência por parte de um policial militar alvo da operação, que acabou morto na troca de tiros. Um dos disparos atingiu um integrante do COT.

CARRO FORTE II – Bahia – 2005

A Operação desarticulou uma quadrilha especializada em assaltos a carros fortes e bancos na Região Nordeste. Foram presos diversos integrantes da quadrilha, além de armamento pesado.

ASSALTO A BANCO – Goiás – 2005

Uma quadrilha de assaltantes a bancos que aterrorizava a Região Centro-oeste, durante um assalto, trocou tiros com os integrantes do COT, fazendo inclusive reféns. Na troca de tiros os quatro integrantes da quadrilha foram mortos. Foram apreendidos fuzis, submetralhadoras, pistolas, coletes balísticos, além de farta munição.

PONTO COM – Vários Estados – 2005

A Operação desarticulou uma organização especializada em crimes pela internet. Foram cumpridos 45 mandados de prisão. A ação foi realizada nos Estados de Rio Grande do Sul, Santa Catarina e Paraná.

SANGUESSUGA – Distrito Federal – 2006

Operação com o objetivo de desarticular uma organização criminosa especializada na prática de crimes contra a ordem tributária e fraudes em licitações na área da saúde. Foram cumpridos 48 mandados de prisão. Integravam a quadrilha funcionários públicos que atuavam no Ministério da Saúde e na Câmara dos Deputados.

CEROL – Rio de Janeiro – 2006

A Operação desarticulou um esquema de corrupção e favorecimento a particulares no cometimento de crimes contra a administração pública e administração da justiça. Foram presos advogados, empresários e policiais federais.

DILÚVIO – Vários Estados – 2006

A Operação foi deflagrada em oito Estados do Brasil e nos Estados Unidos da América. A ação desarticulou o maior esquema já constatado de fraudes no comércio exterior, interposição fraudulenta, sonegação, falsidade ideológica e documental, evasão de divisas, cooptação de servidores públicos, entre outros ilícitos, cometidos por um grupo empresarial estabelecido em São Paulo e com diversas ramificações. Foram presas 102 pessoas.

FACÇÃO TOUPEIRA – Vários Estados – 2006

A Operação prendeu vários integrantes de uma quadrilha especializada em roubos a banco em todo o país. Em Porto Alegre (RS), foi flagrada a construção de um túnel que seria usado para roubar bancos na capital gaúcha. A quadrilha tinha sido a responsável pelo roubo do Banco Central em Fortaleza, realizado em 2005.

CHARLIE OSCAR **51**

GLADIADOR – Rio de Janeiro – 2006

A Operação cumpriu 19 mandados de prisão contra integrantes de duas organizações criminosas envolvidas com máquinas caça-níqueis. As organizações eram formadas por "bicheiros", policiais militares e civis, contadores, advogados e um jornalista.

ASSEMBLEIA GERAL DA INTERPOL – Rio de Janeiro – 2006

O COT foi responsável pela segurança, como grupo de operações especiais, da reunião anual mais importante da Interpol. O evento contou com a presença dos chefes da Polícia Internacional de todo o mundo. Não foi registrado, porém, nenhum incidente grave que justiçasse o seu acionamento.

TINGUÍ – Rio de Janeiro – 2006

Operação com o objetivo de combater um esquema de Policiais Militares envolvidos com o crime organizado no Estado do Rio de Janeiro.

VISITA DO PRESIDENTE GEORGE BUSH AO BRASIL – 2006

O COT atuou com seu grupo de assalto e de atiradores de precisão durante toda a visita do Presidente dos EUA ao Brasil. Não foi registrado, porém, nenhum incidente grave que justiçasse o seu acionamento.

HURRICANE – Vários Estados – 2007

A Operação ocorreu nos Estados do Rio de Janeiro, São Paulo e Bahia, e no Distrito Federal. O objetivo era desarticular uma organização criminosa que atuava na exploração do jogo ilegal e cometia crimes contra a administração pública. Foram cumpridos 25 mandados de prisão contra chefes de grupos ligados a jogos ilegais, empresários, advogados, policiais civis e federais, magistrados e um membro do Ministério Público Federal.

OESTE – Vários Estados – 2007

A Operação foi realizada em quatro estados, com o objetivo de desarticular uma quadrilha composta de mais de 30 sequestradores, muitos deles filiados à organização criminosa PCC (Primeiro Comando da Capital) que agem em todo o país.

NAVALHA – Vários Estados – 2007

Operação com objetivo de desarticular uma organização criminosa que atuava desviando recursos públicos federais. Foram cumpridos 40 mandados de prisão preventiva e 84 mandados de busca e apreensão, todos decretados pelo Superior Tribunal de Justiça.

VISITA DO PAPA BENTO XVI AO BRASIL – Vários Estados – 2007

O COT atuou com seu grupo de assalto e de atiradores de precisão durante toda a visita do Papa ao Brasil. Não foi registrado, porém, nenhum incidente grave que justiçasse o seu acionamento.

JOGOS PAN-AMERICANOS RIO 2007 – Rio de Janeiro – 2007

Todo o efetivo do COT foi deslocado para o Rio de Janeiro para integrar o esquema de segurança dos Jogos Pan-americanos Rio 2007. O grupo de assalto e o grupo de atiradores de precisão atuaram durante todos os jogos. Não se registrou, porém, nenhum incidente grave que justiçasse o seu acionamento.

OPERAÇÃO FÊNIX – Vários Estados – 2007

Operação com objetivo de desarticular a quadrilha do traficante Fernandinho Beira Mar, que, mesmo de dentro do presídio, continuava comandando ações criminosas. Foram presos diversos integrantes da quadrilha, principalmente, no Estado do Rio de Janeiro.

Cursos realizados

Além dos cursos ministrados na própria unidade, como os Cursos de Operações Táticas, Atirador de Precisão Policial, Técnicas de Intervenção (antigo Combate em Áreas Restritas), Uso Progressivo da Força, Patrulhas Policiais Urbanas e Controle de Distúr-

CHARLIE OSCAR **53**

bio Civil, recebemos treinamento em diversas instituições policiais e militares no Brasil e no exterior.

Os principais cursos realizados pelos Policiais Federais integrantes do grupo desde sua criação são:

- Curso de Operações Táticas – COT/ANP/DPF, DF;
- Curso de Atirador de Precisão Policial – COT/ANP/DPF, DF;
- Explosivos – BKA, Alemanha;
- Táticas de Resgate – SWAT, EUA;
- Pára-Médico – Corpo Bombeiro Militar, DF;
- Equipe de Resposta à Crise – ATAP, EUA;
- Formação Especial de Táticas de Resgate – GSG9, Alemanha;
- Grupo de Operações Especiais – GEO, Espanha;
- Curso Internacional de Operações Especiais – COPES, Colômbia;
- Operações de Patrulha Rural – Border Patrol, EUA;
- Técnicas de Segurança e Sobrevivência para América do Sul – FBI, Chile;
- Gerenciamento de Crise e Negociação – Polícia Federal, Argentina;
- Táticas e Operações Especiais – SWAT, EUA;
- 1º Treinamento Tático de Swat – SWAT, EUA;
- Proteção de Autoridades – Special Training Group, EUA;
- Análise de Inteligência – Special Training Group, EUA;
- Sobrevivência na Selva – Centro de Instrução e Guerra na Selva, AM;
- Operações na Selva – Centro de Instrução e Guerra na Selva, AM;
- Operações Táticas Especiais – TIGRE/Polícia Civil, PR;
- Paraquedismo de Resgate – Corpo de Bombeiro Militar, DF;
- Estágio Básico de Combatente de Montanha – 11º Bt. Inf. de Montanha, MG;
- Guia de Cordada – 11º Batalhão de Infantaria de Montanha, MG;
- Mergulho de Resgate – Corpo de Bombeiro Militar, DF;
- Controle de Distúrbio Civil – Polícia Militar, DF;

- Salvamento em Altura – Corpo de Bombeiro Militar, DF;
- Operações Aéreas – Coordenação Geral Operações Aéreas, RJ;
- Motociclista Militar – Polícia Militar, DF;
- Fotografia Operacional – Agência Brasileira de Informações, DF;
- Disfarce – Agência Brasileira de Informações, DF;
- COMANF / Comandos Anfíbios – Fuzileiros Navais – Marinha do Brasil, RJ;
- Curso de Instrutor de Tiro – Academia Nacional de Polícia, DF;
- Curso Expedito de Mergulho Autônomo – Marinha do Brasil, RJ;
- Curso de Operações – GIGN, França;
- Intercâmbio com o Grupo de Operações Especiais – GOE, Portugal;
- EAT / Estágio de Aplicações Táticas – BOPE/PMERJ, RJ;
- CATI – Curso de Ações Táticas – BOPE/PMERJ, RJ
- COESP / Curso de Operações Policiais Especiais – BOPE/PMERJ, RJ;
- Curso de Operações Ribeirinhas – Marinha do Brasil, AM;
- Curso de Pilotagem de Embarcações de Estado – Marinha do Brasil, PR;
- Curso Internacional Comandos Jungla – Polícia Nacional, Colômbia;
- COTE / Curso de Operações Táticas Especiais – CORE/PCERJ – RJ;
- Curso de Paraquedismo Operacional – *Para Training Camp Lapalisse* – Lapalisse – França.

3. A forja

Um guerreiro é comparado ao aço. Sua disciplina assemelha-se à disciplina do metal que, para ser forjado, requer fogo, água e muitos golpes de marreta. Tudo isso para que se molde e se transforme, passando de um punhado de matéria amorfa para tornar-se um objeto com um propósito, uma utilidade. No treinamento policial, o fogo representa o preparo psicológico resultante do estresse imposto durante o treinamento. A água é a frieza e solidão à qual será submetido o aluno. Os golpes de marreta representam a superação física e proporcionam a quebra de barreiras psicológicas que, juntamente, com o elemento fogo, expandem a compreensão do possível a um ponto antes não imaginado. Como bem disse o poeta Jean Cocteau[19], "não sabendo que era impossível, foi lá e fez".

O comportamento humano, porém, não segue somente padrões físicos, matemáticos ou estatísticos. Nem mesmo os psicólogos e psicanalistas, com toda a sua abstração e conhecimento, conseguem descrever padrões de comportamento que expliquem a determinação que impulsiona um profissional de segurança pública a correr para o lado contrário em relação às outras pessoas, ao restante da sociedade. É o que chamamos de comportamento errático. Enquanto pessoas "normais" passam a vida toda se protegendo e evitando o perigo real, esses profissionais andam na contramão dessa tendência natural de autopreservação, mesmo sendo um dos instintos mais fortes presentes no ser humano, entranhado em seu código genético. Fica mais fácil entender o raciocínio por meio de um exemplo simples. Tente se imaginar em uma situação que será exposta de duas maneiras distintas, isto é, para uma mesma situação se imagine como sendo duas pessoas. Primeiro, imagine-se

---

[19] Jean Maurice Eugène Cocteau, diretor de cinema, poeta, escritor, pintor, dramaturgo, cenógrafo, ator e escultor francês. Nasceu em 5 de julho de 1889, em uma pequena vila, próximo a Paris. Morreu em 11 de outubro de 1963. Sua principal obra de poesia é o livro *Clair-obscur*, editado em 1954.

uma pessoa comum, um cidadão trabalhador em um dia normal, sob "condições normais de temperatura e pressão". Você está caminhando pelas ruas da cidade quando ouve barulhos semelhantes a disparos de arma de fogo, vindos à sua frente. Os disparos se intensificam e pessoas passam correndo por você, apavoradas, em direção oposta ao barulho. Você hesita e não acredita no que está acontecendo. Logo avista um homem de bermuda e chinelos, com um fuzil na mão, atirando alucinadamente em direção ao público, correndo com a arma em punho ao seu encontro. A pergunta que fazemos é a seguinte: existe alguma força no mundo, nesse momento, que o levasse a fazer outra coisa senão correr desesperadamente na direção contrária a do homem armado com um fuzil? Se você é um Policial, sobretudo Operações Especiais, a resposta é sim! E é justamente essa força invisível que leva estes homens a correr para o lado oposto ao das pessoas "normais", mesmo contrariando todas as regras do bom senso, nosso objeto de análise. Que força é essa? Como podemos moldar e forjar um homem para que apresente comportamento tão distinto? Certa vez, um Padre chamado Murialdo[20] disse que "não há pintor, não há escultor que possa ser comparado àquele que possui o dom de moldar o coração das crianças". Imagine quanto "dom", quanta vocação não é necessária então para moldar o coração de um adulto e imbuí-lo de tamanha abnegação. Fazê-lo estar disposto a abrir mão da própria vida, seu maior bem, em prol de seus semelhantes, os quais o Policial jurara solenemente defender, se necessário, com o sacrifício da própria vida.

"Juro, pela minha honra, que envidarei todos meus esforços no cumprimento dos deveres do Policial Federal, exercendo minha função com probidade e denodo e se necessário, com o sacrifício da própria vida." (Juramento do Policial Federal).

Por que grande parte da sociedade, entretanto, não consegue enxergar o policial dessa forma, como ele deve ser concebido?

---

[20] São Leonardo Murialdo. Nasceu em 28 de outubro de 1828, em Turim, Itália. Morreu em 30 de março de 1900, na Itália. Sua principal vocação era o ensino, em que dedicou toda sua vida adulta. Foi proclamado Santo pela Igreja Católica em 3 maio de 1970.

Será uma dislexia? Será uma maneira viciada de observar ou será que os policiais se perderam em seu juramento? Talvez um pouco de ambos. Cremos que, levada por ranço da ditadura militar, na qual a polícia foi utilizada pelos ditadores no comando para, muitas vezes, executar o "serviço sujo", a sociedade nos trata com preconceito e prefere ouvir qualquer "parasita do caos", em vez de confiar sua segurança a quem foi treinado para tal. A situação é agravada quando aliamos a isso o fato de no Brasil a segurança pública não ser um assunto levado a sério por muitos governantes, sendo tratada por qualquer aproveitador que se imbui da postura de estudioso a cada movimento errado dos órgãos de polícia, a cada "Ônibus 174"[21], a cada caso "Adriana Caringe"[22]. São oportunistas que nada fazem para melhorar a situação, para reverter os quadros. Mas reverter para quê? Esses "ólogos" de plantão estão somente aguardando a próxima tragédia para se revestirem de todo o conhecimento teórico e retórica que maquiam suas personalidades fracas e covardes, para serem vistos como doutos analistas desse complexo problema social tratado como brincadeira por nossas autoridades e, porque não dizer, por nossa sociedade.

Voltando àquele "algo" invisível que leva o policial a correr para a direção contrária, sacar sua pistola (quando não um revólver calibre 38) e fazer o possível para cessar aquela ameaça e restabelecer a ordem à sociedade. Esse mesmo "algo" pode ser chamado de vários nomes, dependendo do ponto de vista de quem opina. Coragem, exibicionismo, estoicismo, loucura, falta de opção, "complexo de super-homem", heroísmo, etc. Não importa. Sabemos que a beleza de um ato, muitas vezes, está nos olhos de quem o observa, pois "todo ponto de vista é a vista sobre um ponto" (Mari-

---

[21] O sequestro do ônibus 174 (linha 174, Central – Gávea), ocorrido no dia 12 de junho de 2000 às quatorze horas e vinte minutos, na cidade do Rio de Janeiro. O veículo foi sequestrado pelo delinquente Sandro Barbosa do Nascimento. O evento teve um desfecho trágico, após uma ação mal sucedida da Polícia, a qual resultou na morte da professora Geisa Firmo Gonçalves e, posteriormente, na morte do próprio sequestrador.

[22] A professora Adriana Caringe, de 23 anos de idade, foi morta durante a ação que visava libertá-la, na década de 90. O atirador de precisão da polícia de São Paulo efetuou um disparo. O projétil atingiu a cabeça do bandido, contudo, na sequência, desviou a trajetória e tragicamente acertou a jovem que morreu na hora.

lena Chauí[23]) e se torna difícil demais convencer uma sociedade, que tem sob sua ótica o policial como alguém que escolheu uma profissão por falta de opções, de que a sua ação foi um ato de abnegação, profissionalismo e virtude. Mas foi. Durante este livro estaremos tentando remover esta ideia errônea o tempo todo, sem nos esquivarmos da realidade e da verdade.

A doutrina

"Qualquer do povo poderá e as autoridades policiais e seus agentes deverão prender quem quer que seja encontrado em flagrante delito."

O *caput* do art. 301 do Código de Processo Penal trata do que doutrinariamente conhece-se como Poder/Dever. Ao afirmar que o policial deve prender qualquer pessoa em situação de flagrante, o legislador atrelou o poder de polícia ao dever de agir que, de todos os membros da sociedade, somente o policial tem. Significa dizer que é dever dele "correr para o lado contrário ao das outras pessoas", sob pena de incorrer em crime por omissão. O policial, portanto, está sempre a trabalho, no esquema 24/365, ou seja, 24 horas por dia, 365 dias por ano. A estatística comprova essa afirmação e a transforma em fato. Cerca de 80% dos policiais que morrem no Brasil estão de folga. Muitas vezes morrem por estarem fazendo "bicos" como seguranças para complementar seu salário. Situação muito comum entre as polícias estaduais em nosso país, onde um soldado recebe um soldo, na melhor das hipóteses, de três salários mínimos por mês. Nos EUA, esse percentual de mortos na "folga" baixa para a metade, mas ainda é muito alto. Ser policial é, por si só, uma profissão de risco em qualquer lugar do mundo. Não interessa se está trabalhando ou na folga, o estresse estará sempre presente.

---

[23] Marilena de Sousa Chauí, filósofa brasileira, nascida em 4 de setembro de 1941. Professora da USP e autora de vários livros, entre eles *Convite à Filosofia.*

A seleção inicial do Policial Federal

No concurso para ingresso na Polícia Federal, o edital baliza o ajuste fino dos estudos. Dificilmente quem deixa para estudar a partir de sua divulgação é aprovado. O ideal é iniciar os estudos pelo menos com um ano de antecedência, baseado no último edital e nas provas realizadas no concurso anterior. A primeira fase é a prova escrita, composta de prova subjetiva e objetiva, com matérias que vão desde Conhecimentos Gerais, Contabilidade e Informática aos mais variados ramos do Direito, além da redação. Normalmente, são mais de cem inscritos por vaga e dois dias de provas exaustivas pela frente. Vencida a ansiedade, o resultado premia os aprovados com a possibilidade de executarem os exames médicos. Novamente, inicia-se uma bateria de testes que vão de um simples exame de sangue até uma ecocardiografia completa. Os aprovados serão considerados aptos a realizarem a prova física. Mais um período de trinta a quarenta e cinco dias e chegam os testes físicos. Corrida, salto em distância, natação, barra fixa, abdominal e serão escolhidos os aptos. Somem-se a ansiedade, medo e angústia da possibilidade de reprovação. Ainda existem os testes psicotécnicos que são eliminatórios. Os aprovados em todas as etapas venceram a primeira fase do concurso, mas serão ainda submetidos a uma rigorosa investigação social, onde a vida pregressa do candidato é investigada com o objetivo de atestar sua idoneidade. Após quase cinco meses, resta ainda a segunda fase, que consiste no curso da formação realizado na ANP (Academia Nacional de Polícia), em Brasília/DF. É o treinamento inicial para transformar pessoas "normais" em policiais. Os aprovados até aqui somam meros 1% dos que inicialmente se lançaram ao desafio. Muitos querem, alguns tentam, poucos conseguem.

O treinamento do Policial Federal

O treinamento, ou Curso de Formação Profissional, para quem ingressa na Polícia Federal dura cerca de quatro meses, totalizando, aproximadamente, setecentas horas-aula. Envolve disciplinas como: Direitos Humanos, Técnicas Operacionais, Armamento e Tiro, Direção Ofensiva, Técnicas de Investigação Criminal, Polícia Judiciária, Defesa Pessoal, Uso Progressivo da Força, Inteligência Policial. O esquema de aula funciona de segunda a sábado, durante todas as manhãs, tardes e algumas noites. As instalações, assim como as técnicas utilizadas não deixam a desejar às melhores Academias de Polícia do mundo, rol em que a ANP está inserida. Completado tal período e tendo obtido êxito na investigação social, o aluno será nomeado para exercer suas funções em algum dos vinte e sete Estados da Federação, onde em poucos dias tomará posse. Agora deixa de ser pessoa "comum" e se torna um Policial Federal, devendo atentar para o juramento que prestou por ocasião da formatura, ao final do seu Curso de Formação Profissional.

Ao tomar posse, um fator que comumente chama a atenção do "novinho" (como é chamado o policial recém-chegado) é a honestidade e seriedade que imperam no DPF. Estamos muito aquém do ideal em vários quesitos, principalmente, os relacionados a uma estrutura de carreira precária. Contudo, rapidamente aprendemos que apesar de existir corrupção, esta não é tolerada em nossos quadros. Destaca-se, logo de início, a disposição para o trabalho e o talento de grupos inteiros dentro da polícia que, de alguma forma, superam as adversidades encontradas. Outra coisa que contribui, e muito, para transformar a Polícia Federal numa grande guardiã da segurança e da justiça em nosso país e a superar o problema da corrupção, é a prática de "cortar da própria carne", quando os policiais com desvio de conduta são excluídos da corporação e presos. Com isso, ela vem se transformando na maior esperança da sociedade em relação ao combate à corrupção e ao crime organizado.

O COT

"A qualquer hora, em qualquer lugar, para qualquer missão."

Resumidamente, essa frase identifica o grupo que consiste na última linha de defesa do Departamento de Polícia Federal. Durante as aulas na Academia, os professores, vez ou outra, contam situações que passaram em sua vida profissional, como forma de prevenir problemas e prover os alunos de algum tipo de conhecimento prático. Partem para algumas simulações do tipo: "...se acontecer tal coisa o melhor que você tem a fazer é isso, ou aquilo...". Em quase todas as situações, quando surgia algum evento crucial, delicado, perigoso ou sem saída, os professores brincavam: "aí chama o COT". Decidimos então fazer parte desse grupo. Antes foi preciso completar o tempo mínimo de trabalho policial para nos candidatarmos ao Curso do COT.

Daqui para frente passamos a entender o significado da palavra Forja na sua acepção mais humana. Voltamos a nossa questão inicial: como se forja um homem? Como imbuí-lo daquela "cola invisível" que o faz sacrificar a vida por seu semelhante, ao mesmo tempo em que supera seus maiores medos por saber que tem ao seu lado um verdadeiro "irmão de armas"? Como treinar alguém que nasceu e viveu sob a mais sagrada doutrina espiritual para matar sem hesitação quando necessário? Para se alcançar esse objetivo o treinamento deve ser duro, aproximando o policial das piores situações e sob condições de alto grau de ansiedade. É preciso, também, saber a hora de fortalecer os elementos de ética, moral e honestidade. Para "endurecê-lo" retiramos parte da sua dignidade, porém, a cada obstáculo vencido, essa lhe é devolvida em dobro.

Durante as fases técnicas do Curso, o exemplo é fundamental. Costumamos ser contumazes nesse aspecto. Um lema muito utilizado nas forças armadas, "a ordem até convence, mas o exemplo arrasta", também é por nós adotado. Portanto, é de suma importância o aluno ter em quem se espelhar, que ele veja no instrutor um modelo positivo a ser seguido, não um espécime sem caráter e com gosto pelo sofrimento alheio. No entanto, existe o processo de rusticidade e "peneiramento". Nem todos são aptos a serem Operações Especiais. Nesses momentos específicos do Curso, os alunos contam única e exclusivamente com eles mesmos. Os instrutores estão ali para atrapalhar, gerando dificuldades e estresse.

Existem alguns pontos que tornam a atividade da Polícia Federal, no campo das Operações Especiais, ainda mais interessante. O primeiro é que enquanto integrantes do COT mantemos um compromisso de, num prazo máximo de 40 minutos, estarmos prontos e "em condições" em caso de acionamento. A partir daí, serão mais vinte minutos para o transporte e embarque nas aeronaves do CAOP e outras duas horas e meia, aproximadamente, para chegar a qualquer ponto do país. Do ponto de vista prático, na pior das hipóteses, o COT estará atuando em três horas e meia, em qualquer local do Brasil.

O segundo ponto: normalmente atuamos baseados em informações do melhor serviço de inteligência que dispõe nossa Nação, a inteligência da Polícia Federal. Portanto, não "quebramos cabeça" e nem perdemos tempo. Nossas ações são pontuais e "cirúrgicas"; agimos diretamente no ponto, utilizando a força necessária para, então, sairmos de cena.

O terceiro ponto está intimamente ligado a essa atuação pontual. O COT age com extrema objetividade. Para entender melhor, é como se o grupo fosse uma locomotiva percorrendo um determinado trecho. A missão é perfazer o caminho. Os princípios morais, legais e doutrinários são, para o COT, como os trilhos são para a locomotiva. Somos fiéis a eles. Os homens cumprem cada um o seu papel, como peças da locomotiva. Não existe perda de tempo e energia com fatores quaisquer que não sejam o objetivo principal, a missão, nosso propósito de existir.

O quarto, e talvez o mais importante, é o compromisso que o grupo possui com a ética. Lembramo-nos de uma determinada situação onde estávamos todos em um *briefing* que antecedia uma operação. Poucos meses antes, participamos de um confronto pesado com assaltantes de banco onde quatro bandidos foram mortos. Durante a reunião, levado pela emoção, um dos nossos comentou com o chefe:

– Eles estão cada vez mais ousados e estamos cansados de prender o mesmo cara duas, três vezes seguidas. Ou eles fogem da cadeia ou nem são condenados. Deveríamos quebrar geral para aproveitarmos a vantagem tática sem nos expormos.

O condutor do *briefing* parou um instante, pensou por segundos e replicou:

– Mas é por isso mesmo que somos protegidos, porque somos assim, não matamos sem necessidade. Tenho certeza de que se um dia começarmos a matar sem a real necessidade, Deus não nos protegerá mais.

Todos concordaram e continuamos a fazer o certo. Aproveito aqui para externar um pensamento que tenho sobre o assunto. Cansei de ouvir, de ler, de testemunhar pessoas de outras forças policiais e até não policiais discorrerem em como é inútil o policial prender no Brasil, que ele deve mesmo é matar marginal. Sem querer ser hipócrita, confesso que, muitas, mas muitas vezes mesmo, pensei desta forma. Como o tempo é o senhor da razão, porém, não pude deixar de ver o que estava estampado em meu rosto e me negava a enxergar. O policial existe para reagir a uma violência e não para gerá-la. A sociedade espera que esse profissional de segurança pública resolva problemas e não crie mais instabilidade nas zonas onde atua. A palavra que me vem à mente é profissionalismo. Cumprir com seu dever sem ter a falsa ilusão de que é o grande tutor da sociedade, porque não é. Para julgar existe o Judiciário, para acusar existe o Ministério Público. Polícia faz cessar a agressão, prende, investiga, apresenta provas, restabelece a normalidade à sociedade e ponto final. A figura do vingador não combina com profissionalismo, com ética, moral e com a tão sonhada paz social. Para haver paz deve haver justiça e não existe justiça sem lei. Seguimos a lei, ela é o trilho que nos conduz na ausência de luz.

Por outro lado, é impossível combater fuzis com flores. Como diria um grande amigo, "ninguém quer estar onde o aço encontra a carne". Muitas vezes é difícil para o policial, no calor dos acontecimentos, dosar o uso da força, pois todos nós, ao termos nossas vidas ameaçadas, transformamo-nos e os nossos instintos mais primitivos são instigados. Em alguns locais, a ousadia, poderio bélico e crueldade dos criminosos extrapolam os limites do aceitável, requerendo uma resposta à altura por parte da polícia. É fácil julgar as ações da polícia no Rio de Janeiro, por exemplo, mas desafio qualquer um a compor uma patrulha e entrar com os policiais na Vila Cruzeiro, uma das piores favelas do Complexo do Alemão[24], às duas horas da manhã de uma quinta-feira. Com certeza, você vai mudar, e muito, sua opinião sobre violência policial. O pior é que muitas ONGs[25] e parte da imprensa divulgam e difundem essa visão parcial e turva, colocando a polícia como ré nesse processo, idolatrando alguns criminosos. Há alguns anos, concluí o Curso de Operações Especiais Policiais, o Caveira, do renomado BOPE, tropa especial da PM carioca. Um dos alunos, o 21, passou grande parte do curso entre nós, mas por um capricho do destino se machucou seriamente e teve uma fratura exposta no pé, após ser atingido pela hélice do bote durante um exercício anfíbio. Um verdadeiro guerreiro era o 21, mesmo com o pé fraturado se manteve bravamente no curso e teve uma baixa honrosa dada pelo médico do Batalhão, que o proibiu de continuar, contra sua vontade inabalável. Os laços entre todos do "turno" e o 21, contudo, já estavam firmados. Ele era um de nós. Seis meses depois de ter finalizado o curso, comprei um jornal e lá estava o 21. Morto. No chão, somente seu corpo agonizante, quase sem vida. O motivo? O soldado Wilson Santana, em um ato de heroísmo, cruzou uma "zona de matança"[26] para advertir uma repórter que estava posicionada em uma área de grande perigo. Foi baleado. Foi um dia triste, nem sempre o bem triunfa. Nenhuma ONG protestou contra o assassinato do 21. Nenhuma entidade de direitos humanos se manifestou. Todos choramos sua morte com profundo pesar. Como devemos combater isso? Com diálogo? Não se combatem fuzis com flores!

O mistério da vida

Se aprendi algo durante minha vida é que, apesar de todo o treinamento, estudo, preparação e superações, somos limitados. Ao

---

[24] Conjunto de favelas no município do Rio de Janeiro/RJ.

[25] Organização Não Governamental.

[26] Local onde são direcionadas grandes quantidades de tiros.

mesmo tempo infinitamente perfeitos e cheios de imperfeições, dotados de uma inteligência assustadora e totalmente adaptáveis. Dominamos todos os cantos da Terra, um planeta onde a amplitude térmica varia de 88° C negativos a mais de 50° C. Somos seres onívoros, isso significa que, assim como os porcos, alimentamo-nos de qualquer coisa, de terra a vegetais e se necessário, até carne humana. Porém, paradoxalmente frágeis e sensíveis. A vida é curiosa, muitas vezes, mantida de forma tênue e misteriosa. Um movimento mais brusco, um solavanco qualquer e lá se vai todo o esforço. E como disse Hamlet[27], "será a educação destes ossos tão barata que após a morte somente sirvam para jogar bocha?" Pessoalmente creio que não. Por vários motivos pessoais que não veem ao caso narrar aqui. Gostaria de partilhar, entretanto, algumas conclusões e uma passagem interessante entre as várias que me lembro em minha vida. Acredito em Deus, em uma Força maior que de alguma forma zela por nós, com um pouco de dificuldade, pois teimamos em atrapalhá-lo. É simples para mim. Em todos os momentos difíceis de minha vida recorri a Ele. Não existe um momento sequer que eu estivesse em risco de morte que não tenha rogado a Deus. E Ele sempre me ouviu. Foi durante uma incursão na Fazendinha, uma favela do Complexo da Maré, Rio de Janeiro. Eu já havia entrado em outras favelas antes, mas em nenhuma como aquela. Chegamos lá e havia várias viaturas da PM na estrada que dá acesso à favela, mas ninguém entrava. Chegamos com o BOPE, estávamos mesclados em duas patrulhas, parte com guerreiros do BOPE, parte com guerreiros do COT. Entramos e iniciamos o deslocamento a pé, na conduta de patrulha urbana, tomando ponto a ponto, disputando palmo a palmo aquele terreno. Quando você está em uma área de alto risco, mantém uma condição de atenção que chamamos de vermelha e pensa o tempo todo em abrigar-se. Tecnicamente existe o abrigo e a cobertura. Cobertura é qualquer anteparo que lhe esconda do inimigo, não significando que tal anteparo ofereça segurança contra um disparo. O abrigo, além de lhe "cobrir", oferece proteção contra eventuais

---

[27] Personagem de William Shakespeare (1554-1616), dramaturgo e poeta inglês cuja obra apresenta a característica de manter-se atual, mesmo tendo sido escrita há séculos. Hamlet é o nome da tragédia no qual o personagem, que dá nome à peça, é o príncipe da Dinamarca.

disparos. O abrigo depende, logicamente, do calibre empregado pelo oponente, assim como do tipo de projétil utilizado. Uma parede fina de tijolos pode oferecer proteção para uma pistola calibre 9mm ou para um fuzil M16 com munição soft point[28], mas você não arriscaria se abrigar atrás da mesma parede contra um fuzil calibre 7,62mm ou mesmo um 5,56mm com munição SS109[29]. Portanto, a primeira regra em combate é abrigar-se. Seguíamos patrulhando, quando meu companheiro da frente parou e na sequência ajoelhou-se em posição torre, dando o sinal para que eu progredisse até ele. Cheguei e o toquei indicando que estava ali. Saber que não está só dá um grande alívio. Era uma viela relativamente plana, ainda não estávamos na pior parte da favela. Isso faz com que a tensão inicial reduza, livrando o corpo momentaneamente do estresse. Meu parceiro tinha escolhido como abrigo um poste de concreto. Olhei a parede das casas próximas e vi centenas de buracos provocados por disparos com arma de fogo. Isso indicava que era uma área de conflito. Disse a meu amigo:

– Cara... fica na atividade... (significa fique atento) Isso aqui está feio, a parede está cortada de tiro de fuzil!

– Tudo bem, o poste é abrigo.

Ao falar isso, ele que estava de joelhos a minha frente, com as costas encostadas em minhas pernas olhou para cima. Como ele olhava para trás, mantive a visada para frente, em nossa área de responsabilidade.

– Bora sair daqui irmão! O poste está todo ferrado de tiro!

Olhei para cima e vi do que se tratava, o poste era oco e acima de nossas cabeças havia vários buracos. Eram tiros que atravessaram o poste, fragilizado pela quantidade de disparos recebidos. Ele partiu para um outro ponto, fui na sequência. O poste nos cobria das vistas do inimigo, mas já não era abrigo para nós. A patrulha Alfa foi para a esquerda, seguindo a escadaria até o alto do morro. O objetivo deles era tomar a parte mais alta da favela e proteger o deslocamento

---

[28] Munição com pouca capacidade de perfuração.

[29] Munição com maior capacidade de perfuração.

CHARLIE OSCAR **67**

da patrulha Bravo através de um local de difícil acesso, uma zona de matança que consistia em, aproximadamente, duzentos metros, que teria de ser percorrida sem nenhum tipo de proteção, com morro nos cercando por todos os lados. Milhares de janelas que podem esconder um traficante com um AK 47[30]. Tínhamos abatido um deles; o sniper o atingiu a 236 metros de distância e estávamos incursionando à procura do corpo e do armamento. Chegou a minha hora de atravessá-la. Coloquei meu fuzil em posição de caçador e corri com todas as forças, rezando para que meus companheiros pudessem localizar e abater qualquer traficante que estivesse comigo na mira. Por precaução, eu tinha que dificultar essa visada, correndo rápido (alvos móveis são mais difíceis de serem atingidos) e com movimento errático. A corrida durou 20 ou 25 segundos, que pareciam intermináveis.

– Corra! Deus – Ele de novo –, não me deixe morrer neste lugar!

Cheguei ao outro lado exausto, não conseguia pronunciar uma palavra. Prosseguimos subindo até uma encruzilhada, paramos em 360 graus (falamos três meia zero), cada um com sua área de responsabilidade, dois esclarecedores, com função de reconhecer o terreno, foram lançados. Ali parado pensei:

– Cara... Deus não vem nesse lugar, isso é dominado pelo mal, você sente o mal espreitando, rondando, esperando você cometer um vacilo para te destruir... Deus não vem aqui!

No instante em que pensei isso um portão dentro do meu beco, na minha área de responsabilidade, se abriu e uma mãe despediu-se dos filhos, um casal de crianças. A menina aparentando uns sete anos, com trancinhas no cabelo, e o garoto deveria ter uns nove anos. Cabelos bem cuidados, a roupa impecavelmente limpa, ambos mostravam uma saúde e uma vitalidade incrível, eram duas crianças lindas. Fiquei perplexo, Ele havia respondido na hora, Ele também estava ali. Fiquei feliz, havia um porque na nossa luta, aquelas crianças mereciam um futuro melhor e isso era motivo mais que suficiente para lutar.

---

[30] Fuzil de fabricação russa, também conhecido como rifle automático Kalashnikov modelo 1947. Seu calibre é 7,62mm, utilizando munição 7,62x39mm. É reconhecido pela sua grande rusticidade em combate.

Durante o restante da manhã, continuamos a patrulhar, espreitando-nos favela adentro. Ao passar por uma senhora, ela me olhou e disse em voz baixa, quase cochichando:

– Deus abençoe vocês, meus filhos, tomem cuidado.

Eu não disse nada, respondi com os olhos em sinal de gratidão. Nessas horas sempre rezo a Oração das Forças Especiais.

Nossa Oração, oração das Forças Especiais

"Oh Poderoso Deus!
Que és o autor da liberdade e o campeão dos oprimidos,
Escutai a nossa prece!
Nós, os homens das Forças Especiais
Reconhecemos a nossa dependência no Senhor
Na preservação da liberdade humana;
Estejais conosco, quando procurarmos defender os indefesos e libertar os escravizados!
Possamos sempre lembrar, que nossa nação, cujo lema é:
'Ordem e Progresso',
Espera que cumpramos com nosso dever,
Por nós próprios, com honra,
E que nunca envergonhemos a nossa fé, nossas famílias ou nossos camaradas,
Dai-nos sabedoria da tua mente,
A coragem de seu coração,
A força de seus braços e a proteção das suas mãos.
É pelo Senhor que nós combatemos
E a ti pertence os louros por nossa vitória.
Pois teu é o Reino, o Poder e a Glória para sempre,
Amém!"

O treinamento de operações especiais

Muitas coisas são ditas, diversos filmes foram feitos sobre o assunto e muitos são os mitos. Com isso, é inevitável que a expectativa e a curiosidade de um candidato a um grupo de operações especiais sejam muito grandes.

CHARLIE OSCAR **69**

Muitas são as dúvidas. Como será o curso? Vou aguentar? Como funcionam algumas etapas? Como é a entrevista? E a avaliação psicológica? Ficarei sem comer e sem dormir? Vou passar frio? E se me machucar? Visitarei minha família? Levarei tapa na cara? Essas são só algumas das perguntas que pairam sobre a cabeça dos candidatos.

As respostas virão durante o processo de seleção e o curso propriamente dito. O candidato deverá ter uma coisa em mente: não será fácil chegar lá. Se fosse fácil, qualquer um faria. Passará por muitas dificuldades e a velha pergunta assombrará sua mente: "o que eu estou fazendo aqui?"

Em contrapartida, os que chegarem ao final da jornada terão como maior prêmio a certeza de que são capazes de vencer qualquer obstáculo. É uma sensação indescritível.

O maior obstáculo a ser vencido é a própria mente. Grande parte das pessoas nutre uma falsa ideia de que o desgaste físico é a pior dificuldade enfrentada e, consequentemente, o grande causador de baixas num curso dessa natureza. Não é verdade. É claro que a condição física é muito exigida, e, algumas vezes, o corpo não aguenta. Mas, sem dúvida, a maior causa de desligamentos dos candidatos é a falta de preparação mental para suportar a pressão infligida, é o que chamamos resistência psicofisiológica.

Lembra daquela "cola" que falamos que tem o poder de unir as pessoas? O curso tem, durante seu transcorrer, a capacidade de produzir em seus integrantes esse efeito que une os alunos. Isso é fundamental para o trabalho em equipe, tão necessário nas operações realizadas pelo grupo.

Para nós, não foi diferente. Tínhamos muitas dúvidas quanto ao trabalho e o que enfrentaríamos para ingressar no grupo. Havia ainda o fato de deixarmos para trás muitos amigos e o trabalho que desenvolvíamos em nossas anteriores lotações. Não nos conhecíamos e atuávamos em diferentes Estados da Federação.

O sonho, contudo, era praticamente o mesmo: viver a experiência de integrar o Comando de Operações Táticas do Departamento de Polícia Federal. Para que fosse realizado, porém, precisaríamos vencer várias etapas. Após uma criteriosa análise curricular, havia chegado a hora dos testes. Eles seriam realizados em Brasília/DF. Chegamos na noite anterior ao dia do início das provas e foi no alojamento que nos conhecemos, iniciando-se ali uma amizade que culminou com a execução deste projeto.

Na manhã seguinte, após os exames médicos, iniciou-se a aplicação dos testes físicos, na sede do COT:

- Executar 10 barras (pegada pronada);
- Correr 3.000 metros em 15 minutos;
- Sustentação do corpo totalmente estendido na barra durante 1 minuto;
- Executar 50 abdominais tipo remador em 80 segundos;
- Subida na corda de 6 metros com auxílio dos pés;
- Executar 35 flexões de braço;
- Correr 100 metros em 15 segundos;
- Salto de plataforma de 10 metros em piscina;
- Nadar 200 metros em 5 minutos;
- Permanência vertical na água, flutuando, por 20 minutos.

Antes dos testes físicos.

No dia seguinte, foi realizada uma avaliação psicológica, na qual foi verificada a facilidade de trabalho em grupo, o relacionamento interpessoal, a aptidão para execução de tarefas sob pressão, a facilidade de achar soluções para problemas diversos, o raciocínio lógico, além de outras características desejáveis a um candidato ao grupo de operações especiais.

Na etapa seguinte, passaríamos por uma entrevista com os coordenadores do COT, os quais observariam nossas constatações sobre o trabalho do grupo e avaliariam o nível de comprometimento do candidato.

Exames de saúde, teste físico, avaliação psicológica e entrevista. Um a um cumpridos com êxito. Ganhamos o "passaporte" para frequentar, por dezesseis semanas, o Curso de Operações Táticas. Na verdade, esse era a grande provação. No Curso conheceríamos nossos limites, aprenderíamos a superá-los e ir além, muito além.

Luta, aprendizado, perseverança, amizade, união, garra, sofrimento e determinação. Ao final do curso a realização de um sonho: o COT.

Inicia-se então o Curso de Operações Táticas[31] (COT) e você quase que instantaneamente se arrepende de estar nele. O conselho que damos a quem deseja fazer um curso de operações especiais é simples: "pense bem". Pense muito, certamente, você vai desistir. Se não der certo, converse com alguém que fez um, perceba nele um olhar perdido enquanto ele conta alguns momentos de angústia que, com certeza, viveu. Depois veja como aparece um leve sorriso irônico em seu rosto. É ele rindo dele mesmo. Se mesmo assim você quiser continuar, vá a um psiquiatra, você precisa de ajuda. Se ainda assim você não desistir, vá e vença! Entregue sua carcaça! Seja um OE.

---

[31] O Curso de Operações Táticas é o curso ao qual o candidato a integrante do COT deve ser submetido para ingresso na unidade.

Curso de Operações Táticas – COT/DPF

Faremos agora um breve relato do Curso de Operações Táticas realizado pelo Comando de Operações Táticas, homologado pela Academia Nacional de Polícia, e concluído com êxito pelos autores. Omitiremos os nomes dos instrutores e candidatos, não serão comentadas todas as etapas e nem todo o conteúdo delas. A descrição abaixo pode não representar a ordem cronológica do curso.

Ele é dividido em dois grandes módulos, que se alternam, com objetivos bem distintos. O primeiro, o módulo "rusticidade", objetiva forjar o guerreiro, transformar a matéria bruta em aço, que resistirá a todas as provações enfrentadas em seu dia-a-dia. O segundo, o módulo "técnico", privilegia os conhecimentos, as técnicas e as táticas, trazendo os principais requisitos para o desempenho das atividades de natureza especial. Os objetivos são muito claros: prover o aluno com conhecimentos, habilidades e atitudes compatíveis com um integrante de Operações Especiais.

São dezesseis semanas em um curso no qual não há racionamento de munição e meios. O curso, obrigatório para o ingresso no COT, funciona como uma espécie de ritual de passagem, onde os futuros integrantes têm suas identidades retiradas, ganham um uniforme padronizado, têm a cabeça raspada, transformando-se em apenas um número. Esse processo é importante para que todos deixem seu individualismo e suas vaidades de lado, passando a formar um grupo homogêneo. Os alunos que vencerem as etapas desse "ritual", o curso, serão reintegrados e terão seu *status* recuperado, passando a fazer parte desse novo grupo: o COT.

Cada um recebe seu gorro numerado, uma mochila cheia de equipamentos, pesando aproximadamente 40 kg, e seu fuzil (velhos mosquetões fora de operação, funcionando como simulacros, mas com o dobro do peso de um fuzil normal). São levados para o que chamamos de "LINS" (Local Incerto e Não Sabido), geralmente, uma área rural própria para treinamento militar. Durante uma semana, o "futuro-candidato-a-talvez-quem-sabe-um-possível-aluno" passa por uma etapa de privação de sono e de alimentação. É submetido à intensa atividade física, com caminhadas intermináveis carregando a onipresente mochila, passando por pistas de cordas, pistas de ação e reação, tendo seu corpo e materiais constantemente molhados. Recebe um tratamento ríspido e é impossibilitado de fazer qualquer contato com o restante do mundo. Uma semana que não acaba. É a semana do inferno ou semana zero, funcionando como uma "peneira" inicial. Após essa "semana" (normalmente bem mais longa que os habituais sete dias) que eufemisticamente chamamos de "estágio de convivência", o turno (conjunto de alunos) é reduzido cerca de 35%.

Terminada a Semana Zero, começam os treinamentos propriamente ditos. Os alunos recebem instruções de ordem unida e comandos militares, pois muitos não tiveram contato com o militarismo. Vale ressaltar, entretanto, que o COT é um grupo para-militar. Utilizamos o que acreditamos mais interessante dentro do militarismo e, por não estarmos tão presos a regulamentos, dispensamos o que achamos inapropriado ou desnecessário para nossa realidade. Aprendem a impermeabilizar sua mochila e a transformá-la numa boia, elaboram seus kit's de sobrevivência, limpeza, primeiros socorros, geral e fogo.

Inicia-se, então, uma semana de treinamento de primeiros socorros, normalmente feito com auxílio dos preparados socorristas militares do Corpo de Bombeiros. Iniciar com essa matéria é óbvio: todos estarão aptos, havendo necessidade, de prestar os primeiros socorros a seus colegas ou a si próprios. E pode ter certeza, esses conhecimentos serão necessários no decorrer do curso.

Outra etapa é a de Controle de Distúrbios Civis, ministrada pelos instrutores do COT. Nessa etapa são treinadas técnicas de utilização de agentes químicos, munições menos letais, formações, utilização de escudo e tonfa, entre outras. O treinamento é desgastante, tanto fisicamente quanto psicologicamente, em razão, principalmente, à exposição aos agentes químicos. Os alunos aprendem sobre tecnologias subletais, Uso Progressivo da Força (UPF) e Operações Menos Letais (OML).

A etapa de operações anfíbias é conduzida também pelos instrutores do COT. São vistos temas como embarcações, resgate aquático, sobrevivência na água, natação utilitária, entre outros. A sobrevivência na água é, especialmente, dura, principalmente em virtude do frio. Ela serve, contudo, como primeiro contato com o ambiente aquático. Isso é importante para prover o aluno do que chamamos "aquacidade", ou seja, a adaptabilidade ao meio líquido. Isto o ajudará no módulo de Mergulho Autônomo.

O famigerado sino, logo na entrada da sede do COT.

Os módulos Operações Aéreas e Técnicas Verticais são ministrados simultaneamente. As aeronaves e pilotos são cedidos pela Coordenação de Aviação Operacional do DPF. São tratados assuntos como a utilização de técnicas de escalada, rapel, *fast rope* em edificações e a partir de aeronaves, infiltração, retração, técnicas de resgate utilizando aeronaves, tiro embarcado, paraquedismo, entre outras.

Durante o curso, o aluno faz uma sequência de módulos em outras organizações. Passam uma semana em São João Del Rey,

CHARLIE OSCAR **75**

no quartel do Exército Brasileiro, onde são inscritos no Estágio Básico de Combatente de Montanha, o EBCM.

Voltam a Brasília e seguem tendo uma série de instruções no COT. Na Transposição de Obstáculos aprendem como colocar uma equipe de oito homens dentro de uma edificação em dez segundos, através de uma janela a 5 metros de altura. Nas aulas de Defesa Pessoal, podem sentir a dificuldade do combate corpo a corpo, sobretudo quando se carrega, no mínimo, 30 kg de equipamento básico.

Os ensinamentos sobre utilização de explosivos são ministrados na sede do COT. Seu uso é concentrado em entradas táticas, aberturas forçadas e neutralização de artefatos explosivos. Passam para a fase de Gerenciamento de Crises, ministrada pelos experientes negociadores do COT. São aprendidas técnicas de negociação, crises com reféns, técnicas de gerenciamento de crises, entre outras.

Na etapa Segurança de Dignitários, matérias como treinamentos de direção ofensiva, planejamento e execução de comboio, abordagem de veículos e suspeitos e tiro embarcado são ministradas.

Terminada essa fase, os futuros cotianos embarcam num avião e vão para Manaus, onde passarão três semanas no quartel dos Fuzileiros Navais da Marinha do Brasil e concluirão o Curso de Operações Ribeirinhas, o OPERIB. Aprenderão a embarcar e desembarcar de um barco em movimento, treinarão exaustivamente patrulha rural, terão aula de sobrevivência na selva, orientação e navegação, emboscadas e confecção de armadilhas.

Os aprovados retornam ao COT e iniciam outra fase: o treinamento de tiro. Durante quatro semanas, a vida deles será armamento e tiro. Seus dedos ficarão calejados e seus reflexos automatizados para que, em ação, não percam tempo pensando demais. A marca de um aluno do Curso de Operações Táticas é seu dedo calejado. No início é normal formarem-se bolhas de sangue em seus indicadores, de tanto atirar. Tempo é um artigo de luxo para nós e fazemos de tudo para não desperdiçá-lo. Primeiro, a pistola. Tiro diurno e noturno, de frente para o alvo, depois de lado e, finalmente, de costas, girando pelos dois lados. Atiramos a 5 metros, depois a 7, 10, 15 e 25. Atiramos deitados e de joelhos, de capacete, com e sem máscara de gás, com luvas e sem luvas. Quando estamos exaustos de atirar mais uma técnica nos é ensinada, sanamos as possíveis panes centenas de vezes até podermos fazer isso em menos de um segundo, sem olhar para o armamento. Treinamos as trocas de carregadores, rápida e tática. Quando estamos bons com nossa mão forte começa tudo de novo, agora com a mão fraca. Quando pensamos que acabou tudo recomeça, iniciamos o treinamento de tiro em movimento. Atiramos durante toda manhã, depois à tarde e parte da noite, no dia seguinte tudo novamente. Hora de treinar tiro em alvos múltiplos, quando existe mais de um agressor. Ao final de duas semanas estamos tão confiantes em nós mesmos que já não é necessário mirar para atirar. Concentramos nossas atenções sempre nos alvos, como iremos fazer quando eles não forem de papel.

Finalmente, quando acabamos o treinamento com pistola, passamos para a submetralhadora HK MP5, depois a SD (HK MP5 com supressor de ruídos) e reiniciamos. Com os fuzis calibre 5,56 aumentamos a distância, mas a quantidade de tiro continua a mesma. Por último operamos espingardas calibre 12. Ao término de quatro semanas intensas estamos prontos para a próxima fase, a Casa de Tiro (entradas táticas), mas, antes, haverá uma pausa.

Novamente, os alunos se equipam com "tudão", como chamamos o equipamento completo e embarcam em uma aeronave em direção a "LINS". Nessa fase do curso passamos a utilizar um fuzil Colt M16 ou HK G36 como qualquer operativo do COT. Desembarcam na Base Aérea de Recife/PE onde algumas vans da equipe precursora os aguardam. Entram sem questionar, ninguém profere uma só palavra além do necessário para que o "xerife" do turno (líder do grupo que muda periodicamente) entenda o comando. Na realidade, irão em direção à Caatinga, onde iniciarão o estágio na CIOSAC[32], tropa da PM de Pernambuco, altamente especializada em operações na Caatinga e que ensinará os alunos a sobreviver

---

[32] Companhia Independente de Operações e Sobrevivência em área de Caatinga, da Polícia Militar de Pernambuco. Policiais peritos em sobrevivência e operações especiais no sertão. Sua habilidade e destreza em operações neste tipo de ambiente são conhecidas por várias polícias do Brasil e do Mundo.

CHARLIE OSCAR **77**

e operar nesse peculiar ecossistema brasileiro. Nesse momento, a água que o aluno amaldiçoa quase que diariamente (estão o tempo todo molhados) vale ouro. Dizem que as duas piores maneiras de se "ralar" um homem são com a água: seu excesso ou a sua falta. O aluno compreende isso rapidamente.

A etapa de entradas táticas, também ministrada por instrutores do COT, é uma das mais concorridas, em virtude da grande experiência adquirida nessa área. Entradas dinâmicas e sistemáticas, combate em áreas restritas, crises com reféns e assalto iniciado por atirador de precisão (*sniper*) fazem parte do conteúdo.

Passamos para os treinamentos de retomada de ônibus. Ficamos dias aprendendo como invadir um ônibus sequestrado e libertar os reféns com vida. O treinamento é complementado com retomada de trens. Recebemos treinamento em pilotagem de metrô e como pará-lo.

Os alunos que "sobreviveram" até aqui, embarcam com destino ao Rio de Janeiro. Terão treinamento de retomada de navios e aeronaves. É um treinamento altamente especializado e conta com apoio de companhias aéreas e petrolíferas que fornecem os meios para sua realização (aviões de diversos portes e navios). Nessa fase, atuamos em conjunto com o NEPOM[33] e, novamente, utilizamos as aeronaves da CAOP.

Terminada tal etapa, os alunos farão o Estágio de Aplicações Táticas, do Batalhão de Operações Policiais Especiais da Polícia Militar do Rio de Janeiro (BOPE/PMERJ). Serão repassadas técnicas de combate em áreas de alto risco, patrulha em ambiente urbano, resgate de feridos, utilização de blindados, planejamento de operações especiais, entre outros assuntos. Quem é reprovado em algum desses cursos é automaticamente desligado do Curso de Operações Táticas. Quem é aprovado em todos e consegue terminar o curso tem ainda um longo caminho pela frente.

No COT, durante o curso, os integrantes do grupo convivem com os alunos/candidatos, mas só depois de sua aprovação e de

---

[33] Núcleo Especial de Polícia Marítima, setor da Polícia Federal responsável pelo policiamento das áreas costeiras e fluviais.

iniciar os trabalhos e de operar lado a lado é que terão a oportunidade de conhecê-los melhor. Por um período determinado, avaliarão as qualidades e características dos novos integrantes, como relacionamento em grupo, dedicação, profissionalismo, iniciativa, interesse e comprometimento. Após esse período de convivência e observação, chega o dia da votação. Os integrantes mais antigos e experientes votam na permanência ou não do novo cotiano, avaliando se apresenta o perfil desejado ao grupo. Chamamos essa espécie de sabatina de "paredão". Os candidatos mal avaliados pelos antigos componentes do grupo são excluídos, garantindo a uniformidade deste. Esse processo é realizado com imparcialidade e impessoalidade. Não se admite que vaidades ou diferenças de opiniões norteiem essas avaliações. Muitos ficam nessa fase, posterior ao curso. Para os que são aprovados nesse derradeiro teste, segue uma rotina de dedicação e trabalho, agora ainda mais árdua, pois após tal fase não existem mais restrições ao tipo de missões que o combatente executará. Agora, sim, ele pode dizer com todas as letras ser um "cotiano". Agora, sim, ele pode intitular-se um "Operações Especiais".

4. Aluno 08

O ano era 1999. Eu estava terminando o mestrado em Agronomia. Havia concluído o curso em 1998 e, desde um ano antes possuía meu próprio negócio. Era uma plantação de tomates. Era um olericultor, um agricultor e cultivava hortaliças em um sítio arrendado. Dividia meu tempo em cuidar da plantação de tomates, fazer o mestrado em produção vegetal na Universidade Estadual de Maringá, dar aulas de Biologia no Ensino Médio como professor concursado pelo Estado do Paraná e prestar consultoria em algumas fazendas da região. Sobrava pouco tempo para outras coisas. E tinha mais, gostava muito de tudo o que eu fazia, mas sentia por haver outras coisas que eu não podia, mas que desejava, ainda, fazer.

Desde garoto, sempre gostei muito de armas, influenciado por meu pai, que, até meus oito ou nove anos de idade, levava-me para caçar. Depois desse tempo ele acabou parando e nunca mais voltou a fazê-lo, adquirindo consciência ecológica natural e defendendo o meio ambiente da maneira que podia: cuidando bem da sua fazenda. Aliás, local onde eu fui criado e de onde guardo as maiores e melhores lembranças de minha vida. Alguns anos depois, meu pai teve de vender a fazenda, perdemos quase tudo, mas isso é outra história. Foi aí que tive que me virar. No início, comecei a dar aulas de Artes Marciais na Associação dos Funcionários da Prefeitura Municipal de Maringá. Era um dom que eu tinha e o usei como pude. Logo depois, comecei com a lavoura de tomates, aí o tempo começou a ficar escasso e uma contusão me obrigou a deixar a luta.

Nessa mesma época, comecei a fazer um curso para obter a licenciatura plena em Biologia, em Cornélio Procópio, cidade que fica a uns 160 km de Maringá. Foi lá que conheci um cara que influenciou muito as escolhas que eu viria a fazer na minha vida. Seu nome era Alberto Bagio. Era administrador de empresas, mas ganhava a vida como pecuarista. Durante as idas e vindas para Cornélio Procópio conversávamos muito. Mesmo feliz com meu trabalho, havia uma coisa, porém, que me incomodava: queria ser policial. Até então, todas as pessoas me diziam que era maluquice, que era antagônico ser um mestre, um professor, um cientista e querer ser policial. Quando confidenciei ao Alberto esse meu desejo ele simplesmente me disse: "Filho, não existe antagonismo entre a pena e a espada". Aquilo foi minha libertação. Quando cheguei em casa, naquela noite, eu sabia exatamente o que queria. Comecei a preparar-me imediatamente. Durante dois meses estudei sem muito método. O curso em Cornélio Procópio acabou, prestei concurso para professor de Biologia e passei. Comecei a trabalhar imediatamente. Professor novinho sofre! Pega, de cara, as escolas mais distantes, mais carentes e os piores horários. Aprendi muito, principalmente, a respeitar os educadores deste país, categoria fundamental para nossa sociedade, mas que é relegada a segundo plano. Eu ganhava quatro reais e setenta e dois centavos por hora aula. Se brincar, meus antigos colegas continuam até hoje a ganhar esse salário vergonhoso. Quatro reais e setenta e dois centavos por hora aula e mais nada. Nem auxílio transporte, nem auxílio alimentação, nem plano de saúde, nada. Salas de aula sem a mínima condição, colégios sem meios de oferecer infraestrutura para a prática de esportes, de leitura e, sobretudo, de cidadania. Eu aproveitava os intervalos entre aulas para estudar para o concurso da Polícia Federal.

Eu morava em uma cidade do interior onde o acesso à informação sobre concursos era muito restrito à época. A internet ainda não era uma ferramenta popular, como é hoje. Nem o computador era. Eu precisava de mais informações. Havia começado a estudar por um livro de Direito Penal emprestado de um primo, do autor Julio Fabbrini Mirabete. Resolvi ligar para a Delegacia da Polícia Federal em Maringá para obter algumas respostas. Mas e coragem para isso? Demorei uns três dias ensaiando o que falaria. Finalmente liguei. Do outro lado da linha um homem atendeu o telefone. "Polícia Federal, boa tarde". Fiquei mudo por uns três segundos. Disse a ele que gostaria de fazer concurso e perguntei se ele tinha alguma informação a respeito. Ele não sabia muita coisa, mas depois de uns quinze minutos de conversa, respondendo como podia às minhas perguntas, disse para que eu fosse pessoalmente até a Delegacia onde ele estava de plantão. Desliguei o telefone e, se posso resumir o que eu sentia naquela hora em uma só palavra, ela seria surpresa. Eu estava ao mesmo tempo surpreso por ter sido tão bem atendido pelo policial e feliz por ter sido levado a sério, mesmo tendo um objetivo tão distante e difícil.

Naquele mesmo dia fui até à Delegacia. Aproveitei para ir lá logo depois da minha última aula da noite. Eram mais de onze horas e, como de costume, fui a pé. Conheci pessoalmente o Agente de Polícia Federal Wellington Dias Moreira, a pessoa que mais me ajudou a concretizar meu sonho de ser policial. Fiquei ali ouvindo sua história de vida, um exemplo para mim, e coisas sobre como e o que estudar para o concurso. "Ser um Policial Federal pra você não é mais um sonho, é projeto de vida. Sonhar é bom, mas precisa estar acompanhado de ações pró-ativas. Transforme seu sonho em um projeto de vida, batalhe, lute, estude muito, vença." Foi o que ele me disse. Muitas vezes, eu passava lá na Delegacia quando ele estava de plantão e ficava estudando a noite toda, para evitar ter que ir para a casa e voltar no dia seguinte. Nessa época a Delegacia ficava perto da Universidade e eu ainda fazia mestrado. Foi-se um ano e dois meses até a data do concurso. Fiz aquelas provas como um náufrago que se apoia num pedaço de madeira para salvar sua vida. Fui parar em Florianópolis que, na época, era o local de provas de toda a Região Sul. Eu tenho parentes por lá e recebi deles todo o apoio para realizar os testes. O universo conspirou a meu favor. Concorriam, em média, cento e oitenta candidatos por vaga. Havia muito tempo não era realizado concurso para a PF e muita gente estava esperando a oportunidade. Foram quatro provas sendo que a mais difícil era a primeira, a prova intelectual. Eram várias matérias: Direito Constitucional, Penal, Administrativo e Processo Penal, Economia, Administração, Contabilidade, Conhecimentos Gerais, Português, Informática e Redação. Foi cansativo.

Passadas duas semanas, saiu o gabarito oficial das provas. O Wellington me ligou e disse para que eu não corrigisse nada. Era pra imprimir os resultados somente e levar para corrigirmos juntos. Fomos até sua casa, onde sua esposa fazia o almoço. Começamos a corrigir as provas. A cada acerto meu, seu filho Pedro fazia uma festa. Gritava, dançava, pulava, comemorava como um louco. O Wellington ficou emocionado, ele havia acompanhado meu esforço e, de certa forma, sabia que aquela não era somente uma conquista minha. Terminamos a correção. Gabaritei várias provas. Ele olhou para mim e disse:

– Parceiro... pra não errar e pra não ser otimista demais eu te digo que, com esta pontuação, você fica entre os cinquenta primeiros.

Fiquei feliz, eu só queria entrar, não importava se fosse o último. Saí da casa dele extremamente feliz, tinha feito o melhor que eu podia e sabia disso. Tinha chegado ao meu limite e isso me dava tranquilidade. Mais alguns dias e o resultado oficial saiu. Décimo primeiro lugar geral e primeiro da Região Sul. Foi essa a minha classificação. Quando li meu nome, liguei para o meu irmão. Ele não soube o que dizer, estava eufórico. Cheguei em casa e liguei para meus pais, os quais, nessa época, residiam na Bahia, com minha irmã e meu sobrinho. Lembro-me, como se fosse hoje, do quanto ficaram emocionados. Foi uma conquista coletiva. Ninguém se constrói sozinho. Sempre precisamos da ajuda de outras pessoas. Eu, graças a Deus, sempre tive pessoas que me dessem apoio e me incentivassem. São como anjos em nossas vidas.

Em julho de 2001, eu iniciava o XXXI Curso de Formação Profissional de Agente da Polícia Federal, na Academia Nacional de Polícia. Quatro meses e meio depois eu, finalmente, seria um Policial Federal. Realizei esse sonho no dia 18 de dezembro de 2001, do qual me lembro perfeitamente.

Depois de dois anos e meio trabalhando como Agente na Delegacia da Polícia Federal de Corumbá, no Mato Grosso do Sul, fiz minha inscrição para o COT, o grupo de Operações Especiais da Polícia Federal, do qual desejava fazer parte antes mesmo de me tornar policial. Conheci o COT através do Wellington e das nossas conversas. Estava na hora de mais um sonho se tornar projeto de vida.

Em fevereiro de 2004, me inscrevi no Curso de Operações Táticas. Em março chegava a Brasília para a realização das provas. Entrei no alojamento e lá só havia duas pessoas. Um já era cotiano, o outro era o futuro Aluno 14. Após a aprovação nos testes preliminares, o curso iniciou. Rasparam minha cabeça, disseram que eu não tinha mais nome e que a partir de agora eu me chamaria "Aluno 08". Além disso, disseram que eu, como aluno do Curso do COT, poderia pronunciar somente três frases: "Sim Senhor!", "Não Senhor!" e "Quero ir embora!". A terceira frase eu não pronunciaria jamais. Depois desse dia eu nunca mais seria a mesma pessoa.

5. Aluno 14

Consultor de empresas, com atuação na área de gestão empresarial e identidade corporativa. Era minha profissão em 2001. Muitos anos de estudo, Bacharelado em Análise de Sistemas, MBA[34] em Gestão Empresarial, seminários e cursos complementares, *curriculum* sólido, boa rede de relacionamentos e com potencial de crescimento profissional. Trajetória planejada, como esperado, para um jovem de 25 anos.

Um sonho antigo, porém, sempre mexeu comigo: ser policial. Como acontece com muitos meninos, em minha infância gostava de brincadeiras do estilo polícia e ladrão, de uniforme camuflado, investigações, filmes e seriados policiais, jogos de guerra e curiosidades sobre armas. Apesar de não haver qualquer policial na família, essa paixão era intensa e corria em minhas veias. Por diversas razões fui deixando de lado esse sonho e a vida foi passando. Em algum momento, contudo, eu seria cobrado. Seria nesse ano.

Em setembro de 2001, descobri que o Governo Federal lançaria, ainda no final daquele ano, um Concurso Público para o ingresso no Departamento de Polícia Federal. Havia vagas para o cargo de Agente, Escrivão, Perito e Delegado. Minha formação superior me qualificava para tentar vagas no cargo de Perito na área de Informática, Escrivão e Agente. Para Delegado o curso superior exigido é o de Bacharelado em Direito. A Polícia Federal vinha passando por uma fase de modernização, tornando-se uma das instituições mais respeitadas e bem vistas pela sociedade brasileira. Enfrentei, naquele momento, um dilema pessoal: continuar pelo caminho que vinha traçando ou iniciar uma carreira do zero, buscando a realização de um sonho. Financeiramente não seria nada vantajoso. Uma carreira de Estado lhe dá a tão almejada estabilidade, característica do

---

[34] *Master in Business Administration* (Mestrado Executivo).

setor público. Em contrapartida, o salário é menor do que conseguia na iniciativa privada. Em termos práticos, fiz a seguinte indagação: ter uma vida com perspectiva de grandes realizações financeiras no futuro ou uma vida estável, mais modesta, porém com grandes realizações pessoais? Respondi com o coração. Resolvi que tentaria o concurso e ingressaria na carreira que sempre almejei. Se o meu objetivo era efetivamente ser feliz, obter realização pessoal e profissional, só restava uma carreira a seguir: Agente de Polícia Federal. Como agente eu poderia efetivamente desenvolver um trabalho policial, investigativo, sem ficar preso em um escritório, ter maior liberdade em meu dia-a-dia e realizar algo efetivo, realmente positivo para sociedade em termos de segurança pública.

Decisão tomada, precisaria correr contra o tempo para passar no Concurso Público. A concorrência para ingressar no Departamento de Polícia Federal é muito alta. Existem pessoas que passam anos estudando para atingir esse objetivo.

Não estava disposto a esperar mais tempo para realizar meu sonho. Seria naquele momento. Então, comecei a acompanhar as notícias sobre o Concurso. Quando abriram as inscrições, não perdi a oportunidade. As provas seriam em janeiro de 2002. Verifiquei no edital as matérias e notei que as de Direito eram meu ponto fraco. No final de outubro, pesquisei apostilas de estudo e me matriculei em um curso preparatório que poderia complementar meus conhecimentos, com duração aproximada de quarenta dias. Muitos amigos diziam que eu era louco por largar tudo para ser policial. Outros diziam que o concurso era muito concorrido e não daria mais tempo para estudar. Nada, porém, mudaria minha decisão.

Passei metade de novembro e o mês de dezembro frequentando no período da noite o curso preparatório. Apesar de considerar as apostilas ruins e com muitos erros, as aulas presenciais eram razoáveis. Era o que eu tinha naquele momento. Durante o dia trabalhava normalmente e à noite prestava muita atenção nas aulas. Com isso, fortaleci os meus conhecimentos em Direito e Língua Portuguesa. Matérias como Informática, Economia, Contabilidade e Administração foram deixadas de lado, tendo em vista que meu trabalho já as envolvia de alguma forma.

CHARLIE OSCAR **87**

Chegou o dia do concurso e fui fazer as provas. Como muitas expectativas de vida estavam envolvidas na minha aprovação, a ansiedade era companheira constante. Terminei a prova com uma única certeza: não passei! Cheguei em casa desanimado, pois havia deixado algumas questões em branco e estava preocupado com meu desempenho. Só restava aguardar o resultado final.

Era fevereiro de 2002. Trabalhei durante todo o dia levando soluções para alguns clientes. No início da noite, o resultado do concurso seria publicado. Resolvi aguardar no escritório para checar a lista de aprovados. Em virtude da grande quantidade de acessos, o resultado teimava em não aparecer. Depois de quase uma hora, consegui baixar a lista e vi, surpreso, meu nome aprovado na primeira fase, com classificação razoável. Teria que enfrentar as etapas que viriam, na seguinte ordem: exames físicos e médicos, psicotécnicos, investigação social e Curso de Formação na Academia Nacional de Polícia (ANP), em Brasília.

Durante os meses de fevereiro e março, realizei os testes necessários. Fui aprovado em todos. Com isso, precisei encerrar minhas atividades profissionais, uma vez que o cargo de Policial Federal exige dedicação exclusiva. Em setembro, segui para a capital do país e iniciei o Curso de Formação de Agente de Polícia Federal.

Foram meses incríveis. O início da realização de um sonho. O regime era integral, com aulas de manhã, à tarde e, por vezes, à noite. De segunda a sábado. Fiquei hospedado na própria Academia, junto com outros quatrocentos alunos.

Era um dos alunos mais empolgados com as atividades e aproveitei todos os ensinamentos. Terminado o Curso de Formação, fui deslocado para o Município de Guaíra, extremo-oeste do Paraná para ser Agente de Polícia Federal. Uma "escola" fantástica. A fronteira é "clínica geral", pois se enfrenta grande diversidade de crimes que vão do tráfico internacional de drogas, passando por contrabando e descaminho, até chegar aos crimes de falsificação de moeda. Convivia diariamente com flagrantes, principalmente, de tráfico de entorpecentes. A maior parte da maconha consumida no país é cultivada no Paraguai, comercializada a um valor bem reduzido, o que torna um "negócio" muito lucrativo para os criminosos internalizá-la através das nossas fronteiras. Tive a oportunidade de apreender grandes carregamentos, sendo o maior com sete toneladas. Trabalhei em diversas áreas operacionais e participei de muitas operações em todo o sul do país. Depois de adquirir mais experiência, fui trabalhar na área de inteligência da Delegacia, onde pude obter maiores conhecimentos sobre investigação criminal. Os flagrantes só aumentavam. A cada dia conhecia novas formas de trabalhar. Também aprendi muito sobre o modo de "trabalho" dos criminosos. Durante o tempo em que fiquei por lá, fiz muitos amigos, profissionais de alto nível, alguns esquecidos naquela fronteira, mas com contribuições inestimáveis para a nação.

Durante o tempo que permaneci na Academia Nacional de Polícia, tive meu primeiro contato e a oportunidade de fazer um treinamento no Comando de Operações Táticas (COT) da Polícia Federal em Brasília. Conhecia o grupo através de reportagens, mas pessoalmente foi muito mais motivador. Realizamos treinamento de entradas táticas que, atualmente, faz-se na própria Academia.

Conforme desenvolvia meu trabalho na fronteira, fui nutrindo o sonho de um dia ingressar naquele grupo de operações especiais. Para isso, seria necessário que fossem criadas novas vagas. Precisaria passar nos testes físicos, psicotécnicos, entrevistas, exames médicos e, por fim, concluir com êxito o Curso de Operações Táticas, com duração aproximada de quatro meses. Seriam necessários, antes de tudo, dois anos na atividade de Agente da Policial Federal.

Como ainda não tinha tempo suficiente de serviço, não acompanhei a divulgação do processo seletivo. Um dia, todavia, recebi o telefonema de um Policial que havia se formado comigo na ANP. Ele queria me avisar que a Direção criara vagas para o COT e reduzira esse tempo para um ano de serviço. Essa condição eu preenchia. Precisava decidir se largaria meu trabalho na fronteira e partir para Brasília a iniciar uma nova empreitada.

Decidi realizar o sonho e fazer parte desse seleto grupo. Após conseguir a aprovação da chefia, durante um mês, preparei-me para as provas físicas.

Chegou, enfim, o grande dia. Desembarquei no Planalto Central num domingo à noite. Fui direto à sede do COT, onde fiquei hospedado até a manhã seguinte, dia da realização dos testes físicos. No alojamento, encontravam-se apenas dois colegas. Um era membro do grupo e estava passando uma temporada por ali. O outro era candidato ao Curso. Mais tarde, passaria a chamá-lo de 08. Coincidentemente, esse candidato é coautor desse livro e acabou se tornando grande amigo e companheiro de armas.

Na segunda-feira pela manhã, iniciamos os testes físicos. Foram realizados diversos testes durante o dia: corrida, natação, flutuação, subida em corda, exercícios de força, etc.

Os aprovados realizaram o exame psicotécnico e os aptos enfrentaram uma entrevista com os coordenadores do COT. Os sobreviventes apresentaram os exames médicos solicitados e foram matriculados no II Curso de Operações Táticas.

A partir daí, perdi minha identidade. De cabeça raspada, era simplesmente o Aluno 14.

6. Grupo e estrutura

O Comando de Operações Táticas é dividido em equipes, que, normalmente, revezam-se entre os períodos de treinamento, operação, instruções e descanso. Importante lembrar que a natureza de pronto emprego do grupo significa a permanente disposição dos integrantes em condições de operar vinte e quatro horas por dia, sete dias por semana. Procuramos respeitar um princípio doutrinário, dividindo nosso tempo de trabalho da seguinte maneira: do total de tempo produtivo, direcionamos, no mínimo, 70% para receber e ministrar treinamentos (muitas vezes, para policiais de outras instituições) e 30% para cumprir missões.

Essas equipes ou times táticos são formados por policiais que desempenham funções específicas, tais como: explosivista, negociador, atirador de precisão, especialista em aberturas, entre outras. Um integrante pode acumular funções dentro da equipe e deve estar preparado para assumir qualquer tarefa que lhe for designada. Essa é a definição clássica de um grupo de Comandos, uma tropa autocomandável, com número reduzido de integrantes, onde cada um consegue executar todas as tarefas do grupo, em caso de necessidade. Naturalmente, prefere-se utilizar cada especialista em sua função.

Grupo

As principais áreas nas quais o COT possui pessoal especializado são: tiro de precisão, entradas táticas, explosivos, gerenciamento de crises e negociação, planejamento operacional, mergulho, paraquedismo, operações urbanas (patrulha em áreas de alto risco), operações rurais (patrulha rural, montanha, caatinga, selva e pantanal), operações aéreas e anfíbias, retomada de aeronaves e embarcações, retomada de trens e ônibus, ações contra-terror, controle de distúrbios civis, inteligência e pronto-socorrismo. O suporte logístico é importantíssimo e fica a cargo do pessoal de apoio. A mobilidade é fundamental e ponto pacífico no conceito atual dos conflitos de quarta geração[35]. Por isso, o apoio dos pilotos de avião e helicóptero, motoristas, pessoal para serviços administrativos e burocráticos é indiscutivelmente relevante.

O COT é dividido em três principais áreas de especialização: o grupo de assalto ou intervenção, o grupo de atiradores de precisão e o grupo de negociadores. Cada um deles tem um capítulo próprio que os descreverá em detalhes. Outras especialidades, como os explosivistas e pronto-socorristas estão inseridos na estrutura do Grupo Tático. Ressaltamos que, na Polícia Federal, o grupo responsável por desativação de bombas e perícias em locais suspeitos é o Grupo de Contramedidas, composto por Peritos Criminais Federais, especialmente preparados para essas atividades. No COT, todos têm treinamento básico em explosivos e alguns operadores têm treinamento aprofundado, inclusive na desativação de artefatos. A utilização, porém, é mais restrita. Explosivos são utilizados apenas em entradas táticas ou para destruir algum alvo.

Grupo reunido após treinamento de retomada de aeronave.

---

[35] Conflito característico dos dias atuais, com predominância de ações de terrorismo moderno (em oposição ao terrorismo clássico), guerrilha e subversão. Surgiu após o ápice dos conflitos de terceira geração, que culminaram na Segunda Guerra Mundial.

Estrutura

Quanto à infraestrutura, o COT possui uma sede construída em uma área com 40.000 m2, localizada no Setor Policial Sul, em Brasília/DF. Essa estrutura possui alojamentos, sala de reuniões, paiol de munições e explosivos, setor de armamento, setor de recarga, auditório, salas administrativas, setor de operações, setor de estratégias táticas, setor de inteligência, setor de assalto/intervenção, setor de atiradores de precisão, setor de negociadores, academia de musculação, dojô, vestiários, almoxarifado, garagens, quadra esportiva, heliponto, setor de treinamento e ensino, setor de transporte, setor de comunicações, setor de audiovisual e informática, pista de obstáculos, torre para treinamento de técnicas verticais, casa de tiro, estande de tiro iluminado com 100 metros de extensão, estande de tiro coberto com 25 metros, sala de limpeza de armas, pista de corrida, pista de ação e reação, parede de escaladas, pista de cordas e um centro de recreação. Possui também viaturas ostensivas, viaturas e motos descaracterizadas, viaturas blindadas, ônibus com gabinete móvel de gerenciamento de crise, vans para transporte do grupo, caminhão tático para transporte de equipamentos, entre outros. Recebe apoio de aviões e helicópteros do CAOP.

Imagem de satélite da sede do COT, em Brasília/DF.

O COT possui uma infraestrutura e equipamentos dignos das melhores polícias do mundo. Constantemente nossos policiais estão pesquisando novas tecnologias e, através do Departamento de Logística da Polícia Federal, os pedidos de material são efetuados, mantendo-se sempre a vanguarda em relação às demais instituições de segurança pública do Brasil. Computadores modernos, armamento de última geração e acesso a cursos e treinamentos no Brasil e em outros Países criam os alicerces operacionais propícios a otimizar nossos resultados. "A quem mais é dado, mais será cobrado." O provérbio Bíblico é seguido à risca no COT. Constantemente, cobramos-nos ao máximo e o treinamento é levado a sério, pois como afirmou o personagem de Miguel de Cervantes[36]: "nosso repouso é a batalha". Treinamos como se estivéssemos combatendo e combatemos como se estivéssemos treinando. Partimos da premissa de que a repetição até a exaustão leva à perfeição. Afinal, gotas de suor poupam litros de sangue. Fazemos assim porque nos são dadas as condições necessárias e a estrutura propícia.

Vista geral do prédio principal, que será substituído pela nova sede.

---

[36] Personagem principal do livro *El ingenioso hidalgo Don Quixote de La Mancha*, escrito por Miguel de Cervantes (1547-1616), escritor espanhol.

Torre de treinamento de técnicas verticais.

Academia para preparação física.

Estande de tiro.

Casa de tiro, com paredes resistentes a tiros.

Tatame para treinamentos de técnicas de combate.

Pista de corda.

Galeria de honrarias.

7. Invasão coordenada

Quatro meses depois, terminado o Curso de Operações Táticas, enfim ao trabalho. Nesse ponto, nós, alunos 08 e 14, nos separamos. O 08 foi convidado para integrar o grupo de atiradores de precisão, enquanto eu fui direcionado para o grupo de assalto.

Como foi informado no capítulo anterior, além das especialidades individuais de cada integrante do grupo, o Comando de Operações Táticas é dividido basicamente em três grupos: o grupo de assalto ou de intervenção, o grupo de negociadores e o grupo de atiradores de precisão. É uma espécie de divisão de armas, como acontece na área militar. As equipes, porém, trabalham juntas e coordenadamente, como se fosse um único grupo. Normalmente, ao sair do curso, os ex-alunos são direcionados para comporem o grupo de assalto. Com isso vão adquirir experiência. Posteriormente, os policiais com perfil adequado são convidados para compor o grupo de atiradores de precisão ou atuar como negociadores. O convite feito ao 08 foi uma exceção, em razão de dois fatores: a necessidade de formar mais atiradores e o perfil característico já detectado durante o curso.

Sobre o grupo de atiradores de precisão, também conhecido por outras denominações, como *sniper*, atirador de escol, atirador de elite, falaremos no próximo capítulo. Com relação ao grupo de negociadores, também trataremos em capítulo específico.

Discorreremos sobre o grupo de assalto. O referido nome é derivado de um dos significados do verbo assaltar: atacar repentinamente, investir com ímpeto e de súbito. O grupo de assalto é a equipe responsável pela execução desse ataque súbito, veemente e impetuoso. É a unidade responsável, apoiada pelos atiradores de precisão, pela tomada de edificações, de áreas, embarcações, aeronaves, trens, veículos, enfim, pelo ataque direto e mais aproximado a qualquer ponto que se faça necessário. Atualmente, muitos grupos utilizam um termo mais moderno para designar esta especialidade: grupo de intervenção.

O campo de atuação é muito variado e abrange todos os assuntos desenvolvidos durante o curso: entradas táticas, resgate de reféns, tomada de aeronaves, infiltração através de paraquedismo, tomada de embarcações, infiltrações e retrações através de mergulho, patrulhas rurais e urbanas, combate em áreas restritas, combate em favelas, retomada de trens, retomada de ônibus, retomada de automóveis, explosivos, gerenciamento de crises, controle de distúrbio civil, entre outras.

Consequentemente, o treinamento aplicado também é bem vasto. Ele é diário, dependendo, obviamente, da disponibilidade dos integrantes. Em virtude de o COT atender chamados de todo o país, ocorre, por muitas vezes, um desequilíbrio nos seus pilares basilares: treinar, operar e dar treinamento.

Foi assim em meu primeiro ano no grupo de assalto: operei durante mais de oito meses. Missões reais. Com isso, o treinamento restou prejudicado. Compensei a parte física executando atividades nos próprios lugares das operações realizadas. No caso do treino tático, a dificuldade foi maior. Precisei compensar as faltas com treinamentos intensivos entre as operações, evitando com isso, a perda de contato, principalmente, com armamento e tiro.

Grupo de intervenção treinando para o Pan 2007, em conjunto com o BOPE/PMERJ.

CHARLIE OSCAR **101**

Em contrapartida, ganhei enorme experiência em operações. Foram inúmeras e nas mais diversas áreas. Operações em favela, combate ao tráfico de drogas e a quadrilhas de assaltantes de banco e roubo de cargas, segurança de dignitários, além das grandes ou mega-operações da Polícia Federal. As viagens eram tantas, que sempre deixava duas malas arrumadas. Por vezes, emendei duas ou três missões, trocando apenas a bagagem, sem sequer passar em casa. Além da experiência policial, essas missões trazem uma grande experiência no relacionamento interpessoal, fazendo com que o grupo, através da convivência, se conheça melhor.

Ao mesmo tempo em que o elevado número de missões dificulta os treinamentos, traz vantagens profissionais aos membros do COT. Somado à diversidade de áreas de atuações e à ação nas mais variadas regiões do país, as missões funcionam como um grande laboratório de operações especiais.

A experiência em missões reais que adquiri nesse primeiro ano, muitas vezes, policiais e militares especializados em operações especiais não conseguem durante toda sua vida de serviço.

Somente para exemplificar, certa vez, participei de quatro missões diferentes em duas semanas, uma seguida da outra, sem paradas para descanso. Iniciou-se no Estado do Rio de Janeiro, onde efetuamos o "estouro" de um laboratório de refino de cocaína e a prisão de alguns traficantes, com duração de quatro dias. Concluída a missão, voamos direto para o Estado do Tocantins, onde prendemos uma quadrilha de assaltantes de banco que atuava na região, com duração de três dias. O retorno deveria ser a Brasília, mas fomos engajados em uma grande operação da Polícia Federal no Estado do Pará, na qual tivemos a oportunidade de tirar de circulação um grupo de funcionários públicos corruptos, envolvidos em fraudes de licitações e desvio de dinheiro público. Mais três dias operando. Retornando a Brasília, atuamos por mais cinco dias na segurança de um encontro de presidentes de diversos países do mundo. Quinze dias operando em três regiões do país, em quatro missões de natureza totalmente diversas.

Por tudo isso, o integrante do COT deve ter elevado grau de estabilidade emocional, estar preparado para decidir e agir nas mais diversas ocasiões. Precisa adaptar sua atuação às necessidades apresentadas. Agressividade controlada nas ações contra assaltantes e traficantes e paciência nas atuações em segurança de dignitários, por exemplo.

No final do primeiro ano, recebi o convite para fazer o Curso de Atirador de Precisão Policial. Caso concluísse com êxito, integraria o Grupo de Atiradores de Precisão.

O curso foi concluído com sucesso e passei a atuar como *sniper*. Isso, de forma alguma, decretou o fim de minhas atuações no grupo de intervenção. Sempre que o trabalho de atirador de precisão não era necessário, voltava às origens para participar das ações, de forma mais aproximada.

Nos anos seguintes, mesmo não atuando mais no grupo de assalto, acompanhei uma redução no número de operações, chegando próximo ao equilíbrio com os treinamentos.

8. Observar, proteger, neutralizar

Dizem que o triângulo é o símbolo da perfeição. Aprendemos logo nas primeiras aulas de Matemática que a menor distância entre dois pontos é uma reta, contudo, se tivermos três pontos, teremos um plano. Para os católicos, a representação da Trindade Santa encerra Pai, Filho e Espírito Santo. Esse trinômio é, dentro da sua visão, o exponencial máximo da perfeição. Engels[37], quando propôs sua teoria da dialética, ensinou que para toda Tese deve se propor uma Anti-tese (antítese) a fim de, através da confrontação teórica, chegar a uma Síntese. Para um atirador de precisão, ou *sniper*, a perfeição está em completar com êxito sua missão. Para tanto, dentro do cenário de crise, terá que satisfazer três pontos: observar, proteger e neutralizar. Essa é a tríplice tarefa e toda a função do *sniper* se baseia nesse trinômio. Discorreremos uma a uma acerca de suas características, dificuldades e implicações.

Símbolo do grupo de atiradores de precisão.

---

[37] Friedrich Engels, filósofo e escritor alemão, foi um dos fundadores do socialismo científico. Nasceu em 28 de novembro de 1820 e morreu em 5 de agosto de 1895.

Atiradores de precisão tomando posição sobre edificações.

Observar

Através do aparelho ótico de pontaria ou luneta, o *sniper*, valendo-se de técnicas de ocultação e camuflagem e, ainda, de conhecimentos sobre o posicionamento no terreno, observa o teatro de operações como ninguém. É ele quem alimenta a cadeia de comando com dados acerca dos perpetradores do crime, armamentos utilizados, distribuição e planta do local da crise, seja em uma edificação, um ônibus, aeronave, trem ou qualquer outro ambiente. Um bom atirador de precisão é, acima de tudo, um bom observador do cenário. Contudo, observar somente é pouco. Saber passar as informações também é de grande importância. Qualquer educador sabe que comunicação não é o que se fala, é o que se entende. E a transmissão da informação deve ser feita de maneira rápida (princípio da oportunidade), concisa, precisa e direta, sem rodeios, atentando-se sempre para a racionalidade. O atirador não pode ser contaminado pela paixão. Isso é muito difícil, porém fundamental. E somente poderá ser alcançado com um alto grau de conhecimento técnico, treinamento e concentração.

O conhecimento das armas, munições, tipos de explosivos e equipamentos é tarefa precípua, com isso o atirador vai munir o gerente da crise com informações na mesma posição, preso ao universo que sua luneta propicia. Desse universo restrito, contudo, ninguém sabe mais do que o *sniper*. Essa determinação pode ser chamada de foco. O atirador tem que identificar e manter seu foco o tempo todo, pois aquilo que você foca se expande. Essa é a chave que explica o poder da concentração. Quando você se concentra, direciona todas as energias para um só ponto e vai diretamente para ele, sem perder tempo, mantendo seu foco.

Pudemos ver então como é importante para o atirador manter a racionalidade, não se deixando influenciar por emoções que venham provocar uma tomada de decisão equivocada. Mas, como treinar uma pessoa para ser mais racional? Para tanto, faremos referência ao método científico que Descartes[38] lança no livro *Discurso do Método*. Segundo o pensamento cartesiano, a investigação a partir de um fato observado, para ser considerada racional, deve ocorrer em quatro tempos distintos que se complementam: divisão, síntese, análise e enumeração.

Procederemos agora a um breve comentário sobre a abordagem científica da função observação. Primeiramente, a divisão, que nada mais é do que uma aplicação direta do princípio da simplicidade. O cérebro humano tem dificuldade de processar várias informações ao mesmo tempo. O problema se agrava quando adicionamos ao sistema o ingrediente estresse e quando a tarefa a ser

---

[38] René Descartes, filósofo, físico e matemático francês. Nasceu em La Haye en Touraine, França, em 31 de março de 1596. Morreu em Estocolmo, Suécia, em 11 de fevereiro de 1650. Foi o responsável pela fusão da álgebra com a geometria euclidiana, gerando a geometria analítica e um sistema de coordenadas, conhecido como Coordenadas no plano Cartesiano.

executada seja naturalmente complexa, como é executar um tiro de precisão sob as mais variadas condições. Nesse caso, a divisão consiste em, literalmente, fragmentar o fato observado em tantas partes quanto forem possíveis, em ordem de complexidade e em escala crescente de prescindibilidade.

Na sequência, logo após a divisão e classificação do fato observado vem a síntese, que nada mais é do que a decodificação, seguida de uma simplificação na linguagem e posterior recodificação do fato a ser analisado, em linguagem inteligível e prática.

Posteriormente, dá-se a análise propriamente dita do fato previamente "esmiuçado". Nesse ponto, faz-se mister que o atirador se desvencilhe de toda e qualquer espécie de preconceito ou paixão. Aliás, como já dissemos, paixão e *sniper* são nomes que não combinam. A palavra paixão vem do radical grego *pasos*, e do latim *patione*, que significa sofrer, adoecer. Quando se deixa levar pela paixão o Ser Humano deixa de lado a racionalidade e abre espaço para a emoção. Via de regra, o resultado dessa substituição no ambiente policial é o erro.

Finalmente, após sua análise racional, de nada adiantaria perder-se por falta de organização das ideias. Aqui, o pensamento cartesiano busca guarida na filosofia aristotélica. Partimos, assim, para a organização das ideias previamente divididas, simplificadas e estudadas. Ao enumerarmos, fazemos uma escala cronológica que vai sendo executada em tempo real. Todo o processo não leva mais que décimos de segundos para que ocorra, desde que haja treinamento para isto. Significa dizer que ao contrário do que pensávamos, o *sniper* toma decisões sim e as deve tomar com uma rapidez gigantesca sem que se perca em nada a precisão, foco final da atividade.

Proteger

Para levar a contento esse verbo, o atirador lança mão de todos os recursos de que dispõe. Dos três verbos que compõem a tríplice tarefa, este é o que sintetiza a própria atividade do *sniper*. O proteger, do latim *protegere*, demanda preparação mental ímpar. Se para a observação são importantes a imparcialidade e a racionalidade do atirador, aqui elas são imprescindíveis. Lembro-me de que no meu primeiro dia de treinamento para ser um atirador de precisão, um instrutor disse: "O atirador tem uma semelhança muito grande com Deus e uma diferença também. Assim como Ele, o *sniper* decide quem vive e quem morre, mas Deus perdoa, o *sniper* não". Aquilo me chocou. Eu pensei durante toda a minha vida que era durão, que estava preparado para várias coisas. Mas aquele homem quis dizer-me que a qualquer hora, a partir daquele momento, eu assumiria o compromisso de matar "a sangue frio" alguém distante de mim, que sequer está me vendo, mas que oferece risco à vida de um inocente. Não é fácil aceitar esse risco. Não para quem foi criado segundo uma tradição religiosa e de acordo com fortes preceitos éticos e morais. O problema é: alguém tem que fazer o serviço. Proteger, muitas vezes, demanda sacrifício, o *sacrum facere*, ou fazer sagrado. Não é à toa que o atirador puxa seu gatilho. Sempre é para proteger alguém. E quando o faz é imprescindível que esteja amparado pela Lei, em uma das excludentes de ilicitude previstas em nosso Código Penal. Afinal de contas, ninguém está acima da Lei.

Dentro da gama de pessoas que cabe ao atirador proteger, estão seus companheiros do grupo tático e os reféns ou vítimas dos perpetradores. Dependendo da situação, o próprio perpetrador pode ser o protegido. Tudo dependerá da solução encontrada pelo Grupo de Decisão e dos dados coletados, analisados e sintetizados pelo atirador através da observação.

Atirador de precisão em treinamento.

Neutralizar

Para que seja completo, o atirador deve possuir, desde o primeiro instante, a consciência de que a qualquer momento pode ser testado em tudo o que aprendeu durante seus treinamentos ou mesmo durante sua vida. Não há tempo para hesitações. Alguns conceitos devem estar sedimentados e outros necessitam ser reconstruídos. É o caso do conceito acerca da morte. O atirador, como vimos anteriormente, deve ser uma pessoa serena, inteligente e com fortes conceitos de moral, de ética e de honestidade. Falar em tirar a vida de outro ser humano é sempre algo desagradável, pelo menos para as pessoas normais. Se você não sofre de nenhuma patologia mental, tenha certeza de que, por mais que você se ache especial, nunca estará preparado para aceitar normalmente o fato de ter tirado de alguém o direito de viver. É contra a natureza, é uma aberração, mas em alguns casos, necessário para que o mal não triunfe em nossa já castigada sociedade.

Contudo, neutralizar, no latim *tollere*, não significa matar. Significa garantir que a agressão cesse de imediato, causando o menor dano possível para a situação. É executar o tiro da forma mais consciente e segura possível. Significa dizer que matar é uma atitude radical e extrema, devendo ser admitida somente em circunstâncias também extremas. O critério, porém, não deixa de ser subjetivo e a decisão final cabe ao atirador. Dado o sinal verde, só ele diz se efetuará o disparo ao qual se propôs ou não. O motivo é óbvio. O *sniper* responderá pelo tiro que realizou.

A Equipe

Para satisfazermos os três pontos supracitados, existe apenas um caminho: o treinamento. A equipe de atiradores do COT é formada por experientes operadores que, além do Curso de Operações, passam pelo Curso de Atirador de Precisão Policial. Esse curso é voltado para membros de grupos de operações especiais de todo país, e, caso você se enquadre nos requisitos para tornar-se um aluno regular, ainda terá que enfrentar uma enorme fila de espera, dada a grande demanda existente.

Depois de formado no CAPP[39], o cotiano passa a fazer parte do grupo de atiradores. Com o tempo vai se aprofundando nos estudos e ganhando experiência nas operações realizadas. A integração com os outros atiradores é total, num clima de cooperação e constante aprendizado. As maiores fontes de conhecimento são os "antigões", normalmente ex-atiradores aposentados que continuam frequentando o Setor de Atiradores de Precisão. Eles são nossas "bibliotecas vivas", sempre dispostos a cooperar.

Uma vez atirador, você acumulou mais trabalho. Terá que manter os treinamentos táticos junto com os outros integrantes do

---

[39] Curso de Atirador de Precisão Policial, realizado no COT sob a supervisão da Academia Nacional de Polícia, com duração de 35 dias e carga horária de 220 horas/aula. Os instrutores são atiradores do COT com mais de quatro anos de experiência na atividade e repassam a doutrina de tiro de precisão adotada pelo COT.

grupo e realizar os treinamentos de tiro de precisão em horários alternados. Apesar do grande volume de trabalho, é muito gratificante. Dedicamos muito tempo aos estudos, uma vez que a função de atirador exige domínio completo de assuntos como Balística Interna, Externa e Terminal, Física, Trigonometria, Camuflagem, Ocultação etc.

Além dos treinamentos e operações, a equipe é responsável pelo desenvolvimento da doutrina de armamento e tiro utilizada pelo COT, bem como pela análise, especificação e escolha de novos armamentos e munições a serem empregados. Portanto, trata-se de um setor muito técnico. O conhecimento dos atiradores do COT é forjado pela grande quantidade de operações cumpridas, nos diversos ecossistemas espalhados por todo o País. Acumulamos uma experiência ímpar, visto que cumprimos missões peculiares, urbanas, rurais, seja de combate, seja de segurança de dignitários. Para tanto não poupamos suor nos treinamentos. Atiramos em distâncias variadas, de 25 a 600 metros, sob chuva, sol, frio ou calor. Treinamos tiro inclinado, com ângulos de elevação variados, depois mudamos e trabalhamos com variações de ângulos de depressão. Utilizamos vários tipos de munição, uma para cada situação. Cada atirador do COT utiliza ao menos dois fuzis, um de ferrolho, mais preciso, e outro semiautomático, com um pouco menos de precisão, mas que permite maior cadência de tiro e agilidade na recarga. Cada um deles será empregado em uma situação tática distinta. Treinamos escalada com nossos fuzis, rastejamos com eles, caminhamos e corremos também. Quando estamos atirando satisfatoriamente deitados, utilizando o "saquinho de arroz", começamos novo treinamento, agora sem apoio de coronha. Depois passamos para o tiro ajoelhado. Variamos distâncias e condições. Continuamos nos treinamentos, para cada dia uma nova situação. Tiro sentado, cada atirador desenvolve uma técnica pessoal. Finalmente, o tiro em pé. Mas não acabou. Passamos a testar "meios de fortuna" para estabilizarmos nossos fuzis em situações de combate. Utilizamos cordas, bipés improvisados com galhos, monopés formados por forquilhas retiradas de arbustos, fixamos nossos fuzis utilizando cordas e fitas. Quando todas estas situações foram treinadas no limite, realizamos o tiro embarcado. Variamos nossas plataformas de tiro. Utilizamos caminhões, carros, caminhonetes e ônibus e efetuamos disparos em cada diferente tipo de veículo. Continuamos testando o efeito dos projéteis contra variados tipos de vidros, chapas de aço, mantas balísticas, partes de veículos, tijolos, concreto, etc. Realizamos isso tudo de dia e depois variamos, refazendo tudo à noite. O treinamento nunca acaba. O processo de formação do atirador de precisão do COT é continuado, progressivo e intenso. Isso é necessário porque errar não é uma opção.

Curso de Atirador de Precisão Policial, realizado pelo COT.

9. Gerenciando crises

O terceiro grupo que compõe o Comando de Operações Táticas é o Grupo de Negociadores. Eles são os responsáveis pela resolução de uma crise, preferencialmente sem o uso da força. Utilizam, para tanto, técnicas e conhecimentos sobre gerenciamento de crises.

Para entrar neste grupo, é preciso adquirir experiência trabalhando no grupo de assalto, além de preencher o perfil necessário para ser um negociador.

Não é simples definir o perfil ideal de um policial para atuar nessa função. Podemos, porém, listar algumas características desejáveis que indicam um perfil aproximado para exercer essa tarefa de grande responsabilidade. As principais para ser um policial-negociador são: voluntariado, capacidade de trabalho sob pressão, boa capacidade de comunicação, inteligência, persuasão, controle emocional, disciplina, determinação, paciência, argumentatividade, perseverança, experiência profissional, capacidade de falar de forma clara e firme, raciocínio lógico, comprometimento com o grupo e autoconfiança.

Esses atributos são necessários em virtude do trabalho que será exercido. Vamos conceituar crise e gerenciamento de crise para compreendermos essas exigências.

Segundo a Academia do FBI (Federal Bureau of Investigation), crise é "um evento ou uma situação crucial que exige uma resposta especial da polícia a fim de assegurar uma solução aceitável".

Observe com atenção as palavras "solução aceitável". É muito importante definir bem o que é uma situação aceitável em cada crise. Nem sempre a solução será a ideal, mas no mínimo a aceitável. O termo "polícia" utilizado no conceito do FBI, engloba todos os integrantes do Sistema de Segurança Pública.

Um ambiente de crise, normalmente apresenta as seguintes características: imprevisibilidade da evolução da situação, compressão do tempo, percepção de ameaça à vida (mediata ou imediata). Uma resposta depende de uma postura organizacional pouco usual, não rotineira. Exige uma abordagem técnico-científica que estará sujeita a um treinamento prévio. Uma crise, devido à sua natureza caótica, exige a aplicação de muitos recursos, tanto técnicos quanto humanos, para chegar à solução. Normalmente é um evento de baixa probabilidade de ocorrência, mas com possibilidade de graves consequências se não houver uma ação adequada.

Gerenciamento de crises é essa habilidade de atuar de forma coordenada e técnica durante o acometimento de uma crise. É uma área multidisciplinar que pode envolver autoridades de segurança pública, políticos, membros do Judiciário, do Ministério Público, psicólogos, sociólogos, antropólogos, médicos e profissionais da saúde, entre outros.

O conhecimento é fundamental. Não são toleradas atitudes amadoras que podem custar a vida de inocentes. É fundamental entender que a disciplina "gerenciamento de crises" não está voltada somente à resolução da crise, mas também à sua antecipação e prevenção.

A negociação é ponto chave no gerenciamento de crises, uma vez que a grande maioria dos conflitos é resolvida por meio dela, sem o uso da força. Deve ser conduzida por profissionais de polícia especializados no assunto. Tem como principais objetivos ganhar tempo, coletar informações e fazer com que os causadores do evento de crise desistam da ação.

Sobre o assunto, o Perito Criminal Federal e negociador, Angelo Oliveira Salignac, na apresentação da obra Negociação em Crises – A busca da solução para eventos críticos (agosto de 2006, página 8), destaca: "A Negociação em Crise não é uma ciência. É uma arte, que se vale de várias ciências. Sua aplicação, consequentemente, não produz resultados absolutamente certos e garantidos. Entretanto, as vantagens que assegura aos Policiais e aos demais envolvidos nas crises podem ser constatadas pela simples leitura dos periódicos: nos eventos em que seus princípios básicos não foram seguidos fielmente, o que houve foi tragédia e desmoralização do Estado."

Nos últimos anos, a Polícia Federal vem intensificando o treinamento em Gerenciamento de Crises e Negociação, principalmente para os novos policiais. Isso tem ajudado na contenção das crises logo em seu início. Os alunos da Academia Nacional de Polícia têm aulas com os negociadores do COT e adquirem uma base para atuar inicialmente e emergencialmente no acometimento de crises.

Treinamento de retomada de aeronaves, cenário complexo no gerenciamento de crises.

Dentro do COT, o treinamento é ainda mais intenso. O grupo de negociadores está preparado para atuar na resolução das mais diversas crises e em qualquer nível que se apresentem. Realizam treinamentos constantes, além de intercâmbio com outras organizações policiais e militares no Brasil e no exterior.

A área de ação é ampla. Os negociadores já atuaram em sequestro de aeronaves, resgate de reféns, conflitos agrários, conflitos indígenas, invasão de prédios públicos, entre outras. Participaram, ainda, como observadores em crises internacionais, como, por exemplo, no sequestro (cárcere privado) ocorrido na residência do embaixador japonês em Lima, no Peru, no ano de 1997, efetuado por rebeldes do Movimento Revolucionário *Tupac Amaru* (MRTA), com duração de 126 dias.

10. Treinamento

Um grupo de operações especiais, como foi anteriormente demonstrado, é criado com base em rígidos princípios e fundamentos. O treinamento é um deles.

Para cumprir missões de diversas naturezas e níveis de dificuldade, os integrantes do grupo precisam estar em condição de pronto emprego, tanto física quanto taticamente. Para isso, cumprimos rituais diários de treinamento, em variadas especialidades.

Treinamento Físico

Para aguentar os treinamentos táticos e executar as missões, é fundamental ao integrante uma boa preparação física. Essa preparação precisa ser complementada por uma nutrição adequada.

No COT, normalmente utilizamos a parte da manhã para realizar os treinamentos físicos. Mesmo durante longos períodos de operações, precisamos realizar atividades físicas para proporcionar, ao menos, a manutenção do nosso condicionamento.

Os treinamentos envolvem atividades variadas, com objetivo de desenvolver força e resistência muscular, uma boa condição cardiorrespiratória e coordenação motora. Menos evidentes, mas tão importantes quanto os outros, são os benefícios proporcionados pelos treinamentos coletivos, como a união e o autoconhecimento do grupo.

As atividades mais comuns são a musculação, natação, atletismo, defesa pessoal, pistas de corda, pista de obstáculos e esportes coletivos em geral.

A musculação é uma atividade anaeróbica, executada com a intenção de desenvolver força e resistência muscular. Em virtude da natureza das operações e o peso dos equipamentos utilizados, a maioria dos grupos musculares é exigida. Pernas, braços, costas, abdômen são os mais atingidos. Por isso a necessidade de um programa de treino voltado às especificidades do grupo.

A natação, por sua vez, é uma atividade aeróbica e visa à melhoria da condição cardiorrespiratória do praticante, bem como a habilidade de permanecer e executar atividades no meio líquido. No treinamento também desenvolvemos habilidades como a flutuação, apneia estática[40] e apneia dinâmica[41].

O atletismo também é uma atividade aeróbica com objetivo de melhorar a condição cardiorrespiratória, resistência e explosão muscular do praticante. Treinos com percursos longos são excelentes para aumentar a resistência do atleta. Percursos curtos trabalham a capacidade de explosão muscular.

Na defesa pessoal, a meta é desenvolver a preparação física e mental do integrante do grupo. Potencializamos habilidades de coordenação motora, força física, explosão, defesa pessoal, imobilização, concentração, perseverança, entre outras.

Nas pistas de corda e obstáculos as habilidades como resistência física, agilidade, coordenação motora, equilíbrio, transposição de obstáculos, segurança e autoconfiança são exercitadas.

Nos esportes coletivos como futebol, vôlei e basquete, exercitamos, além da parte física, as habilidades de trabalho em equipe, liderança e companheirismo. Servem ainda para quebrar a rotina de treinamentos pesados e regulares.

Normalmente, utilizamos roupas apropriadas para a execução dos exercícios físicos. Periodicamente, porém, as atividades são realizadas com as roupas e equipamentos de trabalho para avaliar as reais dificuldades vivenciadas nas operações.

---

[40] Técnica de prender a respiração.

[41] Técnica de prender a respiração enquanto vence um determinado intervalo de espaço, nadando submerso.

Além das atividades descritas, podemos executar outras como ciclismo, corrida de aventura, alpinismo, remo, atividades com bola, esgrima e caminhadas, de acordo com a disponibilidade de recursos e interesses do grupo.

Devemos ter em mente que os treinamentos, apesar de serem cansativos e realizados com seriedade e afinco, devem proporcionar momentos de relaxamento mental, confraternização e recreação.

Sempre que possível, contamos com profissionais especializados em Educação Física para acompanhar o condicionamento do grupo, além de profissionais de Nutrição para elaborar um planejamento alimentar de acordo com o tipo de atividade exercida.

Treinamento Tático

O treinamento tático é crucial para um homem de operações e, também, o mais complexo. Sua realização é coletiva, devendo seguir um planejamento com metas claras e objetivas. Em razão do grande número de técnicas, elaboramos um cronograma de treinamento, definindo os dias, os horários e o tempo de duração do treinamento, bem como as técnicas, divisão de equipes e uniforme utilizado.

Existe uma tendência natural em alguns integrantes em dedicar-se mais ao treinamento físico que ao tático. É preciso corrigir esta distorção logo que percebida.

Ao empregarmos as manhãs para o treinamento físico, normalmente, utilizamos as tardes para o treinamento tático. Ele é dividido de acordo com as prioridades, ou ainda, conforme as necessidades específicas de uma missão iminente.

O treinamento tático mais importante é o de armamento e tiro. Precisa ser constante para a manutenção do nível elevado do grupo. São realizados treinamentos com armas curtas e longas, tiro sob estresse, tiro em movimento, tiro abrigado, tiro embarcado, saques, pista de pane, tiro instintivo, tiro em baixa luminosidade, troca tática e rápida, duelos, tiro de cobertura, pistas de procedimentos, pistas de ação e reação, entre outros. Além desses, o atirador de precisão deverá cumprir todo o ritual de treinamento específico para sua atividade.

Treinamentos de entradas táticas são realizados regularmente. Entradas dinâmicas, sistemática, usando explosivos, técnicas de visualização e varredura, assalto iniciado por atirador de precisão e deslocamentos são algumas das técnicas praticadas.

Para operações urbanas, treinamos conduta de patrulha, combate em áreas restritas, resgate de feridos, fogo de cobertura, técnicas de ação imediata, técnicas de abordagem de suspeitos e veículos, entre outros.

Em operações rurais, orientação e navegação, marchas, patrulha em área rural, técnicas de ação imediata, infiltrações, retrações, armadilhas e emboscadas, nós e amarrações fazem parte dos nossos treinamentos.

Quanto às operações anfíbias, contamos principalmente com treinamentos de pilotagem e retomada de embarcações, abordagem, mergulho, natação utilitária e resgate aquático.

Em operações aéreas, os treinos acontecem em menor quantidade, principalmente devido à pouca disponibilidade de aeronaves. Desenvolvemos exercícios de retomada de aeronaves, resgates, embarque e desembarque, paraquedismo, sinalização, tiro embarcado, rapel e fast rope.

Treinamos técnicas verticais, nós e amarrações, ancoragem, transposição de obstáculos, escalada, rapel, etc.

Em Controle de Distúrbios Civis, formações, comandos, utilização da tonfa, agentes químicos, armas e munições menos letais são habilidades desenvolvidas.

Regularmente revemos os procedimentos de gerenciamento de crises, atendimento pré-hospitalar, planejamento operacional, comunicações, direção ofensiva, comboio e segurança de dignitários.

No COT procuramos treinar mais próximos da realidade, nunca negligenciando a segurança. A máxima "treinamento difícil, combate fácil" é levada muito a sério.

É fácil perceber a diversidade de técnicas e táticas. Por vezes, esquecemos alguma delas, ou, em proveito de outras, algumas não são executadas. Por essas razões, um planejamento criterioso é fundamental. Com isso garantimos que todos os assuntos sejam abordados na regularidade necessária.

Treinamento de tiro de precisão.

Treinamento de operações anfíbias.

Preparação em técnicas verticais e transposição de obstáculos.

Treinamento em operações aéreas.

Treinamento de tiro.

Treinamento em explosivos.

Equipe de paraquedistas pronta para o salto.

Pesquisa e aprimoramento

A equipe de instrutores do Comando de Operações Táticas está constantemente buscando atualização e evolução das técnicas empregadas. Em razão disso, mantemos intercâmbios com outras forças policiais e militares, tanto no Brasil como no exterior. Participamos frequentemente de palestras, feiras, seminários e cursos.

Desenvolvemos um programa de pesquisa e teste de novos produtos, equipamentos, armamentos, munições e tecnologias voltadas para a área de operações especiais. São realizados, ainda, diversos estudos na área de balística.

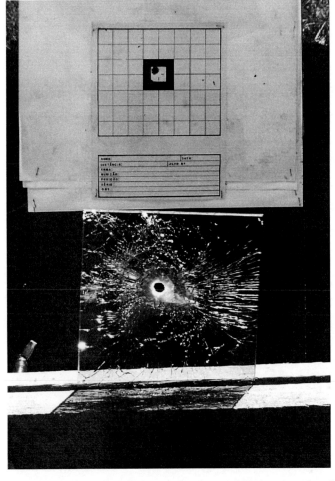

Análise de trajetória e fragmentação de projéteis através de vidro.

11. Dia-a-dia

Estávamos no interior da Bahia, no aeroporto. Equipe composta por oito cotianos, viajando há quase dois meses. Era a segunda missão que tínhamos cumprido depois que saímos de Brasília. A previsão inicial, de uma semana, há muito tinha sido ultrapassada. Toda vez que ligávamos para casa era o mesmo problema, a família queria saber quando finalmente voltaríamos. Não sabíamos e, àquela altura, não arriscávamos dizer mais nada. Os filhos de muitos colegas choravam e alguns, os mais novinhos, recusavam-se a falar com os pais por telefone. A maioria andava de um lado para o outro da pista tentando achar um lugar onde o celular desse sinal, mas ninguém conseguiu. O grupo esperava há duas horas pelo transporte, quando o Bandeirantes[42] pousou:

– Vamos lá rapaziada, vamos colocar a tralha no avião pra gente poder ir embora logo!

Estávamos todos tensos, parece que algo nos dizia que não iríamos para casa. O avião taxiou e parou bem em frente do nosso grupo. Logo a porta se abriu e um dos pilotos saiu.

– E aí pessoal! Tudo tranquilo?

– Beleza... – respondeu o chefe de equipe do COT.

– Vamos reabastecer e decolamos em trinta minutos, é só o tempo de fazer o novo plano de voo.

– Ele disse fazer novo plano de voo? Que porra é essa? – Perguntou o 01.

– A propósito – disse o piloto – entrem em contato com o chefe de vocês que ele está aguardando.

Houve um silêncio denso entre todos. Parecia uma brinca-

---

[42] Avião de transporte de passageiros fabricado pela Embraer.

deira de mau gosto, ninguém queria acreditar naquilo que todos já sabiam: não iríamos mais para Brasília.

– Não estou conseguindo! – disse o chefe de equipe. – Estou tentando há umas duas horas, mas nada.

– Tudo bem – disse o piloto – ele imaginou isso mesmo. Seguinte, temos que levar vocês para Manaus, tem serviço para o COT lá.

– Você deve estar de sacanagem! Só pode estar brincando!

O chefe da equipe estava mais tenso do que o normal, acontece que seu filho faria oito anos em dois dias e seria a primeira vez que passariam um aniversário juntos, ele havia prometido isso ao garoto.

– Cara... o moleque tem oito anos e eu nunca consegui passar um aniversário com ele. Ele já entende as coisas e fica me cobrando... imagina, oito anos e eu nunca pude passar um aniversário com ele!

Ninguém falou nada, colocamos nossa bagagem dentro do avião e aguardamos o piloto. Fazia um calor infernal. Decolamos e voamos por uns trinta minutos, todos calados.

– Dane-se! – disse o chefe de equipe. – É isso aí, nós somos Federais! Sabem o que isso significa? Que nossa área de atuação é o Brasil! Amo meu filho, amo minha esposa, amo minha família, mas não posso me esquecer do meu trabalho, enquanto eu me propuser a fazer o que faço tenho que lidar com isso.

– É essa porra mesmo! – Alguém disse.

O chefe sabia da condição dos outros cotianos e do abalo moral que a ausência prolongada causa nos homens, justamente por atuar na raiz do equilíbrio do operador, sua estrutura familiar. Fui para missões que duraram cinco meses. É diferente, entretanto, quando você sabe quanto tempo vai passar fora. Sair para uma missão que duraria uma semana e ficar dois meses é mais complicado. A certa altura você sequer se atreve a dizer para seus familiares quando voltará, porque descobre que não tem poder nenhum sobre você mesmo.

– Chefe! – disse o trinta e dois – Se eu quero que eu me ferre..imagina você!

Todo mundo começou a rir.

Continuávamos a rir. Como é de costume, nas horas difíceis conseguimos rir da nossa própria desgraça. Isso é importante. Dizem que nunca fica triste quem consegue rir de si mesmo. E as brincadeiras continuaram:

– Vinte e cinco! Pede pra sair! Pede pra ir embora! – Dizia o quatorze.

– Quatorze seu incompetentão! Toca o sino!

E assim conseguimos esquecer um pouco nossos problemas. E é justamente isso que devemos fazer. Um operador preocupado é um operador morto. Sempre focamos na missão, pois é nela que podemos perder nossas vidas.

Como eu já disse, um ambiente familiar estruturado é essencial. O maior prazer que sinto é quando chego em minha casa, beijo minha esposa, tomo um banho, me alimento, tomo uma taça de vinho e deito em minha cama. Tudo desacelera. Geralmente, ela coloca uma música suave e fala lenta e pausadamente, de modo que eu fique ainda mais calmo. Sabemos do sacrifício que nossos familiares fazem por nós. Além da preocupação com o trabalho de alto risco, têm que suportar as viagens, os segredos que a natureza das missões nos impõe e a rotina de trabalho que levamos quando estamos em Brasília. Mas ninguém falou que seria fácil casar com um Comando e sabemos que nossas famílias são especiais. Não é qualquer mulher que suporta isso, não é qualquer filho que compreende a natureza do trabalho de seu pai, não é qualquer família que apoia esse estilo de vida. São todos muito especiais, e sabemos disso.

Passamos mais tempo viajando do que em Brasília. Cheguei a viajar nove meses em um ano. A grande quantidade de missões a cumprir em todo país, a necessidade de viajar para dar treinamento a outros policiais, sejam Federais ou de outras instituições Brasil afora, e os cursos que fazemos constantemente, algumas vezes no exterior, impõem uma rotina duríssima que, para nossos entes queridos, traduz-se em ausência. Quando estamos em Brasília trabalhamos em horário de expediente normal. Se bem que no COT ninguém fica contando tempo para ir para casa. Quando estamos em nossa unidade estamos treinando ou dando treinamentos e cursos, ou ainda preparando nosso equipamento para a próxima viagem. E ela logo chegará.

12. Missão Alfa

TERÇA-FEIRA, dia 12, dez horas da manhã. Quase todo grupo realizando treinamentos físicos. Alguns na piscina participando da atividade de natação utilitária, devidamente trajados com uniforme rural completo (calça, camiseta, gandola[43] e bute[44]). Outros na academia de musculação, realizando trabalho de fortalecimento muscular. Uns poucos corriam, melhorando a capacidade cardiorrespiratória, tão exigida nas operações.

Movimentação no quadro de avisos. Um cartaz noticia sobre a reunião marcada para as onze horas, com todas as equipes. O plantonista no telefone localizando e convocando os integrantes que porventura estivessem resolvendo algum problema particular. O sistema de som também anunciava. Todos sabem: reunião urgente e com todos os integrantes, é operação. Uma coisa que normalmente funciona na Polícia Federal é a compartimentação de informações. Poucos sabem de tudo, alguns sabem um pouco e muitos não sabem nada do que está para acontecer. No COT, isso é ainda mais rigoroso. Normalmente, as informações chegam em cima da hora para a maioria dos operadores.

Pouco antes do horário marcado, o auditório estava cheio. Todos aguardando para saber onde seria a próxima missão. Pontualmente, o chefe de operações entrou agitado. Sul do país: este seria o nosso "teatro de operações"[45]. Todos os integrantes em condições físicas deveriam embarcar no final da tarde, em voo comercial. Felizmente, todos os presentes estavam aptos. Três integrantes já estavam no local formando a equipe precursora, fazendo o contato com o pessoal da Inteligência, responsável pela investigação e

---

[43] Peça superior do uniforme militar.

[44] Bota militar, coturno.

[45] Termo militar, referente à área geográfica onde acontecerão operações bélicas.

os devidos levantamentos prévios. Isso faz parte do planejamento, outra coisa que é levada muito a sério no COT. O grupo possui excelentes especialistas em planejamento operacional.

O *briefing*[46] esclareceu qual a natureza da missão: prender uma quadrilha de assaltantes a banco ligada a uma famosa facção criminosa do país. Tratou, ainda, da divisão das equipes com seus respectivos comandantes, equipamento individual e coletivo necessário, comunicações, local onde as equipes se hospedariam, horário de partida, duração da viagem e outros assuntos pertinentes. O planejamento da ação propriamente dita seria realizado no local, de acordo com as informações obtidas pelos precursores. Como ficou definido que a duração da missão seria de quatro dias, preparamo-nos para o dobro. Normalmente é assim. Há missões que, em virtude de vários fatores fora do nosso controle, parecem não ter fim. Então, nesse caso, vale o ditado: "é melhor prevenir do que remediar". E quando o trabalho tem relação com vidas humanas, nem sempre é possível remediar.

Antes do horário de almoço, as tarefas foram divididas entre os policiais. Com objetivo de trazer uma ideia da quantidade de equipamentos levados pelo grupo em uma missão dessa natureza, listaremos alguns. Equipamentos individuais básicos da equipe de assalto: uniforme rural e urbano completo, colete tático, balaclava[47], cinto tático com coldre de perna, colete balístico com placas de cerâmica resistente a tiros de fuzil, capacete balístico, máscara de gás com filtro, bornal[48] com granadas diversas – luz e som, gás efeito moral, joelheira ou caneleira, fuzil de assalto Colt M16 calibre 5,56mm com 6 carregadores cheios, submetralhadora HK MP5 SD com supressor de ruídos e 3 carregadores cheios, pistola Glock modelo 17 calibre 9mm com 3 carregadores cheios, saco de dormir, lanterna tática, faca, rádio comunicador com acessórios, equipa-

---

[46] Reunião onde são definidas instruções e diretrizes para realização de determinado trabalho ou missão militar.

[47] Capuz de algum tipo de tecido que cobre a cabeça e o pescoço, deixando apenas os olhos expostos.

[48] Saco para transporte de materiais, utilizado normalmente a tiracolo.

CHARLIE OSCAR **133**

mentos de rapel (cadeira, fitas, mosquetões, freio em oito), óculos tático. Equipamentos individuais básicos para grupo de atiradores de precisão: uniforme rural e urbano completo, colete tático, balaclava, cinto tático com coldre de perna, colete balístico com placas de cerâmica resistente a tiros de fuzil, capacete balístico, máscara de gás com filtro, bornal com granadas diversas – gás, efeito moral e luz e som, joelheira ou caneleira, fuzil de precisão semiautomático HK MSG90 calibre 7,62 mm com 4 carregadores cheios, fuzil de precisão de ferrolho Remington 700 calibre 7,62mm com 3 caixas de munição, fuzil de assalto Colt M16 calibre 5,56mm com 6 carregadores cheios, pistola Glock modelo 17 calibre 9mm com 3 carregadores cheios, saco de dormir, lanterna tática, faca, rádio comunicador com acessórios, roupa de guile[49], isolante térmico, poncho, binóculos, telêmetro, tabelas balísticas e afins, apoio de coronha, equipamentos de rapel (cadeira, fitas loop, mosquetões, freio em oito). Equipamentos de uso comum: explosivos (cordel detonante, brinel[50], acionador e materiais afins), canhão de disrupção[51] (canhão d'água) com munição, kits arrombamento (pé-de-cabra, marreta, alicate de corte, aríete), cordas, algemas de mão e de pé, visores noturnos, escadas diversas, fitas de isolamento de local, fitas adesivas, lanternas sobressalentes, kit de primeiros socorros, câmeras fotográficas e filmadoras.

As informações iniciais eram de que mais de vinte pessoas formariam a quadrilha de assaltantes de banco, alguns de altíssima periculosidade. A área era urbana, podendo haver desdobramentos para área rural num segundo momento. Maiores detalhes somente chegando à região.

Perto das treze horas todos foram liberados para almoçar e buscar algum material particular necessário. Antes das quinze

---

[49] Roupa utilizada por atiradores e caçadores, com capacidade de imitar o terreno e vegetação onde estão inseridos, funcionando como camuflagem e ocultação.

[50] Tubo de choque, capaz de propagar ondas de choque e efetivar a detonação de um explosivo.

[51] Armamento capaz de acelerar a água a altíssimas velocidades, utilizado para arrombamentos e desarmamento de bombas.

horas, estaríamos reunidos para preparar o equipamento e no final da tarde, destino ao aeroporto. A saída do COT foi marcada para as dezoito horas. Pontualidade: outra virtude muito cobrada. O voo estava marcado para as vinte horas. Nosso *check in* normalmente acontece mais cedo que os de outros passageiros. É que devido a quantidade de equipamento transportado temos problemas de excesso de bagagem, então precisamos negociar com a companhia aérea a liberação do excesso de peso. Um absurdo!. Só de equipamento cada um carrega mais de 30 kg. Fora o equipamento coletivo que é bem pesado. Essa é uma realidade infeliz dentro da Polícia Federal. As passagens aéreas fornecidas pela instituição são comuns, com pouco mais de 20 kg de peso franqueado para bagagem. Deveriam prever um bilhete especial ou fazer um acordo com as companhias aéreas para evitar esse constrangimento na hora do *check in*. Sem falar nas vezes em que passamos por complicações no momento de embarcar o armamento pesado. Ossos do ofício! A título de informação, o COT é o grupo responsável pela resolução dos casos de apoderamento ilícito de aeronaves civis dentro do país. Qualquer situação de crise dentro de aeronaves pousadas em território nacional, com ou sem reféns, será resolvido pelo grupo que mantém constante treinamento de retomada de aeronaves nos seus mais diversos modelos.

Devidamente embarcados, voo tranquilo e antes das vinte e três horas estávamos no destino. Viaturas aguardavam para nos levar para o hotel. A noite, porém, não havia encerrado. Tínhamos ainda, antes do descanso, uma reunião com a equipe precursora, que nos passaria informações detalhadas sobre a missão. Normalmente, um atirador de precisão faz parte dessa equipe, devido a sua capacidade de avaliação de terreno e de planejamento. Nesse evento, contudo, não tinha sido possível devido à indisponibilidade desse especialista, pois todos estavam em outra missão.

À meia noite, a reunião foi iniciada. Ficamos sabendo de quase todos os detalhes. A investigação estava em andamento há mais de três meses pela competente área de inteligência da Delegacia de Crimes contra o Patrimônio (DELEPAT) com apoio da não menos competente área de inteligência da Delegacia de Repressão a Entorpecentes (DRE). O elogio tem que ficar registrado porque muito do que é visto pelo cidadão nas operações da PF é de responsabilidade dos setores de Inteligência da instituição, formado por profissionais abnegados que, por vezes, deixam o convívio familiar de lado para dedicar-se integralmente a casos que parecem sem solução. O grupo tático precisa confiar nas informações fornecidas pela equipe de investigação, porque normalmente não acompanha todos os desdobramentos do caso, chegando quase sempre para "simplesmente" prender os delinquentes. Utilizei aspas no simplesmente porque são grandes a responsabilidade e o risco na maioria destas prisões. Se fossem simples e sem risco, não chamariam o COT. Não seria diferente dessa vez. Mais de vinte assaltantes trabalhando para construir um túnel que levaria direto para o cofre de um banco. A quadrilha chegou a comprar um prédio com oito andares de onde o túnel partiu. Uma organização que contava com estrutura financeira e operacional, comandada por uma famosa facção criminosa. As informações iam surgindo, veículos utilizados, local do evento, mapas das regiões, fotos diversas (do local, dos envolvidos, de satélite), *modus operandis*[52], fichas criminais, e assim por diante. Uma informação crucial, infelizmente, não estava disponível: os criminosos estariam armados e em caso positivo, qual seria o seu poderio bélico? Isso exige muito mais cuidado e gera uma lacuna no planejamento. Nesse caso, todos se preparam para a pior situação. Uma hora e meia após o início da reunião, as tarefas para os preparativos do dia seguinte estavam definidas e todos se dirigiram aos seus respectivos hotéis.

Seis e meia da manhã. Hora do banho para despertar e de um café da manhã reforçado. Nunca sabemos quando comeremos novamente. Também é uma regra vigente em grupos de operações especiais: quando puder comer, coma. Um ditado muito ouvido nos referidos grupos é: pegue tudo que puder e coma tudo

---

[52] Termo utilizado no meio policial, que indica o padrão de ação ou modo de trabalho de uma quadrilha ou de um criminoso.

que pegar. Sete e meia: as equipes divididas já estavam na rua levantando novas informações, conhecendo o campo de batalha, estudando posicionamento, as opções táticas viáveis, os meios de acesso, o trânsito, a movimentação das pessoas no entorno. A equipe de atiradores de precisão era uma das mais interessadas no local, pois um bom posicionamento e uma identificação positiva dos alvos são cruciais. Fomos para um escritório de inteligência onde pudemos ter o visual do local através de diversas câmeras instaladas nas imediações. Lá obtivemos muitas informações valiosas. Resolvemos fazer uma incursão nas proximidades para verificar os locais ideais e as distâncias em relação ao teatro de operações. Tomamos um café a menos de 50 metros do ponto crítico, de onde observamos a movimentação dos suspeitos. Como tínhamos visto as fotos, identificamos pelos menos dois deles. Análise dos arredores realizada e uma constatação: devido à urbanização da região, tínhamos apenas um ponto de tiro para posicionar os atiradores. Era um edifício que se localizava em frente ao prédio alvo, mas numa distância muito reduzida, cerca de 20 metros. Para um atirador de precisão, muito longe é ruim, mas muito perto é pior ainda. Distâncias agradáveis ficam entre 50 e 200 metros. Devido ao treinamento, ao equipamento e à munição utilizada, disparos bem sucedidos podem ser feitos de distâncias superiores a 600 metros. Quando estamos muito perto da ação, contudo, ficamos expostos a outros atiradores, que mesmo utilizando armas curtas seriam capazes de nos atingir. Nossos aparelhos de mira ótica ficam superestimados. Outro fator é a camuflagem ou ocultação. Elas ficam prejudicadas pela proximidade ao evento. Não existia outra posição, então a melhor seria aquela, a 20 metros. Local definido, agora precisávamos conseguir uma sala dentro do edifício para nos posicionarmos durante a noite e aguardarmos a ação no amanhecer do dia seguinte. Após o almoço, tentamos em vários escritórios, mais todos se recusavam em colaborar conosco. É claro que não podíamos contar porque estávamos ali. Tínhamos uma história cobertura para garantir que a informação não vazaria, uma vez que não era possível precisar se alguém na região estava envolvido com a quadrilha. Nesses momentos, a população tem medo de se envolver com qualquer ação da polícia e uma colaboração é muito difícil. Era tarde quando conseguimos uma sala para passar a noite e dar cobertura de fogo à equipe de assalto na hora da invasão.

Retornamos à sede da Polícia Federal para ajudar no planejamento que estava sendo realizado por outra equipe. Todos os mandados judiciais necessários haviam sido expedidos. Passamos as últimas informações indispensáveis e o planejamento estava praticamente concluído. Revisamos todo o plano, pois não participaríamos da reunião final antes da ação do dia seguinte. A reunião aconteceria às três horas da manhã, e estaríamos em frente ao edifício alvo fazendo serviço de vigilância e prontos para entrar em ação.

Pegamos todos os equipamentos necessários, ração e água, e nos deslocamos em duas viaturas descaracterizadas até o local. Eram aproximadamente oito horas da noite. Confrontamo-nos com um outro problema: como entraríamos com todo o equipamento no prédio em frente ao alvo sem chamar atenção? Foi um trabalho lento e paciente, levando o equipamento desmontado em diversas etapas, vestidos de pintores. Para ser policial não basta coragem e treinamento, é preciso muita criatividade. Muitas vezes, precisamos improvisar e utilizar meios alternativos para atingir nossos objetivos. Carro velho, alguns baldes, caixas, malas, foi mais ou menos assim:

– Boa noite. Viemos pintar a sala 919.

O porteiro respondeu:

– Já fui avisado. Preciso registrar no livro. Documentos?

– Pois não.

– Estão com a identidade?

– Aqui estão.

– Se forem ficar além das onze têm que avisar. E não é para circularem em outros andares.

– Sim senhor. Boa noite.

Antes das vinte e uma horas já estávamos prontos para o início das observações e com o equipamento todo preparado para uma eventual ação. Precisávamos ainda enrolar o porteiro para que não desconfiasse. Éramos três policiais e nos dividimos em turnos de vigilância de duas horas. Dormir nem pensar, a adrenalina não permite. Você tem uma pressão enorme para não falhar. Uma falha pode custar a vida de um colega ou de um inocente. A vigilância foi tranquila. Pouca movimentação no local. O edifício que ocupávamos tinha doze andares. Estávamos no nono, um acima do último andar do edifício alvo. A maior parte da quadrilha descansava no andar mais alto. Por volta das vinte e três horas, um de nós desceu para desenrolar com o porteiro a nossa permanência. Tudo resolvido, de volta ao trabalho.

Três da manhã a reunião foi iniciada com o restante da equipe, em um local perto da sede da Polícia Federal na região. Tínhamos contato pelo rádio. A ação estava muito próxima de acontecer. Mesmo participando de inúmeras operações, sempre ficamos apreensivos. É natural essa tensão pré-ação. Sabendo administrar, até contribui para o sucesso, uma vez que mantém o policial mais atento em tudo que acontece a seu redor. Cinco da manhã as últimas instruções nos foram passadas via rádio. A comunicação era criptografada[53], garantindo o sigilo. Os policiais estavam posicionados próximos ao prédio. A estratégia adotada, como primeiro plano, era aguardar um dos criminosos sair para comprar pão, comportamento frequente, segundo informes da inteligência. O plano emergencial era arrombar a porta da frente utilizando explosivos e fazer uma entrada forçada. O grupo de assalto preparou as cargas de fechadura e, havendo necessidade de executar o plano emergencial, em segundos estariam dentro do edifício.

Como previsto, um integrante da quadrilha saiu para comprar pão próximo às seis horas da manhã, em uma padaria da região. Foi rendido por uma equipe que passou a chave para o grupo de intervenção. Tudo pronto para ação. Rápida, silenciosa, fulminante. Fator surpresa utilizado em favor da polícia. O chefe da operação deu o sinal verde e o "rolo compressor" foi liberado. Quando a má-

---

[53] Técnica utilizada para codificar uma informação ou comunicação, tornando difícil sua decodificação para quem não possui a chave específica para a decriptação.

quina "Grupo Tático" é acionada, nada mais pode detê-la. É estimulante ver o trabalho sincronizado das equipes, funcionando com a precisão de um relógio suíço. A equipe de assalto era formada por vinte e dois policiais federais do COT, apoiada pela equipe de atiradores de precisão, com três membros. Em outra construção, aos fundos do edifício alvo, havia mais dez policiais federais da região com objetivo de conter uma possível fuga dos criminosos. Nos arredores do teatro de operações mais de cinquenta policiais federais garantiam o perímetro, os pontos sensíveis e apoio logístico para a ação.

Muitos especialistas perguntarão por que o grupo de assalto não entrou pela parte superior do prédio e foi "varrendo" até embaixo, forma mais indicada pelas doutrinas que tratam sobre entradas em edificações. Vários fatores contribuíram para isso. O acesso pelo telhado era muito difícil, em virtude da arquitetura da edificação. Não tínhamos helicóptero de grande porte disponível para colocar rapidamente vinte e dois policiais através de *fast rope*[54]. O acesso pelo prédio ao lado não era seguro. Existia um vão relativamente largo entre eles, não sendo uma boa opção a sua transposição.

Voltando à ação. Escutamos os primeiros estouros de granadas de luz e som e portas internas se rompendo. Logo na entrada, foram presos dois criminosos que trabalhavam no túnel. Enquanto o grupo subia e ia "limpando" os andares, nós, os atiradores, víamos o desespero tomar conta de mais de vinte homens alojados no último andar do edifício. Corriam desordenadamente de um lado para o outro, sem saber o que fazer. Observávamos se portavam armas de fogo para, em caso de necessidade, proteger a equipe de policiais. Quaisquer informações eram repassadas instantaneamente via rádio para todos os integrantes da invasão tática. Nesse momento é preciso muito controle emocional, porque o tiro final só pode ser dado se os criminosos estiverem pondo em risco a nossa

---

[54] Técnica utilizada para descer principalmente de helicópteros. Utiliza uma corda grossa por onde os policiais ou militares descem escorregando, utilizando luvas, sem nenhum equipamento de segurança adicional.

vida ou a de terceiros. Pouco antes do grupo de assalto chegar ao último andar da edificação, alguns criminosos tentaram escapar para o outro prédio e foram reprimidos pela equipe externa de apoio. Logo em seguida identificaram o grupo de atiradores no prédio em frente, com os fuzis e lunetas ameaçadoramente apontados para eles. É interessante ver a reação do criminoso através da lente do aparelho ótico de pontaria. Alguns, correndo. Outros, levantando a camiseta para mostrar que estavam desarmados. Bandido desarmado é bandido vivo! Reportávamos todas as reações e a localização dos criminosos para o grupo de intervenção:

— Assalto uno, sierra uno reportando.

— Prossiga sierra uno...

— Assalto uno, sete homens, aparentemente, desarmados na face oeste do último andar. Outros seis homens provavelmente desarmados na face norte do mesmo andar.

— Positivo sierra uno, estamos chegando no oitavo.

Para que todos entendam, assalto uno era o líder do grupo de assalto. Sierra uno o líder do grupo de atiradores de precisão.

Rapidamente os policiais chegaram ao último andar. Em meio aos gritos "no chão" os assaltantes foram se entregando um a um, até que o último "limpo" foi ouvido. Nenhum tiro disparado, vinte e seis criminosos presos. Nenhum policial ou inocente ferido. É o que podemos classificar de "um dia feliz" ou "missão cumprida". As buscas por marginais escondidos duraram mais quinze minutos. Todos realmente estavam presos. A equipe de atiradores foi desmobilizada:

— Atento sierra uno, assalto uno chamando...

— Prossiga assalto uno...

— Edificação está controlada... Pode desmobilizar sua equipe...

— Copiado assalto uno, desmobilizando...

Juntamo-nos ao grupo dentro da edificação. O túnel era extenso. Não podíamos entrar sem suprimento de ar e equipamentos de segurança. Uma obra engenhosa, temos que admitir. Outra equipe simultaneamente prendia parte da quadrilha a mais de 20 km do local principal. Outro sucesso. O dia era dos "mocinhos".

Depois de tudo sob controle e com a certeza de não haver mais riscos, as equipes de apoio entraram, juntamente, com o pessoal da inteligência para avaliar o local.

Para controlar os curiosos e evitar que a imprensa "invadisse" o local, a área foi isolada. É preciso garantir o local para a perícia fazer suas avaliações. Toda prova deve ser preservada porque, muitas vezes, graças a um detalhe, uma condenação acontece ou não.

Quase faltaram algemas para tantos presos. Foi necessário mobilizar um caminhão para transportá-los até a sede da Polícia Federal da região.

Após o término da ação tática, todos imaginam que o grupo volta para seu local de origem para merecido descanso. Negativo. A missão ainda não está nem na metade. O COT é responsável pela escolta dos presos até um local seguro, por sua guarda, manter a segurança durante os depoimentos, fazer a escolta até o exame de corpo delito no IML[55] da região, e por fim, entregá-los à penitenciária ou local apropriado para sua guarda. Com vinte e seis presos, imaginem o tamanho da operação gerada.

Perto do meio dia, conseguimos fazer a retirada dos indivíduos de dentro do prédio e organizamos uma forte escolta que cruzou parte da cidade até a Polícia Federal. Lá se havia montado um aparato para receber todo esse pessoal. Foram mobilizados diversos escrivães e delegados para as oitivas.

Ficamos sabendo que o chefe da quadrilha que acabávamos de prender foi o comandante de diversos ataques a policiais em uma grande cidade da região Sudeste. Isso exigia uma atenção ainda maior ao esquema de segurança montado.

---

[55] Abreviatura de Instituto Médico Legal.

Parte da quadrilha presa na operação.

Entrada do túnel escavado.

Em sistema de revezamento, todos conseguiram se alimentar, mesmo que precariamente, para continuar até a madrugada com as oitivas dos presos. Toda a área de custódia tinha rígida segurança. Depois de uma operação bem sucedida não era possível sofrer uma ação de resgate por parte de outros integrantes da quadrilha. A tarde passava lentamente. Em meio a oitivas, coletivas de imprensa, conversa com advogados, o dia foi virando noite. Perto da meia noite, os depoimentos estavam quase concluídos. Iniciou-se, então, o planejamento para a escolta dos presos até o IML da região, a fim de fazer o exame de corpo delito, antes da entrega à penitenciária. Tais cuidados são importantes porque, muitas vezes, os presos, após chegarem à custódia, se autolesionam para fundamentar uma possível alegação de tortura que seus advogados farão na tentativa de prejudicar o procedimento de investigação policial e ulterior processo penal. Com esse procedimento, entregamos os presos em perfeitas condições ou, se com algum problema, devidamente atestado. A partir da entrega, a responsabilidade passa a ser da Penitenciária.

Duas horas da manhã. A escolta é iniciada. Os presos são levados em micro-ônibus, sob grande aparato de segurança. Os exames demoram menos de duas horas. Praticamente paramos o IML.

Perto das cinco horas da manhã chegamos para a entrega dos presos na Penitenciária. Presos entregues e ofícios assinados, a missão estava praticamente concluída. Faltava apenas entregar os ofícios de recebimento dos presos para, possivelmente, retornar a Brasília.

Sete e meia da manhã tomando café no hotel. Chegaram informes de que a missão poderia ter desdobramentos. Outra parte da quadrilha estava sob vigilância na região Centro-Oeste. Preparavam-se para assaltar um banco na região. Com a prisão de seus comparsas, contudo, ninguém sabia o que aconteceria. Pediram para que nos mantivéssemos no hotel em sobreaviso para qualquer eventualidade. Eventualidade deriva do verbete eventual, que quer dizer acontecimento incerto, acidental, fortuito. Engraçado que no COT essa palavra tem outro significado: quase certo ou ainda muito provável que aconteça. Normalmente é assim. Estamos acostumados. Quase três noites sem dormir e prestes a continuar em um desdobramento da missão, utilizei-me de outra regra muito difundida em grupos de operações especiais: quando puder dormir, durma. Ou seja, subi para o quarto e apaguei. Pelo menos até o meio dia, quando o telefone tocou. Acordei assustado e atordoado, com aquela sensação de "onde estou". Era o chefe da equipe de atiradores avisando que fomos desmobilizados e iríamos a uma churrascaria para fazer uma confraternização. Outra boa notícia é que no final da tarde retornaríamos a Brasília.

Chegamos à churrascaria, almoçamos, e quase na hora de partir um acontecimento inesperado. Um dos clientes percebeu que fazíamos parte do grupo que havia prendido a quadrilha de assaltantes de banco, então ele dirigiu-se a nossa mesa e pediu para todos que estavam ali dessem uma salva de palmas pelo trabalho realizado.

– Por favor, só um minuto da atenção de todos. Temos aqui presente a equipe da Polícia Federal que fez a prisão daquela quadrilha de assaltantes que escavavam um túnel para chegar até o cofre do banco. Queria pedir a todos uma salva de palmas para esse pessoal que arrisca a vida para manter nossas famílias em segurança.

No final da tarde, retornamos a Brasília. Descarregamos todo o equipamento, guardamos o armamento e recebemos folga na manhã seguinte. À tarde teríamos o *debriefing*[56] da operação. Tudo isso, logicamente, se não fôssemos convocados para outra missão.

Saldo da operação: vinte e seis assaltantes presos (só na etapa em que o COT atuou), nenhum inocente e nenhum policial morto ou ferido. Várias provas foram recolhidas, inclusive informações sobre outro grande assalto a banco acontecido no Nordeste, a partir das quais, foi recuperada enorme quantia do dinheiro roubado, além de armamentos e munições de diversos calibres.

---

[56] Reunião realizada no final da operação, com objetivos de avaliar os procedimentos e os fatos ocorridos durante os trabalhos.

13. Missão Bravo

QUARTA-FEIRA, dia 3, vinte horas. Calmaria no COT. Expediente terminado, treinamento tático encerrado antes das dezoito horas, somente os policiais do plantão em atividade. O Chefe de Operações chegou apressado e solicitou a convocação de onze policiais para uma missão. Passou ao plantonista a lista contendo os nomes de dez integrantes do grupo de assalto e do chefe do grupo de atiradores de precisão. A reunião seria às vinte e uma horas. Roupa para quatro dias.

– Plantão, avisa esse pessoal que é para estar no auditório às vinte e uma horas, pronto para viajar quatro dias. Equipamento completo. Alfa-Bravo[57].

O chefe de operações entrou na sala e o seu telefone tocou. Era o pessoal da área de inteligência da Delegacia de Crimes contra o Patrimônio (DELEPAT) passando os detalhes da situação. O informe era de que assaltantes fortemente armados, cerca de cinco, planejavam efetuar um roubo a banco em uma cidade da região Centro-Oeste. Não se tinha certeza sobre qual cidade seria, mas conseguiram isolar dois municípios prováveis. Utilizariam fuzis e submetralhadoras para executar o assalto e seu *modus operandis* caracterizava-se pelo uso de muita violência. A quadrilha havia cometido esse tipo de crime em outras duas oportunidades, sendo que em ambas deram centenas de tiros e fizeram reféns durante a fuga. Esses grupos estão cada vez mais atuantes no interior do país, levando o terror às pequenas cidades por onde passam. Procuram municípios com baixo efetivo policial e escolhem o dia correto para efetuar o roubo, muitas vezes contando com informações privilegiadas de pessoas da região ou até funcionários do próprio banco alvo da ação. Para o COT, esta situação é corriqueira. Via-

---

[57] Alfa Bravo é utilizado para designar missão de combate a Assalto à Banco.

jamos por todas as regiões ajudando a combater estas quadrilhas que aterrorizam comunidades mais simples e isoladas. Foram muitas as missões bem sucedidas nessa área durante os últimos anos.

Às vinte e uma horas em ponto os convocados estavam no auditório aguardando as informações. O chefe chega para o início da reunião.

– Boa noite. Prontos para mais uma bronca?

– Sempre! Pode pagar a missão! Quanto pior, melhor. – Brinca um dos integrantes.

O objetivo era prender os assaltantes. A dificuldade estava em dois pontos. Primeiro, não sabíamos exatamente em qual cidade aconteceria a ação. Segundo, os assaltantes estavam fortemente armados e com disposição. Ficou decidido que seriam formadas duas equipes: uma com onze integrantes do COT e outra com os policiais federais da DELEPAT. Cada equipe se dirigiria para as proximidades das respectivas cidades e aguardaria novas instruções.

– Preparem o equipamento. Partiremos daqui a pouco, às três horas. Dúvidas?

Tínhamos pouco mais de quatro horas para preparar todo o equipamento e nos alimentarmos.

Os prováveis municípios não ficavam tão longe de Brasília. O deslocamento seria realizado utilizando viaturas descaracterizadas. Já é difícil passar despercebido em uma cidade pequena com carros comuns, imagine com viaturas ostensivas.

Quinta-feira, três horas da manhã. Como esperado, o comboio partiu pontualmente na direção prevista. Todos os policiais federais vestidos com roupas comuns, mas fortemente armados. Não poderíamos ser detectados antes da ação, senão poríamos tudo a perder. Pense no trabalho que dá investigar uma quadrilha organizada de assaltantes a banco. Hoje em dia é ainda mais complicado, uma vez que as quadrilhas atuam em muitos Estados do território nacional, tendo bases em diversos lugares. E não seria o grupo tático a colocar todo esse trabalho em risco.

Antes das oito horas da manhã, as viaturas do COT chegaram às proximidades da possível cidade alvo dos assaltantes. O pessoal da DELEPAT dirigiu-se para a outra opção. Arrumamos um lugar para esconder as viaturas, e iniciamos um revezamento para descansar. Um policial em cada viatura fazia a segurança e operava a comunicação, enquanto os outros cochilavam dentro do próprio veículo. Quando se está cansado, mesmo um banco de carro apertado parece uma cama macia e confortável.

O primeiro contato foi feito perto das dez horas. O pessoal da inteligência afirmou que a ação dos marginais, provavelmente, aconteceria em outra região. Precisavam que levantássemos alguns dados e confirmássemos alguns locais. As viaturas se separaram e foram para destinos diferentes, em busca de confirmações. Perto do horário do almoço a primeira equipe estava em seu novo destino fazendo as verificações solicitadas. A segunda viatura e a terceira acharam seus destinos perto das quatorze horas. Informação levantada, era só esperar o desenrolar dos acontecimentos. Revezamento para comer e descansar; comer o que pudesse e descansar aonde desse. A tarde passava lentamente e nada de novidade. A equipe estava separada em três lugares não muito distantes, uma delas com dificuldade de conseguir sinal para o funcionamento do celular. Se existe uma coisa que preocupa a todos é a falta de comunicação entre as equipes. Restava então procurar um ponto melhor.

Próximo das dezenove horas, o telefone do chefe da equipe tocou. Os policiais federais da inteligência conseguiram chegar a dois novos locais para ação dos criminosos. O plano era o mesmo, a equipe do COT seria agrupada e iria para uma das cidades e a equipe da DELEPAT para outra.

Reagrupamos e antes das vinte e uma horas já estávamos na entrada de uma das prováveis cidades. Fizemos uma breve reunião para combinar como procederíamos dentro do pequeno lugarejo. Ficou decidido que as viaturas não andariam juntas e que cada uma, alternadamente, faria um reconhecimento do provável local da ação. Depois nos hospedaríamos no melhor hotel da cidade para diminuir o risco de encontrar algum informante do grupo, pois normalmente esse pessoal se hospeda em lugares mais simples e mais próximos a rotas de fuga. Cada um chegou em horário alternado no hotel, e com histórias coberturas diferentes. Naquele momento éramos vendedores, viajantes, representantes comerciais, enfim, qualquer profissão, menos policiais. Com todo cuidado e discrição desembarcamos o equipamento sensível[58]. Marcamos reunião para as vinte e três horas no quarto do chefe da equipe. Na reunião foi estabelecido contato com o pessoal da inteligência, confirmando que as cidades alvos dos assaltantes seriam as mesmas levantadas e que, provavelmente, a ação aconteceria naquela sexta-feira. O principal dado que levava a essa conclusão era a elevada quantidade de dinheiro disponível no banco para o pagamento da folha da prefeitura. Foi elaborado o plano de ação principal e o emergencial. Não havia possibilidade de interceptar os assaltantes antes que chegassem ao banco porque eram muitas as vias de acesso ao local. A equipe teria que ser separada em várias duplas, ficando impossibilitada uma abordagem segura. Não era possível apoio de outras forças policiais no local, pois a cidade contava com apenas seis policiais em sistema de revezamento. Ficou decidida a infiltração do chefe do grupo de atiradores de precisão em um local distante, aproximadamente, cem metros do banco. Ele seria o responsável pelo fornecimento de informações para as demais equipes que estariam nas proximidades. Seria ainda responsável pelo início da ação e atuaria no caso dos criminosos não se entregarem. O local escolhido foi uma Delegacia de Polícia Civil próxima ao banco e onde trabalhava apenas uma escrivã de polícia. Depois do início, as equipes chegariam por duas ruas transversais à rua do banco, contendo a crise e prendendo os criminosos. É claro que existia a possibilidade do assalto acontecer em outro local. Caso isso acontecesse, restaria apenas a possibilidade de dar um apoio à equipe da DELEPAT. Também existiam outras duas possibilidades: o assalto não acontecer ou ocorrer em outro lugar não previsto. Nem sempre acertamos.

---

[58] Armamento, munições e demais equipamentos policiais.

Foi decidido que as equipes de assalto não usariam uniforme urbano padrão[59]. Todos usariam coletes balísticos e coletes táticos por cima da roupa civil, e só no momento da ação. Com isso, evitaríamos chamar atenção de possíveis olheiros na região durante deslocamentos.

Depois da reunião, finalmente teríamos uma noite de sono. Antes da uma da manhã do dia D estávamos dormindo.

Sete da manhã: alvorada. Café da manhã reforçado. Quarto por quarto, fechou-se a conta e, antes das oito, todos haviam deixado o hotel. O *sniper* foi deixado na delegacia da Polícia Civil, onde se apresentou e contou parcialmente o que estava por acontecer. A escrivã, apesar de assustada, ofereceu toda colaboração.

O banco só abriria às dez horas. Antes desse horário o atirador estava posicionado com todo seu equipamento. Havia calculado as distâncias, feito um croqui do local, testado comunicação com as equipes, tudo pronto para a ação. O grupo de assalto estava dividido em duas equipes, aguardando o início.

O movimento no banco era intenso, como era de se esperar. Dia de pagamento é sempre assim. O ideal seria interceptar os criminosos antes da ação. Devido a questões logísticas e à forma de atuação da quadrilha, que muitas vezes chega com reféns e atirando, ficou resolvido que interceptaríamos na fuga, ou emergencialmente a qualquer momento, no caso de colocarem a vida de alguém em perigo. No caso de troca de tiros, costumamos dizer que um tiro disparado por um integrante do COT tem que ter o nome e o CPF[60] do alvo, ou seja, tem que ser preciso. Não pode, de forma alguma, acertar outra pessoa, a não ser aquela que estiver ameaçando a vida de alguém.

O dia foi passando de forma tranquila, até demais. Já dizia o ditado que "quando a esmola é demais, o santo desconfia". E não seria diferente agora. O atirador estava há mais de cinco horas só

---

[59] Roupa preta, capacete balístico preto, joelheiras ou caneleiras pretas, colete balístico preto, colete tático preto, coldre de perna preto, bota preta.

[60] Cadastro de Pessoa Física, da Receita Federal.

observando a movimentação. É muito desgastante essa espera e não se pode relaxar. Para atrapalhar, passados alguns minutos das quatorze horas, uma caminhonete estacionou em frente ao banco, atrapalhando o campo de visão e o posicionamento do atirador de precisão.

Faltando pouco mais de vinte minutos para o fechamento do banco, chegaram quatro homens num veículo de passeio. Desembarcaram rapidamente, portando fuzis e submetralhadoras. Os rádios comunicadores das equipes logo soaram: "começou, começou, começou...".

– Atenção todas as equipes... Alfa Bravo em andamento... Homens fortemente armados e efetuando disparos. Confirmem recebimento...

– Equipes a caminho... mensagem copiada...

Os assaltantes estavam portando armas longas e curtas, vestidos de coletes balísticos, balaclava e com bornal cheio de munições e carregadores. Vieram realmente preparados para o combate, para o enfrentamento. Três deles entraram na agência depois de dispararem uma rajada contra o vidro. De nada serviu a porta detectora de metais. O outro se dirigiu à esquina com um fuzil FAL calibre 7,62mm, tomando três transeuntes como escudos humanos. Enquanto fazia a segurança da rua, seus comparsas "limpavam" os cofres e caixas do banco. O atirador só poderia dar início ao combate quando chegasse o grupo de assalto.

Como planejado, caso os assaltantes colocassem em risco vidas humanas, teriam que ser combatidos de imediato. Era o caso. Estavam dando tiros em diversas direções, indiferentes à movimentação de pessoas.

Em menos de dois minutos, as equipes chegaram pelas duas extremidades da rua do banco. Uma das equipes foi recebida a tiros pelo criminoso que fazia a segurança. Os policiais se abrigaram e foram progredindo no terreno. O assaltante retornou para dentro do banco. Nesse momento, outro saiu da agência com uma refém para visualizar a situação. Ao ver a polícia aproximando-se, ameaçou matá-la e depois atirou, através do vidro, em um cliente que estava dentro da agência, que caiu com o disparo de pistola no peito. Em resposta, o atirador de precisão efetuou um disparo, acertando mortalmente o assaltante. A munição atravessou seu colete balístico, que não era resistente ao calibre utilizado pelo atirador. A refém correu para fora e foi amparada pelos policiais que chegavam.

Nesse momento, a situação ficou ainda mais crítica. O *sniper* tinha sua posição comprometida pela caminhonete estacionada exatamente na linha de tiro pouco tempo antes do início da ação. Sem posição, foi necessário mudar rapidamente de local para apoiar o grupo de assalto. O atirador encontrou uma posição alternativa, mas havia um alambrado formado por uma tela metálica entre ele e o banco. Todos os tiros deveriam atravessar os espaços existentes nos arames para evitar o desvio de trajetória do projétil. A dificuldade e a responsabilidade aumentavam.

Os assaltantes resolveram sair do banco levando inúmeros reféns. Aparentemente, o plano deles era colocar algumas das vítimas dentro do veículo e iniciar uma fuga. Quando perceberam os policiais posicionados, contudo, começaram a disparar contra estes. Os reféns não tão próximos aos assaltantes correram desesperados. Os criminosos se aproximaram do automóvel e tentaram entrar. Um dos reféns se recusou a entrar e foi alvejado por um dos criminosos. Aproveitando-se de um breve momento de descuido, o grupo de assalto conseguiu se aproximar e atingir um dos assaltantes. O outro, que estava com o FAL fazendo a segurança, abrigou-se atrás do bloco do motor do carro, deixando expostos o guarda mão[61] e o cano do fuzil. O atirador, avistando essa situação, disparou no armamento, atingindo-o e lançando para longe das mãos do assaltante. Agora ele tinha "apenas" uma pistola, com a qual efetuou diversos disparos contra a equipe de assalto, porém acabou sendo atingido pelos policiais.

O último assaltante colocou duas reféns no banco de trás do veículo e entrou junto com elas, em uma tentativa desesperada de

---

[61] Local do armamento específico para apoiar a mão e segurá-lo.

empreender fuga. As reféns, entretanto, estavam nervosas demais para dirigir. O veículo teve todos os pneus furados pelo grupo de assalto. O bandido, repentinamente, efetuou um disparo dentro do carro. Ninguém sabia se ele havia executado uma das reféns ou se havia sido um tiro acidental.

A situação ficou tensa. O grupo de assalto estava muito próximo. O atirador não conseguia obter uma identificação positiva do alvo. A confusão nos arredores foi muito grande. Foi possível escutar os gritos de pavor das duas reféns que ainda continuavam nas mãos do criminoso. Para todos os policiais federais presentes era o momento de máxima pressão. Precisavam cessar a agressão sem colocar em risco a vida daquelas duas mulheres inocentes. Nesse momento, o policial tem que encontrar forças para fazer a coisa certa. Se acertar, não fará nada além da obrigação e, em pouco tempo, ninguém lembrará de seu ato heróico. Se errar, porém, terá contribuído para a morte de inocentes e nunca ninguém irá esquecer o acontecido. Sua vida pessoal e profissional estará acabada. Quem não trabalha na área não imagina o nível de estresse e a responsabilidade enfrentada por estes profissionais.

O tempo passava e o assaltante não conseguia fazer com que uma das reféns dirigisse o carro. Perdendo totalmente o controle da situação, disparou mais uma vez e passou para o banco da frente. Era a oportunidade que o *sniper* necessitava para salvar a vida daquelas mulheres. O momento certo e um único tiro era o que precisava para resolver a situação e aquela era a hora. O atirador efetuou o seu disparo, com todas as correções necessárias para que a munição não atingisse nem um obstáculo em sua trajetória, a não ser o vidro do carro no qual estava o criminoso. O projétil atravessou o vidro e acertou a cabeça do algoz, que caiu imóvel sobre o banco do passageiro. A equipe de assalto chegou e retirou as reféns sãs e salvas, levando-as para um local seguro. Os tiros disparados pelo assaltante não as haviam atingido.

Apesar de tudo controlado, o trabalho não tinha acabado. Era necessário entrar no banco para ver se existiam mais assaltantes ou algum inocente ferido.

No banco, mais de vinte e cinco pessoas imóveis deitadas no chão. O chefe do grupo de assalto não acreditava naquela cena. Será que os assaltantes mataram todas elas? Na medida em que foi entrando e avisando que era a Polícia Federal, as pessoas deitadas começaram a fazer movimentos e olhar para os policiais que chegavam. Foram levantando e iniciou-se um momento sublime para os clientes, surpresos por estarem vivos e para a polícia, por haver controlada a situação. Muitos choravam emocionados. Os policiais respiravam aliviados ao ver que quase todos estavam bem. Imediatamente, dois policiais foram verificar o estado de saúde da vítima que havia sido baleada no peito pelo assaltante no início da ação. E acredite, ele estava relativamente bem. Apresentava apenas um hematoma e pequeno sangramento localizado na região do esterno[62], onde o projétil o atingiu. Foi encaminhado ao hospital da região e no final da tarde estava liberado. O suposto cliente baleado no lado de fora da agência pelos assaltantes morreu no local. Depois descobrimos que, na verdade, era o informante da quadrilha, e que na hora da fuga acabou se desentendendo e foi morto pelos assaltantes. Apesar do atendimento emergencial e dos primeiros socorros os outros criminosos também morreram no local. A constatação da morte foi feita por médicos e para-médicos que chegaram momentos depois.

As buscas continuaram na edificação. Não foram encontrados outros feridos, a não ser pessoas com pequenos cortes devido a estilhaços de vidro. Essas foram atendidas ali mesmo pela equipe de atendimento emergencial. O gerente do banco estava escondido em uma pequena sala nos fundos, trancado. Foi preciso muita conversa para ele abrir a porta e acreditar que realmente tudo tinha acabado. Terminada a varredura, os reféns foram separados para entrevistas e verificação se não havia nenhum criminoso infiltrado junto a eles, objetivando passar despercebido e fugir. Toda a área foi isolada, garantindo um perímetro para que a perícia trabalhasse e para afastar os curiosos que se aglomeravam nas extremidades da rua.

---

[62] Osso situado na parte anterior do tórax.

Entrada principal do banco após a ação dos assaltantes.

Munição e carregadores utilizados pelos assaltantes.

Parte do armamento utilizado pela quadrilha.

O trabalho, porém, não tinha terminado. Havia informações de que outro cúmplice aguardava em uma região próxima, à beira de um rio, para esconder e acobertar a fuga da quadrilha. A equipe que estava aguardando o desfecho na outra cidade ficou encarregada da captura desse comparsa. Foram mais de seis horas de buscas até conseguirem prendê-lo. Ele estava escondido próximo a um rio, com um barco pronto para levar os assaltantes para outra região. O plano era engenhoso. Dificilmente, seriam capturados de imediato, pois normalmente a polícia define seus perímetros de buscas baseados muito mais em estradas do que em rios. Havia, junto ao barco, alimentos, água, materiais de primeiros socorros e material de acampamento. Tudo pronto para que permanecessem durante dias escondidos na mata.

Paralelamente, continuávamos aguardando o trabalho da perícia e a retirada dos corpos. O trabalho com os reféns terminara. Os procedimentos legais eram tomados pelo delegado responsável pelo caso. Muitos curiosos ainda queriam se aproximar para conferir de perto a situação.

Por volta das vinte e uma horas o trabalho estava praticamente concluído. Os corpos já estavam no IML da região para a perícia dos médicos legistas.

É só nesse momento que começamos a perceber efetivamente tudo o que aconteceu e analisar a situação. Até então só nosso lado profissional está falando, só o seu treinamento está guiando-nos. E uma coisa é certa, o que treinamos é o que fazemos na hora da ação. Se precisarmos pensar muito, não dá tempo, podemos estar mortos no outro segundo. Apesar de todos os acontecimentos parecerem uma eternidade, a fase crítica é muito rápida. Não demora mais do que poucos minutos. Em alguns casos, diversas sequências de poucos minutos. Por isso é preciso preparação: física, tática e psicológica.

Às vinte e duas horas, a perícia se retirou. O veículo também foi retirado e, com isso, o isolamento da área desfeito. Pudemos retornar a Brasília. A viagem foi longa, marcada pelo silêncio e pelo cansaço. Segunda-feira à tarde, foi realizado o *debriefing,* sendo analisadas todas as ações em busca de falhas. Esse procedimento é padrão sempre depois das missões. Com isso é possível manter um aprimoramento constante em nossas atividades.

Saldo da operação: um assaltante preso, quatro mortos, um informante morto pelos próprios comparsas, um cliente baleado no peito sem gravidade, nenhum refém e nenhum policial morto ou ferido. Isso mostra que nem sempre conseguimos terminar uma missão sem ter que tirar a vida de alguém. Quando isso é necessário, porém, serve para que vidas inocentes sejam preservadas. Recordo, nesse instante, a frase num quadro pendurado no quartel do combativo Batalhão de Operações Policiais Especiais (BOPE/PMERJ) da Polícia Militar do Rio de Janeiro: "Quando a arma que mata defende a liberdade e o direito de viver, os santos choram... Mas não acusam!".

Quadro fixado no BOPE/PMERJ.

As operações executadas pelo Comando de Operações Táticas da Polícia Federal são pautadas por muita seriedade e profissionalismo. São aproveitadas todas as informações geradas pela área de Inteligência da Polícia Federal combinadas com uma forte doutrina de planejamento operacional, para que, na medida do possível, vidas sejam poupadas, mesmo as daqueles que cometem os mais terríveis crimes. Não nos cabem o julgamento, a determinação da pena e sua execução. Isso é trabalho para o Poder Judiciário e para o sistema prisional. Por esses fatores, aliados a outros como a surpresa, a estratégia, a superioridade técnica e relativa, combinadas com a natureza das operações executadas pelo COT, poucas vidas são ceifadas.

14. Missão Charlie

DOMINGO, dia 15, onze horas. Estávamos na praia, eu e mais dois cotianos, recuperando-nos da missão que ocorrera na noite anterior. Sempre aproveitamos os intervalos entre as missões para relaxar um pouco. Faz parte, senão ninguém aguenta. Outros três ficaram dormindo no alojamento. Estávamos no Rio havia uns quarenta dias. Nessa época, ficava sempre uma equipe do COT de prontidão naquela cidade. Éramos o braço operacional da base de inteligência chamada de Missão Suporte. Fazíamos um sistema de rodízio, com efetivo de seis operadores. A cada troca, quatro retornavam e dois ficavam, de forma que sempre restava alguém com todas as informações acerca das operações ocorridas e a ocorrer. No sábado, tínhamos prestado apoio à DRE. Ficamos a noite toda na estrada aguardando um carregamento de maconha que saiu de Pedro Ruan Cabalero, no Paraguai. A droga entrou no Brasil por Ponta Porã/MS e estaria chegando ao Rio de Janeiro naquela noite. Iria direto para os morros, posteriormente seria dividida e embalada para ser comercializada, no varejo. Entre os compradores, os de sempre, pessoas das classes A e B acostumadas a pegar praia no Posto 9[63], fumar seu baseado em um dia e, no outro, fazer passeata do tipo "diga não à violência". Hipocrisia pura.

O telefone do 04, o mais antigo entre nós, tocou.

– Não acredito nunca! É da SR...

SR é como os policiais chamam a Superintendência Regional de Polícia Federal. Nesse caso era a do Rio de Janeiro.

– Não pode ser serviço não, cara, não é possível! Faz quase duas semanas que não paramos!

---

[63] Local muito movimentado, em frente ao posto de salva-vidas número 9, na praia de Ipanema.

Mas era. Quando o 04 atendeu o telefone pudemos ver no seu semblante que era serviço e dos bons, pois logo sua expressão passou a demonstrar isso.

– 08, tá com seu fuzil aí?

– Lógico! – respondi.

Ele sorriu. Na minha mochila estava meu HK G33 GR3K, calibre 5,56mm.

– Beleza, esse é meu garoto! 32, vai pra SR, acorda o pessoal e deixa todo mundo em condição, equipado e aguardando. Pega duas viaturas e vai até o aeroporto, o jato está chegando com mais seis do COT para a missão, é Alfa Bravo e dos bons! 08, bora, vamos fazer o recon!

Separamos-nos, eu e o 04 para um lado, o 32 para outro. Entramos na picape Montana, que havia sido apreendida pelos colegas da DRE, transportando drogas, há dois anos. Algum tempo depois o carro foi repassado para a Polícia Federal para ser utilizado como viatura, através de autorização judicial. Meu parceiro vestia camiseta regata, bermuda e chinelo. Eu trajava uma bermuda amarelo gema-de-ovo, uma camiseta regata vermelha e tênis. Nosso armamento era composto pela pistola que cada um portava e dois fuzis, o meu HK com luneta e o do 04, um Colt M16 A2 Carbine. De equipamento, levávamos somente nossas mochilas utilizadas no dia-a-dia. Tínhamos GPS, kit de abertura de casas e automóveis, bússola, munição sobressalente, kit primeiro socorros, granada de gás lacrimogênio e outros equipamentos que carregamos a todo momento em nossas inseparáveis companheiras. Contudo, não tínhamos rádio nem colete balístico, nem tampouco agasalhos, o que acabaria custando caro para nós naquela noite.

Segundo informações da inteligência da Polícia Federal, os bandidos estariam reunidos em um sítio próximo a região serrana fluminense. Era uma quadrilha grande e organizada. Eles assaltariam um carro forte que passaria na rodovia de ligação da capital com a região serrana, por volta das oito horas da manhã do dia seguinte, uma segunda-feira. Era certo que eles estavam armados

CHARLIE OSCAR **161**

de fuzis, granadas e pistolas. Tinham roubado um caminhão basculante que seria utilizado para interceptar o veículo na subida da serra. O bando era experiente e havia cometido vários assaltos semelhantes. No último, mataram os vigilantes dentro do carro forte que protegiam. Eles simplesmente explodiram a porta com os seguranças presos e emboscados dentro do veículo. Cruel e covarde, como era de se esperar desse tipo de gente.

Alguns integrantes do bando estavam no sítio, enquanto outros ainda estavam na "correria[64]". Essa "correria" poderia ser a mobilização em busca de veículos a serem utilizados durante o assalto ou na fuga, a procura por armamento ou qualquer tipo de equipamento necessário ao cometimento do delito.

Coube a mim e ao 04 a tarefa de executar o "recon", ou reconhecimento. Nossa tarefa era relativamente simples, mas nem por isso fácil. Tínhamos que confirmar o local previamente levantado pelo Serviço de Inteligência. Além disso, deveríamos acompanhar o caminhão roubado, que seria levado do Rio para um local próximo a região, mas distinto do sítio onde se reuniriam para o assalto. Falando assim parece até um serviço convencional, mas não foi. É justamente aí que se distingue um Operações Especiais das outras pessoas. Ele é capaz de executar tarefas convencionais, em situações nada convencionais. Por exemplo, trocar um carregador de pistola é uma tarefa que qualquer garoto impúbere consegue realizar. Contudo, poucos homens conseguem trocar um carregador da sua pistola em menos de três segundos quando se está em meio a um tiroteio e sem munição na câmara da arma. Trocar um carregador é uma tarefa convencional, mas trocar um carregador estando em um tiroteio é executar uma tarefa convencional estando em uma situação nada convencional.

Nossa situação naquela tarde de domingo era delicada. Primeiro porque, para conseguirmos uma identificação positiva do sítio, teríamos que observar os bandidos de perto, próximos à casa-sede, onde se encontravam. Segundo porque, para chegarmos perto sem

---

[64] Termo utilizado pelos bandidos para designar o processo preparatório antecedente ao crime.

sermos detectados, necessitávamos de equipamentos dos quais não dispúnhamos naquele momento, como camuflagem específica, roupa de *Guillie* e EVN[65]. Terceiro: o sítio era infestado por cães que ladravam quando qualquer criatura dava sinais de vida a centenas de metros. E, para terminar, a região era abarrotada de casas, de outros sítios e comércios que deixavam o ambiente repleto de moradores locais que alardeariam qualquer forasteiro andando por aquelas redondezas. Não tínhamos uma HC (história cobertura, um disfarce para adotarmos) caso fôssemos descobertos. O que fizemos foi parar em um bar próximo, ficar comendo torresmo e bebendo guaraná por umas cinco horas. Dessa posição tínhamos a visão da entrada do sítio e da rodovia por onde passaria o caminhão. O serviço de inteligência havia levantado as placas e os modelos de vários carros que, provavelmente, participariam do assalto ou mesmo dos que eram de propriedade dos criminosos. Começamos a identificar alguns veículos. Assim, passamos a acreditar cada vez mais que o serviço realmente era bom. Nem sempre esse tipo de confirmação é possível, por isso quando ocorre é um ótimo fator motivacional para a equipe.

O tempo foi passando e a noite chegou.

– Se eu comer mais um torresmo acho que vomito – eu disse.

– Pede um pão com linguiça! É *light*! – respondeu o 04.

Começamos a rir e não parávamos mais. Tivemos que mudar de posição, já estávamos há muito tempo ali. Pegamos a viatura, descemos a serra sentido capital e paramos em outro bar de beira de estrada. Lá pedimos pastel com coca-cola. Mais umas três horas. Não dá pra ficar sem comer. A ansiedade misturada com o tédio da espera enviam um monte de mensagens ao seu cérebro, mandando você comer tudo o que é porcaria que conseguir. Doces, frituras, salgadinhos, refrigerante, quanto menos saudável melhor. Nunca entendi porque isso ocorre comigo.

---

[65] Equipamento de Visão Noturna.

O clima mudou rapidamente. A essa altura era noite e começamos a sentir muito frio. Estávamos em plena região serrana vestidos como se estivéssemos na praia. A vantagem é que ninguém imaginou que aqueles malucos eram policiais. Pedimos uma cerveja e a deixamos sobre a mesa. Colocávamos no copo, mas não bebíamos. Assim não chamávamos atenção. Dois homens parados por horas em um bar sem beber é algo realmente incomum. E nessas horas o que você menos precisa é ser incomum. Próximo das onze horas da noite o dono do bar perguntou:

– Vocês querem mais alguma coisa? É que vamos fechar.

– Não senhor, obrigado, traga-nos a conta.

Perdemos nosso segundo PO[66].

Mantínhamos contato por celular com a base e era importante que parássemos onde havia sinal para o celular. Isso complicava mais ainda a escolha do próximo PO. Voltamos às proximidades do sítio. Recebemos ordens do comando da operação para identificarmos todos os carros que estavam lá dentro. Traçamos um plano e o colocamos em prática. Devido às características nada discretas da minha vestimenta, seria bobagem eu tentar uma aproximação furtiva. Escolhemos então fazer um "recon" alternativo. Às vezes, o melhor que temos a fazer, quando não queremos ser vistos, é agir como se não houvesse nenhum problema em sermos vistos. O 04 seguiu com o carro pela estrada e quando reduziu a velocidade para fazer uma curva eu saltei. Continuei a pé. Passei ao lado da casa, como um maluco andando no frio da noite da serra, de bermuda e camiseta, cambaleante como um bêbado. Parte da cerveja que compramos e não bebemos eu tinha derramado propositalmente sobre minha roupa, para dar mais veracidade à nossa HC de emergência, caso eu fosse abordado pelos bandidos. Se isso ocorresse, as chances de eu sair vivo eram muito pequenas. A única certeza que qualquer Comando tem é de que caso isso ocorra, não vai morrer sozinho. Antes de "ir" eu levaria alguns comigo. Pensar como caçador sempre ajuda a dominar o medo. É por isso que a

---

[66] Abreviatura para Ponto de Observação.

quinta Lei da Guerra na Selva diz: "pense e aja como um caçador, jamais como caça". Levava comigo a pistola e uma granada de gás escondida na cueca. Deu certo, combinamos o encontro dois quilômetros à frente, onde o 04 me esperaria em uma entrada de fazenda. Mentalmente eu tinha guardado os modelos e as placas dos três veículos parados próximos a casa-sede. Passamos os dados para o pessoal da base. A essa altura, a outra equipe do COT havia chegado e estavam todos aguardando.

– Vamos mandar uma equipe render vocês! – disseram pelo telefone.

– Não precisa, é muito longe e só vai desgastar mais gente. Nós temos condições de permanecer aqui até amanhã, – respondeu o 04.

– Tudo bem então, – responderam.

– Nos ferramos! – disse o 04.

– Nós vamos congelar aqui essa noite. É essa porra mesmo! – respondi.

Voltamos e escolhemos um outro PO. Agora paramos em um vilarejo à beira da rodovia onde ficamos esperando, dentro do carro, o caminhão roubado passar. Por volta das duas horas da manhã lá vinha ele. Uma neblina intensa tomava o local e foi difícil identificarmos a placa. Agora tínhamos que acompanhá-lo para podermos, no dia seguinte, após a prisão da quadrilha, recuperar o veículo. O complicado era que não podíamos "colar" no caminhão, o que causaria suspeitas. Àquela hora da madrugada, ter um automóvel colado na traseira deixaria qualquer caminhoneiro intrigado. Imagine se fosse um ladrão de caminhão, acostumado a roubar, conhecendo todos os procedimentos. Após cada uma das várias curvas da serra, o caminhão poderia simplesmente desaparecer, entrando em algum esconderijo. Por isso, mantivemos distância, não poderíamos correr o risco de "queimar" o serviço. Depois de uns vinte minutos seguindo o caminhão, o motorista entrou em outro sítio, logo após um posto de pedágio da rodovia. Faróis apagados, nem nos demos ao trabalho de passar pelo pedágio, poderia gerar suspeitas. Entramos em contato com a base.

– Localizamos o esconderijo do caminhão.

– Beleza pessoal! Parabéns! Agora é só esperar!

O tempo passava rápido, as várias ações que precediam o crime haviam se desencadeado. A base entrou em contato conosco, dando conta de que uma kombi levaria algumas armas até o sítio. Passaram as placas e a descrição do motorista. Disseram, ainda, que haveria uma van a qual chegaria ao sítio logo nas primeiras horas da manhã, sendo ela um dos transportes para os criminosos executarem seu plano. Os outros dez integrantes do COT partiram para executar o plano que tinham traçado durante a noite. Fariam um "troia[67]". A van aguardada pelos marginais seria utilizada como disfarce para que o COT chegasse sem ser percebido. Dentro da casa estimava-se que haveria entre dez e doze bandidos, todos armados com pistolas, fuzis e granadas.

– Doze contra dez! Excelente para os nossos padrões de combate! – disse o mais antigo do COT na missão.

– Vamos embora, rapaziada, vamos transformar aquela van em um *kinder-ovo* com uma surpresa desagradável para aqueles vagabundos.

O tempo urgia, o assalto aconteceria por volta das oito horas da manhã, quando o carro forte passasse pela rodovia. A vida dos trabalhadores dentro daquele veículo dependia do sucesso de nosso trabalho. A equipe de dez do COT ficou aguardando que a van passasse no posto de pedágio. Transcorridos alguns minutos, lá vinha ela. A abordagem, realizada com rapidez, surpresa e intensidade desestimulou o motorista a tentar qualquer reação. Seria morte certa.

– A casa caiu! Seguinte, você vai conduzir o carro até dentro do sítio. Pare em frente à casa, como sempre faz. – disse a ele o chefe.

---

[67] Técnica baseada na lenda do Cavalo de Troia, onde os gregos presentearam os troianos com um grande cavalo de maderia, durante a chamada Guerra de Troia. Os troianos acreditando que seria um presente simbolizando a rendição dos gregos, trouxeram para dentro das muralhas da cidade e o guardaram. Durante a noite, vários guerreiros gregos saíram de dentro do Cavalo e destruíram a cidade.

166 CHARLIE OSCAR

Foram três do COT na van enquanto os outros sete seguiram nas viaturas ostensivas. Quando faltavam, aproximadamente, cem metros para chegar ao sítio e cobertos por uma curva, pararam o comboio.

– Agora deixa ele mesmo dirigir que eu vou aqui embaixo, pertinho dele, se ele se mexer... bum! Entendeu vagabundo? – disse o chefe novamente.

– Sim senhor, pode deixar, vou fazer exatamente como o senhor mandar, não tentarei nada.

Por via das dúvidas, sua mão esquerda foi algemada discretamente à porta da van, para que não pensasse em sair correndo. É lógico que ficou difícil dirigir com apenas uma das mãos, mas eram somente cem metros.

– Se você fizer alguma gracinha e seus amiguinhos perceberem, eles vão atirar em nós e nós neles, logo você ficará no fogo cruzado, portanto, colabore e torça para que tenhamos sucesso, – finalizou o chefe.

Enquanto isso, eu e o 04 procurávamos a kombi. Resolvemos ir em direção ao Rio de Janeiro. Pouco antes de chegar no pedágio, onde os cotianos interceptaram a van, avistamos a kombi. Entrei pela esquerda, ultrapassando. O motorista fez uma manobra evasiva e passou entre duas proteções de plástico que dividem as pistas de sentido contrário, na praça do pedágio. Ele retornou indo agora no sentido contrário. Executei uma manobra idêntica e acelerei. Alguns metros depois abordamos a kombi. Saiu primeiro o 04 com seu fuzil, na sequência concluí a frenagem do carro e desci, com meu fuzil também. Nesse momento, teve início uma das situações mais perigosas nas quais já me meti. Ao lado do posto de pedágio existe um posto da Polícia Rodoviária Federal. Agora imagine a maneira que eu e meu parceiro estávamos. Ambos de bermuda e camiseta, ele de chinelo e os dois portando fuzis. Nossa abordagem foi rápida, mas agora precisávamos retornar com a kombi apreendida juntamente com o preso para prestarmos apoio à equipe que entraria na casa, pois o COT estava em desvantagem numérica, eram doze bandidos contra dez policiais.

Restava-nos somente a superioridade relativa, dada pela surpresa, por isso tentávamos de qualquer maneira ir o mais rápido possível. Acontece que a kombi não pegava e não pensávamos em abandoná-la, pois era parte das provas. O bandido estava algemado na parte traseira do veículo e, enquanto o 04 dirigia, eu empurrava, numa tentativa desesperada de fazê-la funcionar novamente. Repentinamente, o 04 olhou pelo retrovisor e viu que havia seis Policiais Rodoviários Federais vindo em nossa direção, em postura combativa, portando armamento longo. Antecipando a ação deles, joguei meu fuzil para as costas, usando a bandoleira e apanhei minha carteira funcional. Não adiantou. Qualquer um que tenha trabalhado como policial no Rio de Janeiro saberia da gravidade daquela situação, e eu sabia. Não tínhamos nenhuma identificação ostensiva e é lógico que os policiais acharam que estávamos assaltando a kombi.

– Somos colegas... da Federal! Estamos com um bandido dentro do carro, ele está algemado! – eu disse.

– Põe a mão na cabeça! Vira de costas, porra! – respondeu o PRF.

As armas apontadas contra nossas cabeças. Eles pensavam realmente que nós éramos os bandidos, sabíamos que se houvesse um "dedo-frouxo" entre eles, estaríamos perdidos.

– Olha só... calma parceiro, sou colega da Federal, estamos em um serviço velado, somos do mesmo grupo que abordou uma van aqui, poucos minutos atrás! Olhe aqui, veja minha carteira funcional, o colega que está dirigindo a kombi é Federal também!.

Eles gritavam uns com os outros numa clara demonstração de nervosismo, podia-se sentir o cheiro de adrenalina no ar.

– Porra nenhuma! Deixa as mãos na cabeça! – retrucou o policial.

– Caralho! Leia a porra da carteira porque temos uma equipe em perigo...merda! – eu gritei.

Ele olhou para mim, se aproximou lentamente, as armas seguiam apontada para nós, pegou minha carteira e aí percebi o perigo que corríamos. A carteira saltava em suas mãos, tamanho o nervosismo daquele policial. Eu não o culpo, na realidade, a situação estava toda contra nós.

— Viu? Agora precisamos ir, amigo, ajuda a empurrar a kombi, por favor.

— Pode ir Federal, boa sorte, pode deixar a kombi que cuidamos dela.

— Beleza, amigo, muito obrigado!

Voltamos para a Pick-up, mas não tinha lugar para três. Colocamos o bandido no banco do carona, o 04 foi dirigindo e eu fui na carroceria. Não podíamos deixar o preso lá atrás, a segurança dele agora era nossa responsabilidade. Se o maluco simplesmente saltasse do carro em movimento ficaria difícil explicarmos a situação. Resolvemos não arriscar. Meu parceiro acelerou fundo, tudo o que o carro podia. Agora o frio era absurdo, sentei atrás da caçamba para me proteger um pouco do vento, sem perder o nosso preso de vista.

A poucos quilômetros dali, a outra equipe entrava em ação. Como o planejado, chegaram no "cavalo de troia". Um bandido saiu à porta para receber o comparsa que chegava na van.

— Quietinho! Nem um piu, senão te explodo a cabeça, filho-da-puta! – sussurou o chefe, saindo debaixo do painel da van, colocando o fuzil a um palmo da cara do infeliz.

Enquanto isso a equipe do COT entrava pela porta aberta e, silenciosamente, tomava cômodo por cômodo da casa. Os marginais acordavam com o fuzil a um centímetro da sua cabeça e com uma mão tapando suas bocas, para que nenhum engraçadinho avisasse aos outros.

— Cozinha limpa.

— Quarto um limpo.

— Quarto dois limpo.

— Sala limpa.

Um a um ouvíamos pelo rádio os comandos que indicavam que o COT estava dominando a casa toda, silenciosa e rapidamente. Em pouco mais de dez segundos a casa estava completamente tomada. Chegamos com o motorista da kombi antes mesmo do final do assalto tático. Nenhum tiro foi disparado, ninguém foi ferido e todos foram presos, sem a mínima chance de reagir.

Para nós do COT, operação bem feita é assim, sem mortos ou feridos, se possível. Dentro da casa, doze fuzis, granadas, pistolas e revólveres, como havia previsto a inteligência. Depois de imobilizar e algemar todos os presos, proceder à varredura e busca nos cômodos e apreender as armas, a equipe comemorou. Uns se revezavam na segurança do perímetro enquanto os outros cuidavam dos presos. Os outros integrantes do COT uniformizados, no padrão para execução das entradas táticas, eu e o 04 de bermuda, camiseta e fuzil. Eles brincavam conosco:

– Uniforme novo esse? Bonito!

O chefe mandou organizar uma equipe para que buscássemos o caminhão. Saímos e, pela primeira vez, pude observar o grandioso "Dedo-de-Deus[68]" e toda sua beleza. Depois de uns vinte minutos, chegamos ao local onde estava o caminhão roubado. Um sítio. Prendemos o dono que permitiu que os bandidos escondessem um veículo roubado ali. Em seguida, entrei no veículo para dar a partida, mas não havia chave. Fiz uma ligação direta e depois de uns quinze minutos estávamos voltando para o local do assalto tático. Parei o caminhão em frente ao bar onde havíamos comido torresmo no dia anterior. Uma senhora que havia nos atendido me olhou e disse:

– Não acredito! Vocês passaram o dia todo aqui ontem! É igual anjo da guarda! Eu nunca imaginaria!

Dei algumas risadas. No Rio de Janeiro outros colegas entravam na casa de outros bandidos ligados à quadrilha e prendiam outras pessoas envolvidas. Faltava pouco para o final da operação.

---

[68] Pico que compõe a Serra dos Órgãos, no Estado do Rio de Janeiro, em formato de um punho fechado com o dedo indicador apontando para o céu.

Formamos o comboio para o retorno ao Rio. Era pouco mais de oito horas da manhã. Comboio feito, partimos, com uma sensação incrivelmente boa de ter cumprido nosso dever, e, acima de tudo, haver salvado vidas. O presente maior, porém, estava por vir. Logo após a primeira curva iniciava-se uma longa descida e, ao longe, pude avistar o carro forte. Comecei a buzinar e piscar os faróis, saudando os trabalhadores dentro do carro forte por estarem vivos. Eles não entenderam nada. O cotiano ao meu lado não parava de sorrir. Quando cruzamos com o carro forte olhei bem para aqueles rostos e pude ver dois, o motorista e o carona. Nunca me esquecerei deles. Eles, por sua vez, nunca saberão coisa alguma sobre aquele dia, muito menos sobre nós. Mas não importa, cumprimos nossa missão, e eles continuaram a cumprir a deles... e voltaram para suas famílias.

15. Missão Delta

TERÇA-FEIRA, dia 15, duas da tarde. Estávamos em algum lugar do Brasil, em alguma operação das quais participamos. O telefone do chefe da equipe tocou.

– Vamos voltar pra Brasília rapaziada, tem serviço para nós por lá.

Ninguém perguntou o que era, mas todos sabiam que a maioria das missões que realizamos em Brasília são relacionadas à segurança de dignitários, principalmente presidentes e altos funcionários de outros países em visita oficial ao País. Arrumamos nosso equipamento e, no início da noite, embarcamos na aeronave do CAOP com destino à Capital Federal. Chegamos tarde e demoramos até terminar o desembarque de toda a bagagem e equipamento no COT. O chefe da equipe mandou que todos se apresentassem no dia seguinte, às dez horas, no auditório para mais detalhes. Estávamos quase uma semana fora e o retorno sempre é um prêmio para qualquer integrante do COT. Fui para casa e aproveitei para jantar com minha esposa. Um presente inesperado. Jantar à luz de vela, um bom vinho e todo o conforto que não temos nas missões.

Quando um Comando chega a seu lar ativa uma outra face da sua personalidade. No trabalho existem algumas regras que devem ser seguidas a risca. Em sua vida pessoal também. Não misturar a rispidez, o sofrimento e a dureza do trabalho com seu dia-a-dia familiar e social são fundamentais para se ter uma vida saudável. Por outro lado, questões como família, amigos, religião ou convicções políticas não podem influenciar no trabalho.

No dia seguinte, acordei às seis horas. Tomei café da manhã, me despedi da minha esposa com um beijo e parti para o trabalho, a pé, como de costume. Após vinte minutos de caminhada, cheguei ao COT, às sete e vinte. Uma das coisas que mais tomam tempo dos operadores é a arrumação de material. É muito equipamento.

A variedade de missões, aliada ao seu caráter específico, envolve uma quantidade absurda de equipamentos que devem estar impecáveis. A qualquer hora, em qualquer lugar, para qualquer missão, o COT pode ser acionado e devemos estar sempre a pronto emprego. Isso inclui o material. Às oito horas, comecei a arrumação. Às dez horas, todos nós estávamos no auditório. Começou a reunião, pontualmente, como esperado.

– O presidente dos Estados Unidos, George Bush, permanecerá por um dia e uma noite em Brasília, nossa missão é protegê-lo. Atuaremos em duas frentes. O grupo tático ficará reunido como grupo de pronto emprego, os atiradores atuarão de maneira conjunta com os *snipers* do Serviço Secreto Americano.

Após essas palavras, o Chefe de Operações informou a data do serviço e os locais onde ficaríamos posicionados. A comitiva dos Estados Unidos utilizou um hotel cinco estrelas de Brasília, o qual foi fechado para os demais hóspedes. Como é padrão, havíamos feito um levantamento detalhado do hotel. Filmagens, plantas, fotografias, coordenadas geográficas, tudo estava arquivado em uma pasta com o nome do hotel. Foi só fazer contato por telefone e confirmar que nada havia mudado. Uma equipe de dois policiais foi o suficiente para proceder ao reconhecimento, o qual não durou mais de duas horas.

Chegou o avião do presidente americano. O homem mais poderoso do mundo é também o mais odiado. Não podemos correr riscos, um atentado em solo brasileiro seria catastrófico para nosso País. No comboio, o COT atua como carro tático. Sua função, em caso de atentado, é dar o primeiro combate contra os terroristas. Enquanto os demais membros da segurança têm o dever de evacuar a autoridade do local, nós devemos ficar e combater. O Força Aérea Um[69] pousou. Era impressionante a estrutura que acompanhava o presidente. Carros blindados saíam de dentro dos aviões cargueiros que anteriormente aterrissaram. O comboio formado seguiu em direção ao hotel, onde nós, atiradores, já estávamos posi-

---

[69] Nome dado ao avião utilizado pelo Presidente dos Estados Unidos.

CHARLIE OSCAR **173**

cionados. Na época éramos em número de quatro *snipers* no COT. Seria rápida a estadia do presidente norte-americano no Brasil, na manhã seguinte ele partiria. O dia transcorreu sem alterações, relativamente tranquilo. Na realidade, foi mais do que isto, foi maçante e chato, como de costume nesses tipos de operações. Brigamos com o tédio o tempo todo.

Aqui gostaria de aproveitar para fazer uma observação a todos os que pensam em ingressar nos quadros da Polícia Federal. Ao contrário do que muitos pensam, o trabalho policial é, por muitas vezes, chato. Pelo Brasil afora existem muitos Policiais Federais passando horas a fio em alguma campana ou em algum trabalho de inteligência sacal. Certa vez, passei doze horas em uma vigilância, seguindo um traficante, na época em que trabalhava na fronteira com a Bolívia, na Repressão a Entorpecentes. Permaneci por um dia inteiro com outro colega dentro de um carro, imóvel. Em outra ocasião, ficamos oito horas dentro de uma caminhonete, sem ar condicionado e estacionada sob o sol de Corumbá/MS. Lá dentro deveria fazer, aproximadamente, cinquenta graus Celsius. Precisávamos filmar e fotografar uma empresa que comercializava produtos químicos para serem utilizados no refino de cocaína. Parecia estarmos em uma sauna. Quando saímos estávamos exaustos, eu sentia dor nos ossos e meus braços e pernas formigavam. Trazíamos, contudo, muitas gravações e isso era o que mais importava. Durante dois anos coletamos provas, em conjunto com o DEA[70] americano e com a FELCN[71] boliviana. Quando finalizamos o serviço, foi a maior apreensão desse tipo realizada no mundo. Esperar o momento certo é crucial para o êxito da operação. E ninguém gosta de esperar. Os policiais da inteligência são mestres na arte da espera. Eles conseguem se manter motivados e aguardar por um vacilo dos bandidos durante dias ou meses. No COT não é diferente. Houve uma situação em que ficamos em oito dentro de uma kombi alugada, no estacionamento de um Banco, próximo à cidade do Rio de Janeiro. Esperávamos os assaltantes que viriam para roubá-lo.

---

[70] Agência Americana de combate as drogas – *Drug Enforcement Administration*.

[71] Polícia boliviana – Força Especial de Luta Contra o Narcotráfico.

Nove horas equipados dentro de uma Kombi foi uma experiência um tanto cruel. Por isso sempre digo a quem assiste a filmes de ação e se empolga em ser policial: não é bem assim. Existe ação sim, só que os disparos são de verdade e, muitas vezes, passamos longos períodos em serviços tediosos. É a natureza da função.

Voltemos ao Bush. Como estávamos em quatro atiradores, cumpríamos uma escala de seis horas de trabalho por seis de descanso. A dupla que saía do serviço, ou seja, a que era "rendida", ia para um quarto localizado no próprio hotel. Os estadunidenses, por sua vez, trabalhavam em turno de duas horas e descansavam vinte e quatro. A cada rendição a dupla que entraria no serviço chegava com mais dois integrantes, com a função de simplesmente carregar os equipamentos dos famosos *snipers* do Serviço Secreto norte-americano. Dessa forma trabalhávamos em quatro, dois atiradores do Serviço Secreto e dois do COT. O fato de grande parte da doutrina de tiro de precisão que utilizamos ter origem norte-americana, aliado ao fato de aquele país ser uma potência nessa área, explica o porquê de estarmos empolgados em trocarmos experiências com aqueles atiradores. Minha dupla chegou cinco minutos antes do horário da rendição, como costumamos fazer.

Para isso, saímos do quarto trinta minutos antes. Cada um levando seu fuzil, um com o Remington 700 de ferrolho e o outro com o HK MSG90 semiautomático. Mochila com telêmetro, binóculo de longo alcance, isolante térmico, cantil, ração, rádio, camuflagem, poncho, livro de campo, tabelas balísticas, calculadora, kit escrevente (papel e caneta), banquinho, munição extra e GPS. Somados todos esses itens levávamos cada um mais de quarenta quilos de equipamento. Durante o deslocamento buscávamos os locais com menor trânsito de pessoas. Fomos pelas docas, andamos uns trezentos metros até alcançarmos um túnel que dava acesso ao anfiteatro, saímos por trás do palco, andamos mais alguns metros e chegamos ao elevador de serviço. Subimos até o último andar, cruzamos a cozinha, passamos por trás da suíte presidencial e acessamos a escada que levaria ao terraço. Chegamos ao topo do edifício, cortamos caminho por uma marquise estreita, caminhamos por uma mureta até o outro lado. Entre nós e o chão, uns trinta metros e nenhuma proteção. Finalmente, chegamos ao ponto de observação. Lá estavam nossos dois companheiros do COT, que ficaram muito felizes em nos ver, além dos norte-americanos.

– Bom ver vocês! – disseram. – Aproveitem a vista bonita e a brisa agradável.

Era uma época de muito vento em Brasília. Ficar de frente para o Lago Paranoá, no telhado, sem nada entre você e o céu, é certeza de passar frio, principalmente durante a madrugada, como no nosso caso.

– Podem ir, chegou a dupla que resolve! Quanto pior, melhor. – brincamos.

Tomamos posição. A equipe do COT que saía passou os dados e a situação, iniciamos nossos cálculos de compensação de tiro para cada uma das prováveis distâncias dos alvos. Puxei papo com os norte-americanos. Perguntei sobre o calibre que utilizavam (na época era o 300 Winchester Magnum para os fuzis e o 357 Sig, para as pistolas), sobre as armas (Remington 700 e M16 Storm Hbar) e sobre os equipamentos e sistema ótico. Era uma noite sem luar e o *sniper* do Serviço Secreto me perguntou se eu gostaria de observar através de seu visor termal de última geração. Aceitei, nunca havia operado um sistema como aquele. Ele ligou o aparelho acoplado ao seu Colt M16. Logo pude observar, a uns quinhentos metros ao norte, um cão caminhando em um matagal. Impressionante! Continuei escaneando o terreno e como num passe de mágica escureceu tudo! Olhei pra ele e informei. Com um sorriso me respondeu:

– Baterias!

Acabaram as baterias, elas realmente duram pouco. Chamou seu parceiro e pediu novas baterias.

– Eu não trouxe, – respondeu seu colega.

– Como não? Merda! – retrucou.

– Eu simplesmente não trouxe porque você não me pediu pra trazer, – concluiu seu colega.

Pronto, o sistema de segurança mais avançado do mundo corria risco porque nenhum dos dois trouxe baterias sobressalentes. O tempo passou e eu não conseguia mais manter uma conversa interessante com os norte-americanos. Voltei-me para o meu parceiro.

– Que frio é esse! – ele disse.

– Minha bunda está congelando! – respondi.

Os norte-americanos sentaram-se e regularam suas jaquetas térmicas. Mais duas trocas de turno dos atiradores do Serviço Secreto e nós, quase congelados, continuávamos lá.

– Só mais duas horas, – disse meu parceiro.

– Graças a Deus! – respondi. – Não há mal que dure pra sempre.

Nenhuma das novas equipes trouxe novas baterias. Agora era o visor noturno deles que pifava, sem baterias também. Quatro da manhã! Que frio! Revezávamo-nos fazendo as buscas e as observações, uma das principais atribuições dos atiradores de precisão. Meu parceiro aproveitou para tirar várias fotos dos equipamentos deles espalhados por todo o telhado onde estávamos.

Seis horas da manhã.

– Que droga! O sol não aparece, 14. Estou na merda com esse vento!

– Só falta chover, – ele respondeu.

Seis horas e meia, começa a cair uma garoa que lentamente vai encharcando nossas roupas.

– Que boca maldita! – eu disse.

Sete horas, a dupla de atiradores norte-americana estava sentada havia uns trinta minutos, um com a cabeça encostada no outro, ambos dormindo profundamente.

– Eu não acredito! – disse o 14. – É o Presidente deles e dormem assim, trocando de turno desse jeito! E eu há seis horas nessa geladeira!

Eles estavam tão confortáveis, que dormiram. Coube a nós, "meros mortais", policiais de um país em desenvolvimento, prover a segurança do "dono no mundo".

Sete horas e meia da manhã, continuávamos lá. A outra equipe entrou em contato pelo rádio e perguntou se queríamos rendição. Dissemos que não era preciso, muita mão-de-obra por pouco tempo a mais de trabalho. A comitiva sairia às oito horas e meia. Eu e o 14 fomos até a marquise localizada logo acima da varanda da suíte presidencial, na qual estava o presidente norte-americano. Alguém abriu a porta da varanda, logo vimos um homem grisalho aparentando mais ou menos cinquenta e cinco anos, um metro e setenta e cinco no máximo. Ele se dirigiu à sacada e por alguns segundos observou o Lago Paranoá, sem se dar conta de que estávamos logo atrás dele, em cima da marquise, a uns quatro metros de distância no máximo. Parecia tranquilo e bem humorado. Virou-se para retornar à suíte presidencial, deu de cara conosco. Ambos continuamos onde estávamos, observando-o. O presidente se deteve, com certeza estranhou nossos uniformes e a proximidade que estávamos dele. Observou-nos por instantes, com aquela cara de que não está entendendo muito bem as coisas.

– Hi guys![72] – disse o presidente Bush.

– Good morning,[73] – respondemos.

Ele entrou. Mais uns cinco ou dez minutos e era a primeira dama que saía até a varanda, sorridente e também aparentando bom humor. Assim como seu marido, ao nos ver cumprimentou:

– Good morning guys!

Respondemos com outro bom dia. O 14 virou e me falou:

– Olha só, o homem mais odiado do mundo e uma falha dessas na segurança! Estamos melhores do que pensamos!

Disse isso para confirmar o que todo brasileiro sabe, que te-

---

[72] Expressão do inglês que significa "Oi rapazes".

[73] Expressão do inglês que significa "Bom dia".

mos a mania de valorizar o que vem de fora. Pura falta de autoestima. E crônica! Um problema que afeta grande parte dos brasileiros e que contagia, como uma epidemia, destruindo o patriotismo e a moral da nossa nação. Temos sim que ser um povo crítico, politizado e educado para que possamos, no melhor estilo Arnaldo Jabor[74], emitir nossas opiniões baseados na realidade dos fatos e não em especulações superficiais e irreais.

Logo após o caloroso bom dia da primeira dama, nos viramos e pudemos observar que os atiradores do Serviço Secreto acabavam de acordar. Meio sem graça, encararam-nos por alguns instantes e depois abaixaram os olhos. Em alguns momentos estaria terminada nossa missão. Eles estavam loucos para sair de perto de nós, podíamos perceber isso. Oito horas e meia, veio pelo rádio a ordem para desmobilizar. Iniciamos o recolhimento do material. Após uns vinte minutos nos despedimos dos outros atiradores e voltamos ao nosso quarto. Reencontramos nossos parceiros.

Vista do Congresso Nacional em Brasília, obtida do telhado do Palácio do Itamaraty, onde por várias vezes permanecemos fazendo a segurança de presidentes estrangeiros.

---

[74] Crítico, cineasta e jornalista carioca.

– Tiveram uma noite agradável? – perguntaram.

– Ótima! – respondemos – lá em cima estava um clima excelente, de montanha.

Todo mundo riu.

– Vamos embora, pessoal, nossa missão acabou por aqui, o comboio já partiu.

Retornamos à sede do COT para guardar os equipamentos. Mais uma missão cumprida com sucesso.

16. Missão Eccho

SÁBADO, dia 30, sete horas da manhã. Tocou o telefone. Minha esposa pediu para eu não atender, aquilo não eram horas para alguém ligar em um sábado. Eu, no entanto, sabia que havia três opções possíveis: ou era engano, ou algum parente ou amigo íntimo, pois quase ninguém tem meu telefone residencial, ou era do COT. Atendi:

– Pronto!

– 08, roupa para uma semana, saída de Brasília ao meio dia. A lista com o equipamento necessário está no quadro de avisos, reunião no auditório às nove e meia.

Desliguei o telefone e fiquei calado, pensando em como iria dar a notícia para ela. Eu havia ficado quase vinte dias fora, havia chegado em casa há três dias e dentro de duas semanas iria para o Rio de Janeiro, fazer o Curso de Operações Especiais do BOPE. Seriam quatro meses, os mais difíceis pelos quais já passei em minha vida. Mas meu maior problema agora era outro.

– Trabalho, – eu disse.

O interessante nessas situações é que apesar de não termos culpa, de nem sequer querermos esse tipo de coisa, é impossível não ficar com a consciência pesada. Ela percebeu que eu estava chateado.

– Quer que eu prepare seu café da manhã?

Eu disse que sim. Tomei um banho, arrumei minha mochila e depois fiz meu desjejum, calma e lentamente. Às nove horas em ponto cheguei ao COT. Alguns dos escalados para a viagem estavam lá. Essa é a hora dos ajustes finais. Se você tem tempo, é bom usá-lo bem. Clicar a mira do armamento, limpar seu cantil e depois enchê-lo, checar mais uma vez as pilhas do GPS, o estado da bússola, municiar os carregadores. São tarefas repetidas, meticulosamente, a cada nova operação.

Nove horas e meia, o auditório estava cheio. Muitas risadas e brincadeiras. Todos especulavam acerca da operação. Uns diziam que era alguma escolta sem importância, outros que era mais uma segurança de algum presidente estrangeiro, outros que era um "alfa-bravo". Na realidade, todos gostariam de estar em suas casas, com suas respectivas famílias, mas o clima de descontração ajuda a enfrentar o desconforto. O chefe de operações chegou e sem rodeios foi logo dizendo:

– Vocês vão para a região Nordeste. Tem uma situação evoluindo por lá. Uma quadrilha de assalto a banco que vai agir segunda-feira. São oito bandidos com fuzis e pistolas. O pessoal da inteligência sabe qual será o banco, mas não sabe onde eles estão reunidos. A missão de vocês é ir para lá agora e impedir o assalto. Alguma pergunta?

Depois de uma série de perguntas, respondidas uma a uma, a reunião foi finalizada.

– Boa sorte, pessoal. Mandem ver por lá.

Agora a equipe estava eufórica. Assalto a banco no Nordeste é garantia de ação. A situação é mais ou menos esta: quadrilhas fortemente armadas, com oito, dez, quinze ou mais integrantes tomam literalmente as pequenas cidades do sertão. Chegam com violência, valendo-se da falta de infraestrutura de segurança pública, dominam rapidamente o local e espalham terror e medo até satisfazerem seu apetite por dinheiro e, muitas vezes, por sangue. Por isso, esse tipo de ação é conhecido como o "Novo Cangaço". Sabíamos que estávamos indo para uma missão perigosa. Estávamos em seis, o que dá uma relação de menos de um para um. Mais do que nunca, era importante checar os detalhes, rechecá-los depois e testá-los por fim. Peguei meu fuzil, escolhi para essa missão o Remington 700. Levei dois tipos distintos de munição, um para cada situação tática. Fui ao estande de tiro e fiz um tiro de checagem a 100 metros. A arma estava zerada. Partimos no horário marcado.

Nesse dia, viajamos no Bandeirantes, um avião antigo, porém confortável. Durante a viagem, cada um se virava como podia. Alguns jogavam cartas, usando as mochilas como mesa. Outros ouviam música ou liam algo. Existiam também aqueles que preferiam não fazer coisa alguma. O negócio era deixar o tempo passar sem ficar o tempo todo pensando. Pensa-se muito quando se está viajando. O ócio a que somos impostos pelos longos períodos de espera contrasta com a ansiedade gerada pela proximidade da missão. Outra sensação estranha que sempre sinto é a de sentir saudade mesmo antes de sair da minha casa. Sofremos por antecipação. Um cara chamado Pavlov[75] definiu saudade como aquilo que sente um cão quando lhe tiram um osso. No nosso caso, o osso nos é tantas vezes tirado que sofremos enquanto o temos, só de saber que em pouco tempo deixaremos de tê-lo. O corredor da aeronave estava repleto de mochilas, *cases*[76] com fuzis, equipamentos de abertura, aríetes, marretas, caixa com explosivos e uma série de outros equipamentos. Sempre tem alguém que consegue um canto para se esticar. Havia um deitado entre o último banco e o compartimento de carga, com os pés em cima das mochilas que ocupavam todo o corredor. Para andar pela aeronave era fácil, só ir pisando nas mochilas. Não adiantava nem reclamar, não havia outra opção. O avião pousou, no solo uma equipe estava aguardando. Uma van e três viaturas menores eram suficientes.

O tempo era escasso, não podíamos nos dar ao luxo de irmos ao hotel primeiro. Fomos direto para a delegacia para nos informarmos sobre a missão. Tínhamos uma reunião com o pessoal da inteligência. Entramos pelo portão dos fundos e chegamos até uma sala grande, com uma mesa no centro, um quadro branco pendurado na parede e dois computadores, além de alguns armários. Fomos sentando ali pelo chão mesmo, não sabíamos quem viria para a reunião, nem quantos, portanto deixamos as poucas cadeiras para quem chegasse e nos acomodamos da melhor maneira que pudemos. Aguardamos uns quinze minutos até chegar um policial com alguns dados.

---

[75] Ivan Petrovich Pavlov, filósofo e fisiologista russo, nascido em Riazan em 14 de setembro de 1849, faleceu em Leningrado em 27 de fevereiro de 1936. É autor da Teoria do Condicionamento Clássico e do conceito de Reflexo Condicionado.

[76] Espécie de mala, de valise, utilizada para o transporte de armamento.

– O pessoal está fora, fazendo um levantamento, temos três equipes na rua, tentando descobrir onde os malas estão. Fiquem à vontade, daqui algum tempo uma das equipes voltará e passará novos dados para vocês.

Esperaríamos. Um sentimento de frustração começou a incomodar: a falta de informações aumentava ainda mais a expectativa.

Não sabíamos se aquela era mais uma missão SF (sierra-fox, como dizemos em nosso código, sem-futuro) ou se seria uma das boas. Alguns aproveitaram o tempo para descansar, outros comeram barras de cereais ou proteínas, as quais sempre nos acompanham. Aguardamos durante uma ou duas horas. Chegou o chefe da delegacia, junto com ele estavam os policiais que analisaram e acompanharam o caso desde o início.

– Olha só pessoal, os caras vão agir segunda-feira, já estão montados nas armas, estão todos reunidos em um sítio próximo, que ainda não descobrimos onde fica. São dez caras armados com fuzis, pistolas, espingardas calibre 12 e revólveres. Temos algumas opções de bancos, sendo que um deles é o mais provável.

Falou isso e mostrou algumas fotos do local. Os outros policiais que tinham acompanhado o caso de perto falaram tudo o que sabiam. Tínhamos que agir rapidamente para traçar um plano eficiente. Segunda-feira era o primeiro dia útil do mês, o banco estaria cheio de aposentados e pensionistas, a chance de alguém sair ferido, caso nossa ação não fosse executada com perfeição, era muito grande.

Seis horas da tarde, parte da equipe se dirigiu ao hotel, levando a bagagem pessoal de todos os integrantes. Enquanto isso eu e o chefe da equipe do COT partimos para fazer o "recon". Câmera fotográfica, GPS, filmadora e mapas compunham nosso equipamento. Combinamos uma boa História Cobertura (HC) durante o trajeto. Escolhemos um veículo comum para a região. Nossas roupas também eram características. Estávamos indo para uma pequena cidade no interior de um estado nordestino. Cada local tem suas peculiaridades e você não pode se comportar em uma cidade assim da mesma maneira como se comporta e veste em uma vi-

CHARLIE OSCAR **185**

gilância em um condomínio da Barra da Tijuca, no Rio de Janeiro, ou em um shopping, em São Paulo. Viajamos por umas três horas e então chegamos. Era sábado à noite. Chegamos à cidade e os policiais responsáveis pela investigação foram dando o *modus operandi* da quadrilha. Passamos por um posto da Polícia Militar logo na entrada da cidade. Provavelmente, seriam as primeiras vítimas dos assaltantes. A PM sofre muito nesse tipo de ação, pois tem uma desvantagem tática gigantesca, estão sempre fardados, identificados e em local conhecido, além de, geralmente, possuírem armas obsoletas e treinamento insuficiente. É triste dizer isso, mas Brasil afora, essa é a realidade.

Se o leitor me permite, vou usar esse parágrafo para fazer uma crítica, ou um desabafo, acerca de situações que ocorrem em nosso país. A situação das polícias estaduais é, em algumas regiões, alarmante. Seus salários são baixíssimos e as condições de trabalho, piores ainda. Viaturas quebradas ou caindo aos pedaços colocam em perigo a vida desses homens e mulheres o tempo todo. Parece que a sociedade desconta neles a raiva que têm do período da repressão militar, quando a polícia foi usada para ações realmente antidemocráticas e, em alguns casos, cruéis e desumanas. Isso acabou faz muito tempo, mas a nação teima em continuar a retaliação. Interessante, à época do golpe militar eu nem tinha nascido, nasci dez anos depois. O que sei dessa história é o que me contaram, ou li, ou ouvi de alguém. E constantemente sou tachado como uma "marionete" na mão de um estado totalitário, usado como instrumento de manutenção do *status quo* de uma elite opressora e perversa. Puro pré-conceito. Essa mesma sociedade que tacha o policial de corrupto torturador trata seus professores com descaso. Desconhece o sofrimento e a luta diária de seus agricultores para produzir diuturnamente o alimento que consomem. E por aí vai, enchemos nosso cotidiano de anti-heróis, macunaímas e tantos outros personagens, muitas vezes da vida real, que denunciam o pensamento do brasileiro. Kierkegaard[77] já dizia que a multidão é a

---

[77] Soren Aabye Kierkegaard, teólogo e filósofo dinamarquês, nasceu em Copenhague em 5 de maio de 1813 e morreu em Copenhague em 11 de novembro de 1855, conhecido como o pai do Existencialismo.

inverdade. É fácil ficar falando, é cômodo viver uma vida inteira em um banco de torcedor. Eu escolhi entrar na quadra e jogar. Ficar de fora olhando, aplaudindo ou vaiando não vai mudar nada. Culpar a polícia pela falta de segurança e continuar fumando seu baseado não muda nada, só piora. Reclamar da qualidade ruim da educação no País e não participar do processo educativo do seu filho junto à escola não melhora nada. O que precisamos é de um choque de gestão na maneira como agimos em sociedade. Precisamos de valores e princípios para serem seguidos. Educação, moral, ética, honestidade, solidariedade e trabalho precisam ser ensinados aos nossos filhos. Mas voltemos ao assalto a banco.

Entramos na cidade e os colegas da inteligência foram mostrando os Pontos Críticos (PC's) da operação. A guarnição da PM com apenas três homens para toda a região, com certeza, era um deles. Depois fomos até à Delegacia de Polícia local, um outro PC. Passamos em frente ao banco. Havia uma corrente grossa em cada esquina da rua. O que é muito comum em muitas cidades do interior do Norte e Nordeste do país. No horário de expediente bancário as correntes são levantadas, impedindo o tráfego de veículos na rua. É uma tentativa de coibir ou pelo menos dificultar os frequentes assaltos a bancos nessas áreas. O policial que estava conosco alertou sobre as correntes:

– Elas estarão levantadas e com os cadeados colocados durante o horário de expediente bancário, portanto, para os bandidos chegarem até a agência só terão duas opções, ou chegam a pé, ou alguém tem que cortar o cadeado.

Aquela era uma informação de grande importância para mim. A escolha da posição como *sniper* deveria propiciar a visão das duas correntes, uma em cada esquina. A distância entre elas era de 70 metros.

Era sábado à noite e as pessoas que moravam próximas ao banco transitavam tranquilamente pelas ruas. Comecei a imaginar que aquelas mesmas pessoas não sabiam do risco que rondaria suas vidas dentro de pouco tempo. Caberia a nós protegê-las. Paramos o carro, descemos e entramos num bar. "Três pastéis e uma coca litro", eu pedi. Comemos enquanto observávamos o cenário, nosso teatro de operações. A largura das ruas, o sentido do tráfego, as vias de acesso, as prováveis rotas de fuga, os locais nos quais poderíamos posicionar o atirador, onde as equipes de assalto ficariam posicionadas, qual o percurso até o hospital mais próximo, se havia escolas próximas ao banco, toda informação era importante. Uma a uma fomos analisando e estudando nossas possibilidades.

Pela largura das ruas, pelos cruzamentos e pelo sentido do tráfego fizemos um croqui por onde achávamos mais provável a chegada dos bandidos. Essa informação era fundamental para que nossa ação fosse antecipada em relação a deles. Antecipação é a alma do negócio. Caminhamos e observamos os melhores pontos para posicionarmos as equipes e o atirador. Havia uma janela de uma casa que proporcionava uma visão privilegiada da fachada do banco. Ela ficava do lado oposto e uma quadra acima, na esquina norte. Andamos mais um pouco e localizamos outro ponto interessante: uma casa na esquina sul do banco, também na quadra oposta a ele, do outro lado da rua. Na rua perpendicular ao banco, que passava pela esquina norte, havia um estabelecimento comercial com uma placa de aluga-se. Ficava muito próximo ao banco. Retiramos as coordenadas geográficas de todos os locais com auxílio do GPS. Fizemos ainda fotos, anotamos dados e filmamos tudo, sem que ninguém percebesse.

Antes de irmos embora, dei uma última olhada na rua calma e no imponente banco. Nessa hora me deu um frio na barriga, minha garganta secou e senti o coração acelerar. Passamos a vida inteira imaginando que somos invencíveis e fortes. O contato com o perigo real e iminente, contudo, mostra facetas da nossa personalidade que nem mesmo nós sabíamos existir. É grande a responsabilidade de estar presente nas ações extremas. Atuar como última linha de defesa da sociedade exige muita confrontação. E, na maioria das vezes, essa batalha é interna, eu comigo mesmo. A presença do perigo faz você se conhecer melhor, pois lhe expõe como realmente é. Fraqueza, carência, medo e tantas outras limitações. Todos nós temos esses sentimentos escondidos no fundo de nossas almas. Nesses momentos, quando estamos perto de situações críticas, eles se afloram e podemos quase que apalpá-los.

Contudo, a força, o altruísmo, a coragem, o respeito e a honra são qualidades poderosíssimas também presentes em todo ser humano. O segredo da coragem é, portanto, mudar a feição. Mude o seu olhar e você será mais corajoso. Quando estiver em uma situação de perigo, ao invés de ficar com os olhos esbugalhados e com aquela expressão de espanto, copiando o "sorriso de medo" dos símios, mude seu olhar. Faça um olhar aguçado de caçador, imagine-se como um predador, e o medo ficará mais fraco do que a atitude. O segredo é esse, fazer com que ele chegue um pouco mais tarde. A ação é sua melhor aliada, ela confronta o medo, que leva à estagnação, à inação. Roberto Crema[78], certa vez, disse que o contrário da vida é a estagnação, e não a morte, pois o contrário da morte é o nascimento. Portanto, se quiser viver a vida ao máximo, movimente-se, assim você impulsiona o mundo. Exemplos de pessoas que agiram assim nos auxiliam a adotar a postura correta. Após a sua frustrada tentativa de escalar o Monte Everest, que culminou na morte de um dos integrantes da expedição, Edmund Hillary[79], durante uma entrevista coletiva, olhou para uma foto atrás da tribuna e disse: "Monte Everest, você nos derrotou. Mas eu vou voltar e vou derrotá-lo, pois você não pode ficar ainda maior, mas eu posso". Algum tempo depois, junto com Tenzing Norgay[80], foi o primeiro homem a chegar ao topo do monte Everest. Nada disso seria possível se ele não tivesse confrontado seus medos, desafiando-os. Segundo John C. Maxwell[81] em seu livro *Talento Não é Tudo*: "você não supera seus desafios tornando-os menores. Você os supera tornando-se maior".

---

[78] Psicólogo, escritor e antropólogo brasileiro.

[79] Edmund Percival Hillary, alpinista e explorador neozelandês, nasceu em Tuakau em 20 de julho de 1919 e faleceu em Auckland, em 11 de janeiro de 2008. Ficou famoso por ser o primeiro homem a chegar ao topo do Monte Everest, em 29 de maio de 1953.

[80] Sardar Tenzing Norgay, alpinista sherpa nepalês, nasceu em 15 de maio de 1914 e faleceu em 9 de maio de 1986. Conquistou o topo do Monte Everest junto com Edmund Hillary em 29 de maio de 1953.

[81] John C. Maxwell, escritor Americano, nasceu em 1947, é especialista em liderança.

CHARLIE OSCAR **189**

Retornamos à cidade de origem por volta das duas horas da madrugada. Eu e o chefe da equipe nos dirigimos ao hotel. Os outros cotianos tinham conseguido somente um quarto onde nos esprememos, os seis. Deitei e fiquei pensando sobre as alternativas táticas de que dispúnhamos. Manter o sigilo era fundamental. Sabíamos que os bandidos recebiam informações de alguém de dentro do banco e que possuíam "olheiros" na cidade. Teríamos que tomar muita cautela para manter a surpresa. Acabei pegando no sono.

Seis horas, o chefe me acordou.

– 08, acorda, se arruma e vamos tomar café. O pessoal da investigação vem nos buscar às sete. Precisamos planejar a ação no objetivo e iniciar os preparativos. Os outros ficam aqui, descansando.

Estava cansado, acho que devia ter dormido umas duas horas, no máximo. Sete da manhã de domingo, um policial da inteligência nos apanhava no hotel.

– Vai ser amanhã mesmo. Já estão todos reunidos e estão com as armas.

– Ótimo... – disse o chefe da equipe do COT – temos muito a fazer.

Chegamos à delegacia e novamente fomos até a sala do núcleo de operações, o NO. Dessa vez a sala estava cheia, havia uns oito policiais lá dentro. Cumprimentamos todos. A maioria eu já conhecia. Havia os encontrado em outras operações Brasil afora. Pela primeira vez vimos o chefe da operação, um antigo amigo que havia sido integrante do COT. Foi uma boa surpresa. Cumprimentamonos, ele foi logo dizendo:

– É o seguinte, 08: os malas já estão prontos, reunidos em alguma fazenda da região, mas não sabemos onde. Estão com as armas, e são muitas. Vão executar o assalto amanhã, no horário que o carro forte chegar ao banco com o dinheiro do pagamento dos aposentados e pensionistas. Tem gente do banco envolvida, desconfio de algumas pessoas, mas não tenho certeza de nada. Entrei em contato com a gerente do banco, ela é de confiança. Pedi para que o carro forte chegue um pouco mais tarde, porque no horário em que ele chega, normalmente, a rua está cheia de crianças. É horário da entrada da aula. Como você viu ao lado do banco tem uma escola. Não podemos correr esse risco. A gerente ficou um pouco nervosa, mas fui pessoalmente e expliquei que ela deveria confiar em nosso trabalho, e, mais importante, não deveria mudar em nada a rotina do banco. É nossa melhor oportunidade de pegar esses caras. Eles têm feito vários assaltos e já mataram algumas pessoas. Nossa situação aqui é bem complicada, não podemos falhar.

– Não falharemos – respondi.

Traçamos nosso plano. Deixaríamos uma equipe posicionada na sala comercial onde havia uma placa de aluga-se. Alugaríamos a casa que ficava na ala norte, onde havia uma janela com uma boa visão do banco. A outra casa, na esquina sul, sabíamos que estava habitada, mas tentaríamos posicionar alguém nela. Finalmente, a minha posição não poderia ser nenhuma das anteriores, simplesmente porque nenhuma delas propiciava uma cobertura completa dos pontos que eu, obrigatoriamente, deveria cobrir. Para que pudesse observar as duas esquinas do banco, a sul e a norte, além da fachada do próprio banco, não havia outras opções. Deveríamos introduzir no cenário um PO (posto de observação). Decidi que uma opção era parar um caminhão próximo à esquina norte, a mais aproximada do banco, por onde, certamente, os bandidos chegariam. Ele deveria estar estacionado de forma a possibilitar a visão das duas esquinas e também da fachada do banco. Deveria ser alto, de forma que favorecesse um ângulo de tiro seguro, precisava oferecer um abrigo mínimo contra os tiros dos ladrões, além de permitir uma camuflagem perfeita. Cheguei à conclusão de que precisaria ser do tipo caçamba, daqueles que são utilizados para transportar areia e pedra.

Além do caminhão caçamba precisávamos de um outro, do tipo baú, que seria utilizado para uma equipe ficar posicionada próxima ao banco, caso nenhum local fosse possível.

Acertamos os detalhes do nosso plano e dividimos as equipes. A maioria ficou incumbida de ir até à cidade e tentar alugar os imóveis que serviriam de cobertura e abrigo para nossa equipe. Eu e um outro colega ficamos incumbidos de providenciar os caminhões. Precisariam estar disponíveis até o início da noite, quando posicionaríamos a caçamba no local desejado. Não poderíamos correr o risco de deixar para o dia seguinte e não haver vaga para estacioná-lo.

Iniciamos uma busca pelo caminhão ideal. Começamos pelos postos de gasolina próximos à rodovia de acesso ao município. Quando encontrávamos o caminhão certo ligávamos para os proprietários. Em um domingo pela manhã, contudo, não era muito fácil localizá-los. Decidimos tentar uma transportadora. Fomos muito bem recebidos. Explicamos que precisávamos de um caminhão para uma mudança que faríamos na segunda-feira. Essa era nossa HC. Dissemos que alugaríamos o veículo, mas não era necessário o motorista. O gerente entrou em contato com o dono da transportadora que foi até o local:

— Podem escolher o caminhão, não tem problema, ajudar a Polícia Federal é uma honra pra mim.

Escolhemos um pequeno, do tipo três quartos, com capacidade de seis toneladas. Sua carroceria baú com perfil baixo era ideal para que pudesse transitar pelas ruas sem ficar enroscado nos cabos de energia. Seu tamanho pequeno era apropriado para ficar estacionado sem chamar atenção. Além do mais era de uma empresa conhecida da região, com logotipo pintado e tudo, perfeito. Agradeci e dei partida no caminhão. Fomos até um posto de combustível, no qual o abastecemos e, posteriormente, dirigimo-nos à delegacia.

— Beleza, 08! O caminhão é perfeito, cumprimos cinquenta por cento da nossa missão.

— É isso aí, vamos arranjar o outro — respondi.

Começamos tudo de novo. Andávamos pelas ruas e a cada caminhão caçamba que víamos iniciava-se uma nova "caçada". Em todos os casos, infelizmente, os caminhões não estavam disponíveis. A cada negativa, uma decepção. Estávamos por um triz de ver nosso plano fracassar. Paramos em um mercado e compramos alguns biscoitos e um refrigerante, pois passavam das quatorze horas. Foi nosso almoço. Passamos novamente por um posto e lá estava o caminhão caçamba que havia visto logo pela manhã.

– Olha só parceiro, esse aí é perfeito. É de uma firma, com logotipo, alto e com a caçamba reforçada.

– Liga mais uma vez.

– Já liguei umas trinta e nada.

– Então liga trinta e uma!

Liguei e alguém atendeu. Não me identifiquei como policial e contei uma outra HC, dizendo que eu precisava de um caminhão para transportar pedra para uma obra, na segunda-feira pela manhã. Ele me deu o telefone da gerente e pediu para que ligasse para ela. Liguei e disse a verdade, que era da Polícia Federal e que precisava de um caminhão para segunda-feira pela manhã.

– Tudo bem. Só que não temos motoristas disponíveis, vocês têm? – indagou a gerente.

– Temos sim... só que precisamos pegar o caminhão hoje, pode ser?

– Pode sim, estou ligando para o motorista levá-lo até à Delegacia, quando ele chegar lá me ligará e eu o buscarei.

– Ótimo, assim combinamos o preço e outros detalhes.

– Não se preocupe com isso, tchau.

Meu parceiro não acreditava, nem eu.

– 08, foi isso? Deu certo? Conseguimos?

– Conseguimos, graças à sua perseverança.

Passadas umas duas horas, o caminhão caçamba chegou à Delegacia. Que alívio! Agora era só iniciar a camuflagem. Nosso plano estava indo muito bem.

– Obrigado, vocês estão nos ajudando muito – eu disse.

– É um prazer.

– Amanhã devolvo o caminhão, quanto vai custar?

– Nada não, não tenho serviço para ele mesmo, me ligue quando quiser devolvê-lo, só vamos precisar na terça-feira pela manhã.

Ótimo, todo o plano estava dando certo. Mal a gerente e o motorista deixaram a Delegacia, começamos a camuflar o caminhão. Colocamos uma lona de carga sobre ele e utilizamos camuflagem no interior da caçamba, para que eu, também, pudesse utilizar minha camuflagem pessoal e, assim, não ser notado. Eram quase vinte e uma horas quando terminamos. Estávamos exaustos e famintos. Pedimos um sanduíche com batatas fritas que devoramos rapidamente. Os outros policiais foram chegando à Delegacia, o *briefing* da operação iniciaria às vinte e duas horas.

– Olha só rapaziada, o negócio é o seguinte...

O chefe da operação detalhou todo o nosso plano para os policiais que participariam da operação. A equipe que saiu de manhã, havia voltado. Conseguiram alugar a loja próxima à esquina norte e também alugaram o quarto onde havia a janela que possibilitava observar a fachada do banco. Fizeram contato com a dona da casa na esquina sul. Disseram que eram de algum órgão ligado à saúde pública e que precisavam fazer uma vistoria. Detalhamos todas as fases do plano e mais uma vez, todas as perguntas foram respondidas.

– Nos encontramos na Delegacia às quatro e meia da manhã, saímos às cinco, boa noite pessoal, – finalizou.

Eram vinte e três horas quando a reunião acabou. Ainda tínhamos que levar o caminhão caçamba para o local, estacioná-lo e regressar para o hotel. Não perdemos tempo e partimos.

Perto das quatro da manhã retornamos ao hotel. Deitei na cama e apaguei. Quatro e meia, o chefe da equipe do COT me acordou:

– Bora, 08... "tá na hora".

Tinha saído do ar completamente. Tomei uma ducha gelada, se bem que isso é meio difícil na região em que estávamos, e comecei a me equipar. Utilizaria o uniforme camuflado rural. Somente eu e os dois policiais que atuariam comigo na caçamba do caminhão estaríamos vestidos assim, o restante estaria de preto. Joelheira, colete balístico, colete tático, luvas, chapéu de selva, mochila, fuzil, cantil. E assim fui me equipando. Faltando dez minutos para as cinco da manhã partimos para a Delegacia. O comboio já estava formado, partimos imediatamente.

Às sete horas e meia da manhã eu havia entrado na caçamba do caminhão, junto com meus dois parceiros. Utilizamos macacões de mecânico para podermos entrar e sair da caçamba algumas vezes, até que ficamos lá e não saímos mais. Não havia muitas pessoas na rua e o comércio ainda estava fechado. Ninguém percebeu nossa manobra.

O chefe da operação falou mais uma vez com a gerente do banco. Ela confirmou que pediu ao carro forte que atrasasse uma hora. Ao invés de oito, chegaria às nove. Isso era fundamental para que a segurança dos estudantes fosse preservada.

– Aja normalmente, não mude mais nada na rotina – disse o chefe da operação à gerente do banco.

Às oito horas, todos estávamos em posição. Dentro do comércio, na ala norte do banco, havia uma equipe do COT que daria o primeiro combate direto aos bandidos. Dentro da caçamba havia dois policiais comigo, responsáveis por minha segurança de retaguarda. Eu deveria neutralizar qualquer ameaça armada que reagisse à ordem de prisão. Em frente a casa na ala sul estava o caminhão de transportadora com outra equipe de policiais dentro. Um saiu e se manteve com trajes civis, dentro da casa, sob o pretexto de fazer uma vistoria para a secretaria de saúde, com crachá e tudo. Sua responsabilidade era informar para a equipe dentro do caminhão a posição dos bandidos quando chegassem. Isso era importante para que desembarcassem na hora certa e sabendo onde estariam localizados os assaltantes.

Oito horas e meia. Eu estava posicionado há algum tempo, o sol começava a castigar. A cobertura de lona muito próxima a minha cabeça funcionava como um forno de micro-ondas. Nove horas da manhã a adrenalina começou a surtir efeito. A boca voltou a secar e minha pele ficou coberta por um suor gelado. Aquela sensação de vazio na barriga voltou a incomodar. Novamente iniciei aquele trabalho que visava a retardar a ação do medo. Minha atuação ali era crucial. Se os bandidos chegassem com violência, e isso era comum naquela região, eu daria o primeiro combate. Estava posicionado a doze metros de onde calculei que os carros dos bandidos parariam, na ala norte, e a oitenta e dois metros dos carros que parassem na ala sul. Seria um combate franco, mantive a posição. Nessa hora, o que mais pesa é a confiança no treinamento e a experiência em operações anteriores. Mudei a feição. Minha intenção era voltar a encarar a realidade como ela era. Ali, a qualquer momento seria travada mais uma batalha entre o bem e o mal e éramos o bem. "Para que o mal triunfe, basta que os bons não façam nada", disse Edmund Burke[82]. A nós cabia fazer algo naquele dia, e faríamos.

Nove horas e meia, por ser de ferro, o piso da caçamba começou a esquentar muito. Minha cabeça estava fervendo, mas mantinha a atenção. Na rua começou a se formar uma fila enorme de aposentados e pensionistas em frente ao banco.

– Onde está a porra do carro-forte? Daqui a pouco vai ter muita gente na rua! – eu sussurrei.

Por rádio, os chefes das outras equipes se comunicavam comigo e perguntavam o que estava acontecendo:

– Nada, não tem carro-forte nenhum aqui.

O chefe da operação entrou em contato com a gerente do banco e ela confirmou que o carro forte chegaria a qualquer momento, disse que foi um atraso corriqueiro.

Onze horas. O sol estava ainda mais escaldante. Derramei parte da água de meu cantil em minha cabeça que estava latejando:

---

[82] Edmund Burke (1729 – 1797), estadista, escritor, orador e filósofo político britânico.

– Deus! Vou fritar aqui! Daqui a pouco não consigo mais atirar, minha cabeça vai explodir!

A gerente do banco continuou a dizer que estava tudo certo, que não disse nada à empresa de transporte de valores sobre a presença da Polícia Federal na região.

Meio dia, a rua estava tomada por crianças que saíam da escola. Passei essa situação por rádio para o chefe da operação:

– Se chegarem agora estaremos encrencados, não podemos correr o risco de um inocente sair machucado.

A tensão chegou ao limite. Nervos à flor-da-pele. Meus pés estavam cozinhando dentro do coturno. Tenho água para mais uma hora no máximo. O termômetro marcava cinquenta graus na caçamba. Não conseguia controlar o consumo de água. Sentia náuseas e dor de cabeça. Meus dois parceiros estavam deitados sobre o ferro da caçamba, parecendo dois bifes assando em uma chapa quente. Eles não conseguiam mais ficar agachados, eu continuava em minha posição sentado, um pouco mais cômoda. A luneta do meu fuzil embaçava quando aproximava meus olhos. Tinha que secar com um papel higiênico. Surpreendentemente, parei de sentir calor e comecei a sentir frio, estava molhado de suor.

A rua continuava cheia de crianças. Vi um homem suspeito, carregando uma sacola com um volume estranho. Informei pelo rádio:

– Chefe, estou com um suspeito aqui... carrega uma sacola grande na mão com um volume suspeito...pode ser um...atenção, fuzil! Estou vendo um fuzil, o sol bateu na sacola e posso ver claramente o cano de um fuzil, vejo a mira e o cano. O suspeito está com jaqueta jeans, calça azul e camiseta cinza. Ele está posicionado na esquina norte, oposta à caçamba.

O chefe perguntou:

– 08, qual sua condição de tiro?

– Cem por cento chefe. Tenho ele comigo. Aguardando sinal verde para neutralizar ameaça.

CHARLIE OSCAR **197**

– Mantenha posição 08, vamos esperar os outros.

Quatorze horas. Continuei com o suspeito sob a mira do meu fuzil. Pude ver o brilho em seus olhos, vi sua pulsação através da saliência provocada pelo fluxo de sangue em sua artéria carótida. Um só movimento brusco e puxarei o gatilho. Fuzil destravado, meus olhos o tempo todo focados através da luneta. Meu ombro estava ardendo, os braços formigando e meu pescoço perdeu os movimentos. Mantive o engajamento por mais de uma hora. Ele estava claramente nervoso, não saia da esquina e ficava o tempo todo olhando para os lados.

Quinze horas e trinta minutos, não sentia mais meu braço direito, meu pescoço e meus ombros. Parecia que tinha uma faca em minhas costas, doía muito. O suspeito continuava lá.

Repentinamente ele fixou o olhar na rua perpendicular à esquina de onde se encontrava. Ficou agitado e começou a andar nervosamente. Pelo rádio, informei a situação. Imaginei que a qualquer momento seus comparsas chegariam. Ficamos sem entender por que abandonou sua posição. As equipes saíram da condição amarela e entraram na condição vermelha. Atenção total. Tensão total.

Dezesseis horas. Vi um camburão da polícia civil passando em frente à minha posição.

– Atenção rapaziada... atividade! Tem mais polícia na área e eles podem nos confundir com os bandidos... isso aqui vai virar uma guerra! Atividade total! – falei para meus dois companheiros, logo depois informei a situação pelo rádio.

Em seguida, notei mais dois camburões da PM. Avisei ao chefe da operação.

– Queimou o serviço, 08! Queimou, ferrou tudo! – respondeu o chefe.

Os camburões pararam em frente ao banco. Não entendemos nada. Só tínhamos uma certeza: alguém "queimou" o serviço. Estava com dificuldades de manter minha posição, pois fiquei naquela situação por mais de nove horas. Sentia-me fraco. As duas noites anteriores mal dormidas custaram caro. A exaustão tomara conta de mim, porém, não informei nada pelo rádio. Manter o moral é fundamental nessas horas. Por mais difícil que seja você deve se manter forte a qualquer custo. Covardia e fraqueza nunca salvaram ninguém.

Às dezesseis horas e trinta minutos vi o carro-forte chegar. Informei pelo rádio. Com a presença ostensiva de cinco viaturas da PM e da Civil, entretanto, era improvável que os assaltantes tentassem algo. As viaturas tinham vindo de um município próximo, eram dos dois grupos de operações especiais das polícias estaduais.

Às dezessete horas o carro forte saiu e nada dos bandidos. Pelo rádio, o comandante da operação demonstrou sua indignação:

– Não acredito que queimaram nossa operação. Era nossa única chance de pegar esses bandidos. Agora eles vão prosseguir com seus assaltos e não poderemos antecipar-nos a eles.

Não respondi nada, eu não tinha condições físicas, havia chegado ao meu limite.

– Atenção, todas as equipes, a operação foi cancelada, – disse o chefe.

Coloquei meu fuzil no chão, empurrei a cadeira com o calcanhar e deitei sobre a superfície escaldante da caçamba de ferro. Mal conseguia falar. Meus parceiros retiraram as placas de cerâmica de meu colete balístico. Em seguida, ajudaram a retirar os dois coletes, o tático e o balístico. Retiraram meu coturno e minha gandola, eu não conseguia me levantar. As pessoas ainda não tinham percebido que estávamos dentro do caminhão. Nossa camuflagem e disciplina de luzes e sons haviam sido perfeitas, não fomos detectados.

O chefe da operação deu o comando de desmobilizar, deveríamos nos encontrar na Delegacia. Uma caminhonete parou em frente ao caminhão onde eu estava, dela saiu um policial que, disfarçado de caminhoneiro, o conduziu de volta. Os policiais que ficaram dentro do caminhão baú apresentaram sintomas parecidos com o meu. Sofreram um pouco menos, porque o caminhão deles ficou estacionado embaixo de uma árvore, à sombra.

CHARLIE OSCAR **199**

Chegamos à Delegacia. Tomei água com soro hidratante e só fui sair da caçamba por volta das vinte horas. Entrei na sala do NO, a qual estava cheia de policiais, todos muito cansados e aparentemente tristes. O comandante iniciou a reunião de crítica:

– Fomos traídos. A gerente do banco avisou ao pessoal da transportadora de valores que a Federal estava na área. Ela estava preocupada com o que poderia acontecer e pediu para que eles atrasassem mais, até que ela pudesse ver que a rua estivesse tomada de policiais. Não confiou em nós, porque não nos viu lá fora. Ela não sabe o que fez. Agora os caras desapareceram. O cara com fuzil que o 08 viu era o olheiro. Ele daria o sinal para que os outros sete comparsas chegassem. Ele viu a rua tomada de policiais e foi embora, não sem antes avisar ao restante do bando. Agora não poderemos mais prendê-los e eles continuarão a espalhar o medo e terror.

Um silêncio mortal tomou o auditório. Todos sentiam culpa, mesmo sem ter culpa alguma. Mesmo assim, havíamos fracassado, nossas consciências pesavam pelas vítimas que viriam e pelas pessoas que sofreriam nas mãos daqueles que estivemos tão perto de prender ou, se fosse necessário, matar. Deixamos nosso equipamento e armas no cofre e voltamos para o hotel.

Às vinte e duas horas deitei no beliche, sem tomar banho e sem comer. Só queria descansar, não conseguia mais raciocinar. É como se alguém tivesse me desligado da tomada. Meu celular estava embaixo de meu travesseiro e começa a tocar. Acordei para atendê-lo:

– Meu amor...está tudo bem com você?

– Tudo... eu apaguei, dormi pesado, mas agora está tudo bem, por quê?

– Ligue para seus pais, eles estão preocupados. Ligamos pra você ontem à noite, eram umas onze horas, você não falava coisa com coisa, estava com a voz pesada. Liguei então para o 03 para saber se estava tudo bem e ele disse que sim, que você somente tinha tido uma insolação e precisava descansar.

Conversamos mais um pouco, depois liguei para meus pais, para acalmá-los. Tive o que os médicos chamam de hipertermia[83]. Parecia que eu havia tomado uma surra, meu corpo todo doía.

O avião decolaria às quatorze horas. Almoçamos, pegamos nosso equipamento na Delegacia e entramos na sala do NO para nos despedirmos dos colegas.

– Já fizeram três assaltos no interior do Estado só esta manhã. Roubaram uma agência dos Correios e mataram um inocente. As armas que estavam utilizando eram alugadas. Precisavam roubar qualquer coisa para pagar o aluguel, agora que o assalto a banco tinha sido frustrado – relatou-nos um colega da Inteligência.

Mais do que nunca estavam na atividade, mas agora não tínhamos como antecipá-los.

Entramos no avião, não dissemos uma palavra até chegar a Brasília. Sequer olhávamos uns para os outros, envergonhados, mesmo que sem culpa.

– Ela não sabe a merda que fez! – disse um cotiano, falando sozinho, enquanto se dirigia para seu carro.

Voltei para casa e jantei com minha esposa. Ela não perguntou por que eu estava triste.

---

[83] Elevação da temperatura do corpo, relacionada a incapacidade do corpo em reduzir a produção de calor ou promover a perda de calor.

17. Missão Fox

TERÇA-FEIRA, dia 22, quase onze horas. Mais da metade do efetivo do COT estava cumprindo uma missão na região Sudeste. Quem estava em Brasília terminava seus treinamentos físicos, num dia ensolarado de clima extremamente seco. A umidade relativa do ar estava chegando a um limite perigoso no planalto central, próxima aos vinte por cento. O sistema de som anunciava reunião geral para o fim do dia. Reunião marcada na parte da manhã para o final da tarde não parecia ser nada tão urgente. Nem sempre isso é bom. Muitas vezes, as missões urgentes acabam sendo mais rápidas, simples e emocionantes. O aviso dizia que era operação fora de Brasília, ou seja, viagem. É engraçado observar como quase todos ficam especulando o que virá pela frente. Integrantes de grupos de operações especiais ficam sempre na expectativa "daquela" missão, em que poderão aplicar todas suas táticas e técnicas, fazendo jus ao pesado treinamento.

Estava acostumado com isso. Era viagem, então aproveitaria o início da tarde para resolver todas as pendências. Paguei as contas que venceriam nos próximos dias e que, por algum motivo, não estavam no débito em conta corrente e aproveitei para cortar o cabelo.

Perto das dezesseis horas estava no COT, esperando o início da reunião. A antessala do auditório, onde fica o cafezinho, estava movimentada. Sabíamos que a operação seria na Região Norte e que partiríamos na manhã seguinte.

Reunião iniciada às dezessete horas. As informações eram superficiais. Iríamos para a Região Norte participar de uma mega operação realizada pela Superintendência de um dos Estados da região em conjunto com uma das Coordenações da Sede da Polícia Federal, em Brasília.

– E aí pessoal. Prontos para mais uma mega? – brincou o chefe de operações.

Os crimes apurados seriam de corrupção, improbidade administrativa, concussão[84], peculato[85], entre outros, envolvendo funcionários públicos estaduais, municipais e empresários da região. A missão duraria três dias, então, mala para seis.

Essas operações são as mais importantes para o país. Muitos não percebem, mas esses "sanguessugas" são tão ou mais nocivos que assaltantes e traficantes. São responsáveis por desvios de milhões de reais de obras e licitações públicas, fazendo quantias enormes de dinheiro que poderiam ser melhores aplicadas em educação e saúde, por exemplo, escoarem dos cofres públicos. Com isso, milhares de pessoas acabam não tendo a chance de aproveitar os benefícios de uma boa educação ou morrem por falta de atendimento médico em alguma região do país. Seus crimes têm enorme potencial ofensivo e atingem muita gente ao mesmo tempo. Felizmente, a Polícia Federal tem investido no combate a esses crimes, realizando nos últimos anos inúmeras operações que pouparam bilhões de reais do dinheiro público. Ousaria dizer que ela tem se tornado, junto com o Ministério Público, a última barreira de contenção da sangria provocada há muitos anos pela corrupção de políticos e agentes públicos.

Devido aos fatores mencionados, os Policiais Federais realizam tais operações com determinação e uma enorme realização pessoal. É emocionante prender pessoas que se acham inatingíveis, mesmo que posteriormente as leis acabem por favorecê-las.

E não seria diferente para os membros do COT. Mesmo não sendo uma missão de alto risco, era um trabalho que teria grande repercussão e, devido às influências dos envolvidos, junto aos poderes constituídos, deveria ser realizada com todo cuidado, pois qualquer vazamento poderia pôr tudo a perder.

Devido à sensibilidade da operação e o seu elevado nível de compartimentação, faltaram informações durante a reunião. Somente nos momentos que antecederiam a sua deflagração saberíamos quem eram os alvos. Dispúnhamos apenas de informações so-

---

[84] Extorsão cometida por funcionário público no uso de suas atribuições.

[85] Apropriação, desvio ou subtração de bens ou valores cometido por funcionário público.

bre o local, os crimes cometidos pelas pessoas que prenderíamos, a natureza da operação, nesse caso de baixo risco, e o ambiente, urbano. Não seria necessária a utilização de atiradores de precisão, ou seja, todos levariam os mesmos materiais. A única diferença é que os atiradores levariam fuzis de assalto e os integrantes do grupo de intervenção levariam submetralhadoras. O horário do nosso voo estava previsto para as dez horas da manhã de quarta-feira. Iríamos em uma aeronave do Departamento de Polícia Federal. A saída do COT foi marcada para as nove horas da manhã seguinte. A reunião terminou às dezoito horas e seguiu o mutirão para a preparação do equipamento. Material separado, todos dispensados.

Nas grandes operações é comum os Policiais Federais ficarem um ou dois dias sem dormir. As reuniões acontecem normalmente de madrugada e, antes das seis horas da manhã, as equipes já estão nas ruas. São deslocados policiais de diversas regiões, resultando em longas viagens. Por isso, quando posso dormir bem na noite anterior, aproveito.

Tudo preparado para o dia seguinte. Em quinze minutos todos desapareceram. Cada cotiano quer aproveitar o tempo que lhe resta antes da viagem. Antes das vinte horas já estava em casa fazendo meu jantar e escutando uma boa música. Cozinhar é um hábito que desenvolvi depois de anos morando só. Tenho muita satisfação na preparação de alimentos, além de me ajudar a relaxar. Terminado o jantar, revisei minha mala pessoal, para seis dias, conferi se peguei equipamentos "essenciais", como carregadores de celular e tocador de MP3, aproveitei um banho quente e demorado e, finalmente, para a cama.

Quarta-feira, antes das oito horas, os policiais estavam no COT. Checagem final do material, viaturas carregadas, nove horas iniciou-se o deslocamento do comboio rumo ao hangar da Polícia Federal no Aeroporto Internacional Presidente Juscelino Kubitschek, em Brasília.

Equipamento embarcado. Pouco além das dez horas, o avião decolou. Dentro dele, nove Policiais Federais do COT. O avião não tinha autonomia para chegar até o destino, por isso foi realizada uma escala para abastecimento no meio do trajeto. Apesar do DPF ter entrado na era da aviação a jato, a maioria dos deslocamentos ainda acontece utilizando aviões turbo-hélices, com velocidades de cruzeiro bem mais baixas.

Dez horas depois chegávamos a nosso destino. Era noite. Uma equipe nos esperava com viaturas descaracterizadas para nos conduzir até um quartel do Exército Brasileiro. A operação utilizaria mais de 250 Policiais Federais de todos os cantos do país. Todos ficariam hospedados no quartel, evitando com isso movimentação desse grande efetivo pela cidade ou hotéis. Qualquer vazamento sobre a presença de grande quantidade de policiais seria fatal para o cumprimento dos objetivos.

Chegando ao alojamento, arrumamos os beliches e deixamos todo o equipamento preparado para a madrugada seguinte. A reunião onde seriam passadas informações detalhadas aconteceria às três e meia da manhã de quinta-feira. Um lanche nos aguardava no refeitório, ou no cassino como os militares o denominam.

Uma primeira leva de policiais havia chegado ao local, transportados por avião da Força Aérea Brasileira, vindos da região Nordeste. Nas próximas horas chegariam outros dois voos com policiais da região Centro-Oeste e Sudeste.

Na noite que antecede as grandes operações, ou mega operações como a mídia acostumou a chamar, ninguém dorme direito. Imagine um grande alojamento de um quartel, sem muito conforto, onde pessoas chegam a todo momento para se instalar. Sem falar no calor e nos mosquitos, que parecem imunes aos repelentes. Esse é o cenário que precede algumas dessas operações.

Perto da meia noite, chegaram os últimos policiais que participariam da ação. Teriam três horas para se alimentar, fazer a higiene pessoal, separar equipamento e descansar.

Três horas da manhã, as luzes foram acesas. Alvorada. Banheiros congestionados. Corredores da mesma forma. Todos colocando suas roupas pretas. Para os cotianos, um manto sagrado. Equipamentos checados, destino ao auditório para a reunião.

Reunião de grandes operações tem um pouco de tumulto. É muita gente para organizar. Aproximadamente duzentos e cinquenta policiais de locais diferentes, ávidos por informações. Felizmente, logo a disciplina tomou conta e a reunião começou. A situação foi apresentada com auxílio de um projetor multimídia e telão. As equipes foram divididas e os nomes fixados em folhas nas paredes do auditório. Existiam pastas com dossiês de todas as pessoas a serem presas ou dos locais onde seriam cumpridos mandados de busca e apreensão.

O coordenador da operação explicou a situação, distribuiu as pastas para os chefes de equipes e, antes das quatro e meia da manhã, os policiais foram liberados para o café. O refeitório estava cheio, café da manhã simples, mas capaz de suprir nossas necessidades por algum tempo. Ganhamos também um kit lanche, que chamamos de "ração fria", composto por uma maçã, duas barras de cereal, um suco em caixinha e uma garrafa de água para aguentar até a hora do almoço. Os mais preparados levavam, é claro, um reforço na mochila pessoal, o nosso "melhorado".

No final da reunião, havia entendido o porquê de tanto sigilo quanto às informações. Seria preso o ex-governador do Estado, o prefeito da capital, o ex-prefeito de outro município importante no Estado, alguns políticos, alguns agentes públicos e outros grandes empresários da região. A rede viria cheia de "peixes graúdos". Isso explicava o excesso de compartimentação, pois qualquer vazamento faria com que essas pessoas simplesmente sumissem. É mais fácil fugir ou se esconder para quem tem a sua disposição vastos recursos financeiros ou a máquina pública a seu favor.

Algumas equipes precisavam sair antes das cinco horas, uma vez que cumpririam mandados de busca ou prisão em lugares mais distantes do quartel, ou em municípios vizinhos. Outras sairiam um pouco mais tarde, pois os locais eram mais próximos. A única coisa que não poderia falhar é que às seis horas todas as equipes deveriam estar na porta de seus respectivos "clientes" para executar a missão. A palavra "clientes" é uma brincadeira utilizada quando nos referimos às pessoas que vamos prender. Na verdade, porém, nosso verdadeiro cliente é o povo brasileiro, que paga seus impostos e deve exigir uma polícia atuante e eficiente.

As equipes do COT eram responsáveis pelas prisões supostamente mais difíceis, seja pelo local, que poderia ter seu acesso dificultado, seja pelo histórico do preso.

Mesmo com todos os esforços para ocultar a operação, na hora da saída não tem jeito, a imprensa sempre está presente. É praticamente impossível escapar de suas lentes e microfones atentos e implacáveis. Sempre tem um jornalista de olho na movimentação da polícia. Na maioria das vezes, prestam um grande serviço à sociedade.

Em nossa equipe havia um Policial Federal da região que, além do apoio prestado, serviria de guia para que chegássemos com maior facilidade ao nosso alvo. Em menos de meia hora estávamos a 50 metros da casa, onde esperamos por três minutos para que o relógio marcasse seis horas. Entramos na casa pela porta da frente, tocando a campainha. Não havia provas cruciais que pudessem ser destruídas pelo alvo ou possibilidade de fuga. Cumprimos o Mandado de Busca e Apreensão, apreendemos alguns documentos, e no final cumprimos o Mandado de Prisão.

Antes das dez horas estávamos chegando à Superintendência de Polícia Federal. Em virtude da magnitude da operação, o trânsito nas imediações tinha sofrido alterações, fazendo com que a rua do portão principal ficasse isolada.

Ao chegarmos à frente da Superintendência, deparamo-nos com uma multidão de curiosos, de repórteres, fotógrafos e cinegrafistas. Desembarcamos o preso e o levamos para a custódia. Entregamos o malote com os documentos apreendidos e saímos novamente para dar apoio a outra equipe.

Retornamos perto do meio dia. Tivemos grande dificuldade de chegar com as viaturas e para desembarcar o preso, devido ao grande número de pessoas no local. Como os veículos de comunicação já noticiavam a prisão de políticos e empresários de renome na região, a população não parava de chegar, concentrando-se nas imediações para ver com seus próprios olhos aquele fato incomum, principalmente, naquela localidade. Era gratificante ver a população aplaudindo cada vez que uma equipe chegava, trazendo mais um "cliente" sob custódia.

Até o final da tarde ainda existia movimentação de equipes chegando e saindo. No início da noite, todos os policiais haviam cumprido suas determinações. A operação tinha sido concluída com sucesso. Foi realizado um balanço parcial e uma pequena reunião com as equipes. Ficou definido que, em virtude da grande concentração de pessoas que permaneciam em frente à Superintendência, o COT, em conjunto com mais alguns policiais, reforçariam a segurança das instalações durante a noite. No final do outro dia, voltaríamos para Brasília. Foi elaborada uma escala de serviço e iniciamos o revezamento. Alguns foram para o hotel descansar enquanto outros começavam seu trabalho.

A noite foi tranquila e com o passar das horas as pessoas foram se dispersando. Tudo sob controle. Até dividimos a equipe de serviço.

No início da manhã, a situação começou a ser alterada. Um grande número de pessoas começou a ocupar as imediações e lá ia embora toda tranquilidade. Parafraseando os instrutores do curso de operações, "nem tudo é tão ruim que não possa ser piorado". Enquanto, no dia anterior, a multidão era formada por populares que queriam comemorar e agradecer a prisão dos corruptos, nesse dia, a aglomeração era formada por partidários dos políticos presos, que não queriam correr o risco de perder suas regalias.

Estavam relativamente organizados, com faixas, carro de som, gritando palavras de ordem. Tinham até cabana dando suporte com água e alimentos. Todos exigindo a libertação dos "pobres e injustiçados" custodiados.

O tempo foi passando e a situação foi ficando mais tensa. O pessoal estava ameaçando invadir o local para libertar os seus "salvadores". A escala de serviço tinha sido extinta. Todos os cotianos faziam a segurança da cerca e portão. Pelo jeito nossa viagem de volta estava suspensa.

Uma operação relativamente fácil de ser executada evoluiu para um Controle de Distúrbio Civil (CDC). E com um pequeno agravante: não dispúnhamos de nenhum equipamento de controle de distúrbios além de algumas granadas de gás lacrimogêneo. Nos momentos difíceis é que o espírito guerreiro dos policiais de grupos especiais faz toda a diferença. Em visível desvantagem numérica e sem equipamento apropriado, o pequeno contingente que ali se fazia presente, com tranquilidade e atitude, evitou que a situação evoluísse para o descontrole.

O chefe dessa missão, devido à situação e a pedido do Superintendente, fez contato com o Coordenador do COT e solicitou apoio de pessoal. Também solicitou que enviassem equipamentos de CDC, como escudos, caneleiras, espargidores de gás, granadas, tonfa e espingardas calibre 12 com munição menos letal.

Ser coordenador de um Grupo de Operações Especiais não é tarefa fácil. Normalmente contará com um efetivo reduzido e várias missões para cumprir. Foi preciso remanejar pessoal de outra região do país e enviar emergencialmente para a região Norte, junto com o equipamento solicitado, ainda no início da madrugada de sábado. Equipe reforçada com equipamento correto, retomamos a vantagem da situação.

Final de semana em casa, que ilusão! Os manifestantes só deixavam o local para dormir. Bem cedo já estavam posicionados, perturbando a nossa vida. Houve momentos tensos no domingo. Alguns mais exaltados tentaram forçar o portão, mas foram convencidos a se acalmarem pelos cotianos que tiravam serviço. Lembra quando eu dizia "missão de três dias, roupa para seis"? Pois é, lá estávamos nós, há quase seis e sem previsão de ir embora.

Final de semana terminou sem maiores complicações. A segunda-feira prometia. Era o quinto dia após as prisões e estava vencendo o prazo das prisões temporárias. Não sabíamos se o Judiciário faria a renovação. Os simpatizantes dos políticos custodiados estavam eufóricos com a possibilidade da libertação. E elas não aconteceram. O Juiz renovou os mandados de prisão da maioria e, com isso, os ânimos se inflamaram, e muito. Por pouco não precisamos dispersar os manifestantes.

Nesse ritmo, a semana foi passando e a missão de três dias evoluiu para dez, sem data prevista para seu término. Alguns colegas chegaram a se inscrever numa academia de musculação da região para manter o treinamento físico. Eu me sentia um morador da região. Havia aproveitado para conhecer os principais pontos turísticos nas horas vagas. Essa é uma das grandes vantagens de atuar no COT, você conhece todo o país e percebe a fantástica diversidade cultural, suas belezas naturais e seu povo. Uma experiência incrível.

Chegou mais um final de semana. O número dos fiéis manifestantes se reduziu. Até que enfim resolveram trabalhar um pouco e cuidar de suas vidas. Isso apontava para uma direção: retornaríamos em breve.

Segunda-feira, décimo segundo dia da missão. Reunião para avaliar a necessidade de nossa permanência. Ficou acordado que se tudo continuasse naquele ritmo, rumo à calmaria, quinta-feira retornaríamos. E foi assim que aconteceu. Nossa presença não mais se justificava. Quase todos os presos foram colocados em liberdade e os manifestantes voltaram a sua vida normal.

Chegamos a Brasília no décimo quinto dia. Esse exemplo mostra que nem sempre o que planejamos se realiza, por mais bem feito que seja esse planejamento. Imprevistos acontecem, e a situação pode evoluir. Também por esses motivos que os integrantes de grupos especiais são tão exigidos durante os cursos de que participam. Aprendem a suportar o cansaço, as incertezas, a dor, o estresse, sobrevivendo a todas as provações.

Avião pousado em Brasília, homens e material desembarcados, viaturas esperando, deslocamento rumo ao COT. Chegamos e guardamos todos os equipamentos e recebemos um dia de folga, a sexta-feira. Com sorte, poderíamos descansar no sábado e domingo.

18. Missão Golf

RIO DE JANEIRO, verão de 2005. Dezenove horas, "Selvagens cães de guerra" eram os dizeres na entrada do lendário Batalhão, local que mais tarde conheceria muito bem. Ao lado da frase lá estava ela, a Caveira, símbolo que em alguns anos eu ganharia o direito de tatuar em meu braço. Conquistar esse direito me propiciou uma das maiores aventuras pelas quais passei nessa vida, mas isso é outra história... Chegamos ao BOPE e rapidamente nos reunimos com os oficiais da equipe de dia.

– Vamos pela principal, duas equipes no Blindado[86] e uma a pé. O Blindado desembarca uma patrulha e volta para pegar a outra. Tem que ser assim porque só tem um funcionando, o outro está baixado, falta peça, – foi o que sugeriu um oficial.

Logo alguém perguntou:

– E o sniper?

– Olha só, dá pra ficar no outro morro, em frente. Dá pra colocar uma equipe lá, é facção rival, não vai dar problema.

Pensei comigo: "e aí que o morro em frente é de facção rival?" O planejamento da operação durou umas duas horas, quando foi convocada a equipe de serviço e informada a missão: COT e BOPE atuariam conjuntamente em uma favela do Rio de Janeiro, com o objetivo de cumprir um mandado de prisão de um importante traficante. Não era a primeira vez que isso acontecia. Os dois grupos já realizavam um importante trabalho de intercâmbio e de treinamento conjuntos. Onze horas terminou o *briefing*, a reunião onde todos ficaram sabendo o objetivo da missão, a função de cada patrulha, a estratégia utilizada, a atuação de cada integrante dentro

---

[86] Veículo para transporte de tropa, com blindagem balística, também conhecido, no Rio de Janeiro, por Caveirão.

da patrulha, enfim, todo o planejamento foi detalhado de forma que ninguém tinha dúvida sobre o que faria. Nesse dia, minha função era compor uma quarta patrulha, que não tomaria o morro alvo da missão, mas daria segurança para que as outras três progredissem e alcançassem seu objetivo. As palavras do oficial rapidamente vieram a minha cabeça:

– Olha só, dá pra ficar no outro morro, em frente. Dá pra colocar uma equipe lá, é facção rival, não vai dar problema.

O que essa frase queria dizer? Perdi algum tempo pensando nisso, depois um cotiano me pediu pasta de dente emprestada, fui até minha mochila, peguei-a e lhe entreguei.

– Boa sorte pra nós todos amanhã. Boa noite, – ele disse.

Deitamos todos no chão do salão que fica no primeiro andar do BOPE, do jeito que deu, cada um se arranjou como pôde. Um cotiano mais novo perguntou ao chefe de equipe (que é sempre o cotiano mais velho) se poderia tirar o coturno pra dormir.

– É lógico... que não, – respondeu.

Dormimos ali, uns com as cabeças encostadas nos fuzis, que eram forrados com o gorro para ficar um pouco mais macios, outros apoiados nas mochilas e alguns praticamente sentados. O colete tático, o balístico e o cinto com a pistola ao lado do corpo, ao alcance das mãos como de costume. Um calor sufocante e úmido fazia com que não parássemos de transpirar, deixando o salão com um odor acre e azedo.

Quatro horas da manhã, alvorada. A primeira sensação é de que você dormiu dentro de uma fôrma de pão, articulações rígidas e nervos contraídos pelo chão duro e agora frio. Rapidamente se dá conta de que tem mais uma missão a cumprir. O cheiro de suor característico dos soldados impregnando o ar leva o cérebro a recordar de outras tantas madrugadas semelhantes. A ação está próxima. O clima de descontração e deboche, corriqueiro nesses grupos antes de missões perigosas, agora se transforma em concentração e seriedade. Todos focados em um único ponto: os detalhes. A experiência já mostrou para cada um que são eles, os

CHARLIE OSCAR **213**

detalhes, que colocam em risco uma operação. Todos pensam nos grandes problemas, mas, muitas vezes, um detalhe óbvio que seja esquecido pode comprometer toda a operação. E como diria Nelson Rodrigues[87], "só os gênios veem o óbvio". Uma mochila barulhenta, o alarme no relógio, um celular ligado que toca em momento inadequado, um detalhe do uniforme que não foi camuflado, o brilho de uma aliança, as pilhas sobressalentes do GPS e da lanterna, a lanterna sobressalente e suas pilhas, o papel higiênico para secar a luneta do fuzil quando o calor fizer o suor do seu corpo, vaporizado, condensar sua objetiva, o coturno bem amarrado, a água chacoalhando e fazendo barulho dentro de um cantil que não foi bem completado... Uma infinidade de detalhes que são exaustivamente checados a partir de um *check list* mental rigoroso que impõe ao combatente aquele olhar sério e compenetrado momentos antes da ação. O preço para o esquecimento pode ser sua vida, ou pior, a de um companheiro.

Ainda tinha dúvida quanto ao que havia sido dito pelo oficial, facção rival, o que isso tinha a ver com nosso trabalho, traficante não iria aliviar para polícia, não para o COT e o BOPE. Eles sabem que não tem acerto, não tem propina, não há a menor chance. Eu estava na quarta patrulha, composta por homens do BOPE e do COT. A missão da minha patrulha era dar segurança para as outras três. Éramos três atiradores, o Sierra 3, do BOPE, meu companheiro do Curso de Atirador de Precisão; o Sierra 2, que era do COT e eu. Tínhamos a companhia de mais dois combatentes bopianos, auxiliando na nossa segurança. O Sierra 3 utilizava seu inseparável Winchester M70 calibre 7,62mm de ferrolho, eu e o Sierra 2 com dois HK MSG90 semiautomáticos.

Nossa patrulha era composta por um total de cinco integrantes, sendo três atiradores e dois seguranças, responsáveis pelo domínio das áreas próximas a nós. Isso porque o atirador não tem como observar ao mesmo tempo pela luneta e as proximidades do local. Seus flancos e, principalmente, a retaguarda ficam comple-

---

[87] Dramaturgo, jornalista e escritor brasileiro, nasceu em Recife em 23 de agosto de 1912 e morreu no Rio de Janeiro em 21 de dezembro de 1980.

tamente desguarnecidos. Daí a importância de alguém para essa função. "Que droga", pensei, "cinco caras sozinhos pra subir um morro".

O sargento que estava no banco do carona da nossa viatura falou para o motorista parar próximo a uma padaria na base do morro. Havia umas cinco pessoas lá dentro, uns tomando café, outros comprando pão e dois garotos jogando fliperama. Bem, aquilo não estava certo. Por todos os lados podíamos ver trabalhadores saindo de casa e partindo em direção a seus empregos, crianças saindo para a escola e mulheres indo comprar pão. O motorista parou nossa viatura a uns quinze metros da padaria, o sargento acenou para um dos garotos que jogava fliperama no interior do estabelecimento, ordenando que esse se aproximasse da viatura. Ele deveria ter uns oito ou nove anos no máximo. Obedeceu e foi se aproximando bem lentamente. O sargento gritou:

– Vai lá e fala que nós vamos subir. A parada não é com eles. Nosso negócio é com o... (nome do morro onde ocorreria a operação)... vai! Corre!

O garoto saiu correndo, entrando na viela e subindo rapidamente em direção à parte superior. Desembarcamos das viaturas e partimos na conduta de patrulha urbana em área de alto risco. Não acreditei, subimos o morro em cinco homens e ninguém botou a cara, ninguém na contenção, nenhum tiro. Começava a entender a dinâmica da violência no Rio.

Não era a primeira vez que eu entrava em favela no Rio de Janeiro. Nessa época já tinha operado em várias, algumas do Complexo do Alemão, como a Fazendinha, outras da Maré, como a Vila Pinheiro, mas não conseguia me acostumar com uma coisa: a naturalidade com que os moradores agem. Fico me imaginando na situação de morador e não consigo entender como eles podem, simplesmente, ignorar que tem uma patrulha toda passando, todos de preto, equipados e portando armas de guerra, a poucos centímetros. Muitas vezes eles sequer olham. Em outras, temos que adverti-los para que mudem o sentido, pois passam caminhando lentamente por dentro da patrulha, roçando os fuzis. Em muitos casos ficam parados assistindo ao tiroteio. Presenciei, algumas vezes, saírem às portas para assistir ao confronto quando inicia a troca de tiros, como um espetáculo bizarro e ao vivo da tragédia humana em sua pior acepção, a guerra.

Certa vez, quando ainda era aluno do curso de mestrado em Agronomia, durante uma palestra para professores, um psicanalista disse que um dos segredos para que nossa existência tenha algum sentido é que consigamos transformar a tragédia da vida em um drama a ser vivido diariamente e que a constatação de que todos iremos morrer um dia, mais cedo ou mais tarde, nos é muito difícil de aceitar e gera uma série de angústias e conflitos. A tragédia da vida é esta: todos morrerão e todos nós sabemos disso. Essa simples e natural constatação é demais para muitas pessoas, que acabam perdendo o controle em algum momento da vida. Para as que vivem em ambientes menos violentos do que as favelas tomadas pelo tráfico é quase impossível lidar com isso. Ter que olhar para a tragédia o tempo todo, ver morte e destruição todos os dias torna os sujeitos anestesiados. Caso contrário seria muito doloroso viver. A vida, assim como a morte, torna-se banalizada. Mas isso não vem ao caso aqui, é que essa atitude sempre me incomoda.

Tomamos posição, tínhamos uma vasta área para cobrir, várias patrulhas para proteger a uma distância média de 500 metros, atingindo, em alguns casos, 650 metros, sem falar nas milhares de janelas, becos e lajes para observar. Nenhum de nós dispunha de observador (ou *spoter*), portanto cada um era o observador do outro, revisando cálculos, dando distâncias e confirmando alvos. Iniciamos as medições da temperatura, umidade relativa, distância e ângulo de inclinação. Coletamos o maior número possível de dados para então efetuarmos os cálculos de trajetória do projétil. Feito isso, ajustamos nossas lunetas e fizemos as correções necessárias.

Havia uma contenção a certa altura do morro, com reunião de vários traficantes e seus chamados "soldados", os responsáveis pela segurança. Chamamos de contenção um local onde os traficantes mantêm um ou mais "soldados" do tráfico para conter o acesso da polícia. Nada menos do que seis homens armados, um deles com um FAL dourado. Eu nunca tinha visto nada igual. Estavam todos próximos a uma antena de alta tensão. Porém, nossos maiores problemas eram duas crianças, dois garotos: um com aproximadamente quatro anos e outro com seis ficavam no meio dos bandidos. Isso também é normal, pois desde cedo os traficantes aliciam seus futuros "soldados". Não podíamos atirar naquela situação, a distância era grande demais e vários fatores poderiam influenciar, como projéteis secundários resultantes, por exemplo, da fragmentação de ossos de corpos e fios de alta tensão que teimavam em cruzar nossa linha de visada. Não assumiríamos o risco de ferir inocentes, isso não é uma possibilidade considerada. Nossa posição era incômoda, não tínhamos opções, ficamos em pé apoiados numa cerca de balaustra, com as pernas abertas para colocar o armamento à altura das travessas de madeira.

Um pouco à frente, haviam umas folhas de bananeira que se movimentavam e atrapalhavam a visada. Chegamos a uma conclusão: era preciso procurar um local melhor. O tempo estava se esgotando, as patrulhas estavam ao "pé" do morro aguardando o melhor momento da invasão. Foi aí que lançamos mão de um dos homens da nossa patrulha com uma função inusitada: encontrar um bom local para posicionar os atiradores, o detalhe era que ele não era atirador. Mas nós também não tínhamos outra opção, pois se os "olheiros" visualizassem as patrulhas de prontidão dariam o alarme e perderíamos o fator surpresa.

Isso seria trágico, poderia possibilitar a fuga do nosso alvo e dificultaria muito nossa ação, aumentando as chances de baixas do nosso lado, afinal de conta, o sigilo é nosso maior aliado. Tirar daquele local um atirador era desaconselhável, as posições eram muito ruins e se fosse necessária uma intervenção precisaríamos de poder de fogo, pois qualquer um de nós poderia sair de situação por segundos preciosos simplesmente por um movimento mais brusco de ar que balançasse as inconvenientes folhas de bananeira. E deslocamento de ar é o que não falta quando se disparam fuzis calibre 7,62mm. Passados alguns minutos nosso homem entrou em contato pelo rádio:

– Alfa-uno chamando sierra-uno, encontrei um bom local próximo de vocês e que permite posição de tiro deitado.

Tive vontade de rir na hora, acho que os outros três atiradores também. Só não o fiz porque estava tendo câimbras nas costas, meu braço estava formigando e tinha que fazer um esforço grande demais para as pernas pararem de tremer. Achei impossível uma posição de tiro deitado naquela situação, julguei que fosse inexperiência do nosso homem, o ângulo era extremamente desfavorável para isso. Julguei mal. Alfa-uno, nosso batedor, voltou e levou consigo um de nós. Em pouco tempo veio a resposta pelo rádio:

– Sierra-uno, sierra-dois chamando, o local é bom.

– Repita a mensagem, – respondi.

Ele respondeu e enviamos o segundo atirador. Pouco tempo depois cheguei à nova área. Os outros dois atiradores conseguiram as melhores posições, aí tive que me virar, deitei ao lado do Sierra 2, entre ele e um portão de ferro, numa angulação negativa, que me fez ficar inclinado para frente, forçando a cervical e a musculatura das costas, comprimindo meu pulmão e dificultando a respiração, aumentando ainda mais a sensação de calor. Sierra 2 reclamou um pouco e então demos algumas risadas da nossa situação ridícula. Corrigi a angulação da arma utilizando os recursos do bipé somados a minha mochila logo abaixo dele. Medimos as distâncias, fizemos a demarcação dos alvos e quadrantes, divisão de áreas de responsabilidade, repassamos os cálculos e nos preparamos para o que viria.

As crianças continuavam lá. O suor escorria em bicas de nossas testas. Estávamos com uniforme preto, coletes e equipamentos individuais que somavam, aproximadamente, trinta quilos, deitados no concreto. O tempo passava, o relógio cruzou três horas da tarde. Isso no verão carioca somado a nossa posição se transformou em uma tortura, lenta e duradoura. Nessas horas o policial agradece todo o sofrimento prévio representado por horas e horas de treinamento exaustivo, cada minuto vale a pena. Não é à toa que um de nossos lemas é "treinamento duro, missão fácil". Quanto mais se treina, melhor se cumpre a missão. Por isso também que uma das características fundamentais a um Operações Especiais é a rusticidade, que ao contrário do que muitos pensam nada tem a ver com ignorância e truculência. Rusticidade é a capacidade de suportar situações desconfortáveis, como o frio, a falta de sono, de comida, de água, o calor, o peso da arma, o desconforto da vestimenta e uma série de outros fatores inerentes à atividade.

Finalmente, alguém rompeu a disciplina de comunicações com a afirmação que tanto esperávamos:

– Equipe de atiradores, equipes de assalto iniciando incursão em cinco minutos.

O sigilo havia sido comprometido. Havíamos esperado muito tempo, corríamos o risco agora de perder o princípio da oportunidade. As crianças não saíam de lá, continuavam na torre, bem no meio da contenção, os bandidos cheios de fuzis e os moleques bem no meio deles, anulando completamente qualquer possibilidade de tiro, pelo menos daquela distância e sob aquelas circunstâncias. O Sierra 2 ficou revoltado:

– Olha lá, aquela deve ser a mãe dos moleques, falou com os meninos e deixou eles continuarem lá com os vermes, no meio dos fuzis! Mas que vagabunda!

A adrenalina começou a fazer seu efeito na fisiologia dos nossos corpos, devemos ter exalado algum tipo de cheiro excitante aos caçadores, pois o cachorro da casa cismou com meu braço direito que estava encostado no portão, levei um susto, pela fresta entre o portão e o concreto ele lascou uma dentada que, por sorte, pegou somente no pano de minha gandola.

Eita! – eu disse – de onde surgiu essa merda?

O cão teve a manhã toda e parte da tarde pra fazer aquilo, teve que escolher justamente aquela hora? O Sierra 2 riu muito, mas logo depois me xingou de novo, quando o espremi para o lado, deixando-o em posição mais angulada ainda. Nessa hora é impossível parar de pensar nos companheiros que estão chegando no "*front*". Lembrei-me de que um deles, casado há pouco, havia me pedido antes de sairmos da base:

– 08, se algo der errado, dá um jeito de a minha esposa receber a pensão, ajuda no que você puder, fica de testemunha, sei lá, acabei de casar, né cara.

Ele era muito jovem e me senti responsável, não só por ele, mas por todos. A partir daquele momento não poderíamos nos escusar de nada, não haveria perdão para um erro, pelo menos não para mim.

De repente tudo ficou mais claro, era como se o mundo tivesse dado uma pequena parada. Nada existia além dos atores inseridos naquele magnífico teatro de operações. Nesse momento a ansiedade desapareceu, dando lugar a uma excitação relaxante e que evolui para uma calma quase espiritual. O atirador chegou ao estágio ideal: nem vontade de matar, nem aversão a tirar a vida que ameaça outras vidas. Somente resta o profissionalismo. Quando isso ocorre significa que estamos dentro da ação, que ela já começou. Essa é a nossa hora, a hora do Comando, progredimos sob sigilo e surpreendemos o oponente trazendo para nós toda a vantagem da surpresa com rapidez e precisão. Os garotos continuavam lá. A dona da casa perguntou:

– Quem está aí?

Respondi calma e seguramente:

– É a polícia, senhora, entra na sua casa e, por favor, prenda o cão.

Ela não respondeu e o cão silenciou. As crianças como que por uma força maior saíram correndo atrás de uma pipa que surgiu não sei de onde. Instantes depois ouvimos pelo rádio:

– Atenção, todas as equipes: invadir!

– Bravo-uno positivo.

– Bravo-dois positivo.

Na sequência, iniciamos os disparos contra a contenção, homens correndo, armas na mão, fizemos o que tínhamos que fazer. Alguns instantes e começamos a ver nossos homens, os homens de preto, dominando a favela. Pouco a pouco eles foram surgindo pelos becos, como uma locomotiva poderosa e disciplinada. O tráfico percebeu rapidamente que a batalha estava perdida, como bestas atordoadas correndo para onde dava, disparando desesperadamente contra eles, que ao contrário, respondiam ao fogo de maneira precisa e segura. Era a visão perfeita. A imagem do bem triunfando nunca mais sairá da cabeça. Vencemos. Nenhuma baixa, nenhum policial ferido.

As equipes de solo prosseguiram em sua missão, nós também continuamos a observar, informar e proteger nossos parceiros. Chegaram ao objetivo, um barraco onde estaria escondido o traficante procurado pela Justiça. O traficante se entregou, sem resistência, e permaneceu vivo. Cumprida a missão veio pelo rádio a ordem de regressar:

– Atenção todas as equipes, iniciar retração.

Equipe do COT preparando-se para deixar a favela.

Organizadamente, uma a uma as patrulhas se dirigiram à base do morro, progredindo ponto a ponto, na conduta. Uma protegendo a retaguarda da outra, dando proteção ao deslocamento que os levaria a salvo de volta para suas famílias. Minha coluna estava dormente, a dor era lacerante, mas sabia que os últimos minutos da operação eram convites ao relaxamento, e era onde estava o perigo. Forçamos então nossos corpos ao limite e redobramos a atenção.

– Só mais um pouco... vai lá 08, você já passou por coisa pior, concentre-se! – eu dizia a mim mesmo.

Mais uns vinte minutos e ouvimos o comando:

– Equipe Sierra retrair, todas as equipes se encontram no Ponto de Reunião.

Lentamente, fomos levantando, mas a dor era ainda maior agora. Horas na mesma posição incômoda fazem seu corpo deformar de uma maneira que ao tentar retornar para a posição natural ele se contrai.

– Chamem o paramédico pra me levantar daqui, – disse o Sierra 3.

Todos rimos.

– Tem que ser muito filho da mãe pra ficar numa merda dessa o dia todo, estou todo quebrado! – disparou o Sierra 2.

Juntamos nosso equipamento, procedemos nosso "cheque de abandono[88]" para nos certificarmos de que nada seria esquecido ali. Descemos também na conduta, rapidamente e com atenção redobrada, afinal de contas o "cessar fogo" havia acabado.

Voltamos ao Ponto de Reunião onde encontramos o restante da equipe e dali partimos para a base. Agora era só aguardar a reunião de crítica, ou *debriefing*, limpar o equipamento, tomar um banho e dormir. À noite saímos todos para jantar.

---

[88] Expressão usada por militares e policiais para indicar a inspeção final no local onde esteve ou passou, para evitar deixar vestígios ou o esquecimento de algum material.

19. Missão Hotel

QUINTA-FEIRA, dia 14, dezessete horas. Força Aérea Um decola em segurança. O Presidente dos Estados Unidos da América e sua comitiva seguem viagem depois de alguns dias no Brasil, em uma série de encontros com autoridades e empresários. O COT foi responsável por fazer a segurança no que diz respeito às atribuições de grupo tático. O grupo de assalto acompanhou o Presidente e os atiradores de precisão fizeram a segurança do perímetro na função de contra-atiradores, tudo em conjunto com o Serviço Secreto americano. Isso é especialmente comum no caso do Presidente dos Estados Unidos, sempre acompanhado por uma grande equipe de agentes devidamente treinados para fazer a sua segurança. Foi uma semana desgastante e estávamos sobrecarregados. Nos dias que antecederam a segurança de autoridade estrangeira, participamos de uma missão de combate a assalto a banco no Norte do país – com duração de uma semana, acumulando mais de quinze dias de trabalho ininterrupto[89].

O comboio composto por oito viaturas do grupo tático que fora responsável pela segurança do Presidente dos Estados Unidos, adentrou os portões da sede do COT, no Setor Policial Sul, em Brasília. Acreditando no repouso merecido, assim que desembarcamos, veio a ordem para comparecer imediatamente a uma reunião de emergência no auditório. Lá, aguardavam o Chefe de

---

[89] Quem não conhece a Lei nº 8.112/98 que rege a Administração Pública Federal pode pensar que apesar de tanto trabalho, haverá ao menos uma compensação financeira devido à grande quantidade de horas extras trabalhadas. Vale esclarecer que os Policiais Federais, bem como outros servidores públicos federais, não têm direito a hora extra. Toda hora trabalhada além da carga regulamentada de 40 horas semanais deveria ser compensada com folgas. Infelizmente, isso poucas vezes acontece. Se a administração pública federal levasse a Lei à risca, como deveria, os policiais federais teriam muitas folgas a gozar. O trabalho, em compensação, ficaria muito prejudicado, uma vez que o efetivo nas unidades é muito baixo. Por isso, todos doam para o governo e para a sociedade muitas horas do seu tempo de lazer, desempenhando seu trabalho em alguma parte do país.

Operações e quatro cotianos que haviam retornado de uma missão no sul do país. Pelo jeito, não teríamos folga. Uma nova missão nos esperava.

Seis colegas foram dispensados; alguns devido a problemas pessoais e outros em virtude do planejamento de outra operação.

O restante e os quatro que retornavam da missão no Sul, iniciaram a reunião. As informações vinham da Delegacia de Crimes Contra o Patrimônio (DELEPAT) e apontavam para uma quadrilha de assaltantes composta por criminosos da região Sudeste e da região Nordeste que planejavam realizar um assalto a banco em uma pequena cidade no interior do Nordeste. A ação aconteceria em breve e, por isso, o COT precisava se deslocar rapidamente para compor com a equipe de policiais federais que estava no local, fazendo o trabalho de inteligência.

À frente do trabalho de inteligência estavam dois policiais federais de Brasília, sendo que um deles foi meu colega no Curso de Operações e pertenceu aos quadros do COT. Diante da sua conhecida competência, o trabalho tinha tudo para dar certo. Após a realização dos levantamentos preliminares, o local onde o bando se reuniria foi identificado e monitorado por uma equipe de vigilância. Os criminosos esperavam apenas a chegada de um dos chefes da quadrilha, vindo da região Sudeste, que transportaria no interior do seu carro parte do armamento pesado a ser utilizado.

Dois aviões do DPF estavam prontos para nos transportar até uma cidade próxima ao ponto de encontro dos criminosos. Alguns carros seriam alugados para nossos deslocamentos, pois não havia Delegacia de Polícia Federal na região, muito menos viaturas.

A reunião foi rápida e não teríamos tempo para passar em casa. Precisávamos separar o equipamento necessário, comer alguma coisa e iniciar o trajeto até o aeroporto. O Chefe de Operações entregou três aparelhos celulares operacionais para a equipe e algum dinheiro de suprimento de fundos, para eventuais despesas. Avisou que o avião partiria às vinte horas e fez as últimas considerações:

CHARLIE OSCAR **225**

– Eu sei que vocês estão cansados, vindo de outras missões. Mas não temos opção. Se não fizermos, ninguém mais fará este serviço. Vão lá e mandem ver. Confio em vocês. Boa viagem e boa sorte.

Diz o ditado que "a sorte acompanha os audazes". Na verdade, treinamos muito para não precisar dela. Existem momentos, contudo, que ela se faz presente e agradecemos.

Na correria, enquanto um colega pedia a comida por telefone, os outros foram separar o equipamento necessário. Além do material individual que cada integrante levava, foi separado o equipamento de uso comum, principalmente o utilizado para aberturas, como kits arrombamento (pé-de-cabra, marreta, alicate de corte, aríete), explosivos e materiais afins (cordel detonante, tubos de choque, acionadores, molduras, fitas adesivas).

Materiais dentro das viaturas, saímos em comboio rumo ao hangar da Polícia Federal no Aeroporto Internacional Presidente Juscelino Kubitschek, em Brasília. Carregamos os dois aviões com todo o equipamento e não demorou a estarmos em pleno ar, direção Nordeste. Nossa alimentação aconteceu dentro do avião mesmo.

Pouco mais de quatro horas de voo nos aviões turbo-hélices, chegamos à cidade vizinha ao local da ação. Aeroporto pequeno, uma pista de pouso apenas. Os policiais da equipe precursora alugaram alguns veículos. Sem perder tempo, nos deslocamos para um hotel da região. No total, éramos cerca de 30 policiais federais. Chegamos ao hotel perto da uma hora da madrugada de sexta-feira. Marcamos uma reunião para sete horas da manhã. Cada um dormiu do jeito que chegou e, cinco horas depois, veio a alvorada. Café da manhã reforçado e às sete horas, todos reunidos. Ficou definido que os chefes da equipe iriam por terra conhecer o esconderijo da quadrilha: uma casa ocupando um terreno de meio quarteirão na periferia do município. A equipe de atiradores de precisão, composta pelos autores desse livro, fez um sobrevoo em um monomotor alugado, objetivando fotografar o local e suas imediações. Uma aventura! O piloto era um instrutor de voo muito novo, bem empolgado com o trabalho da Polícia Federal, mesmo sem saber o que realmente estávamos fazendo ali.

— Tem certeza que consegue fazer com que esse avião voe? — Brinquei.

— Fica tranquilo. Se eu não conseguir mantê-lo no ar e cairmos, você pode me prender, — gracejou.

Preparou o equipamento para a decolagem. Em virtude da inexistência de torre de controle de tráfego aéreo no pequeno aeródromo, o piloto passou a avisar, via rádio, a quaisquer aeronaves da região que levantaria voo.

Decolou leve como uma pena e fez uma série de manobras que me reportaram aos tempos do curso de paraquedismo. Por alguns segundos até esqueci o que tinha a fazer e curti em silêncio a sensação e o saudosismo. De volta à realidade, conseguimos boas fotos do teatro de operações. Como não poderíamos correr o risco de alertar os criminosos, elas foram feitas em altitude elevada. Para esclarecer, utilizamos câmeras digitais comuns, uma vez que não dispúnhamos de equipamentos profissionais para aerolevantamentos.

Foto aérea obtida no sobrevoo.

Avião pousado e de volta ao nosso QG[90]. A equipe que fez o deslocamento por terra para conhecer o local não havia retornado, por isso aproveitamos para baixar as fotos no computador portátil e realizar um tratamento básico nas imagens para que ficassem mais nítidas.

Uma hora depois retornaram e então pudemos nos reunir para discutir o plano operacional. Os chefes de equipe constataram vários fatores condicionantes para estratégia de tomada das edificações: o terreno era muito grande; fazia divisa com uma oficina de tratores; era todo cercado por muros com mais de dois metros e meio de altura; havia duas câmeras de vigilância externas; os portões de acesso eram de ferro, reforçados, fechados e sem visão para o interior. Para complicar ainda mais, não existiam, nas imediações, pontos mais altos do que o muro para o posicionamento de atiradores de precisão. Perdemos essa vantagem tática.

Com a análise mais apurada das imagens, percebemos que, na verdade, existia mais de uma casa no terreno. Além da principal, haviam outras duas menores. Constatamos ainda a presença de vários carros dentro do terreno.

Baseado nessas informações, foi definida a ordem de marcha das equipes, foram realizados os cálculos para utilização de explosivos no portão principal e a equipe que seria responsável por tirar de operação as câmeras de vigilância. Os atiradores de precisão comporiam a equipe de intervenção, uma vez que não existia local adequado para posicioná-los. As equipes seriam dispostas para fazer entradas simultâneas em todas as edificações, reagrupando-se na casa maior, caso não houvesse resistência. Ficou definido ainda que alguns policiais federais da equipe precursora participariam da entrada junto com a equipe do COT e outros ficariam responsáveis por garantir o perímetro.

Com essas determinações, restava elaborar o plano operacional, fazer uma reunião, passá-lo para o restante da equipe e

---

[90] Abreviatura de Quartel General.

executá-lo. Dependíamos da chegada do chefe da quadrilha que prosseguia em seu deslocamento para o esconderijo, com previsão de chegada para um ou dois dias.

O planejamento operacional foi concluído, incluindo fotos aéreas e todos os dados coletados até aquele momento. Depois do jantar, o plano foi apresentado para todos os policiais e as dúvidas foram sanadas. Não é aceitável que um grupo tático vá para uma missão com dúvidas. Cada integrante precisa saber exatamente o que vai fazer, e havendo necessidade, se adaptará às novas situações que se apresentem.

Durante a reunião, o telefone do coordenador da operação tocou. Os policiais que faziam o acompanhamento do líder da quadrilha informavam que ele chegaria ao local perto da meia noite. Com base nesses últimos informes, acertamos que, confirmada sua chegada pela equipe de vigilância, prenderíamos a quadrilha no amanhecer de sábado, antecipando-se as suas ações, que ocorreriam na segunda-feira.

Pouco antes da meia noite a equipe de vigilância fez novo contato:

– O coelho já está na toca.

– Certo. Fiquem de olho que amanhã cedo entraremos. Qualquer novidade me avise, – respondeu o coordenador.

A chegada do chefe da quadrilha tinha sido confirmada. Todos foram avisados. Cada um cuidou de preparar os equipamentos sob sua responsabilidade. O responsável pelos explosivos refez todos os cálculos para adequação da carga necessária para abertura do portão de ferro. Os atiradores de precisão emprestaram fuzis Colt M16 A2 dos integrantes do grupo assalto, pois haviam levado fuzil de precisão HK MSG 90, com dimensões exageradas para serem utilizados em um assalto tático. Com exceção dos atiradores, o armamento utilizado na missão seria a submetralhadora HK MP5 SD.

Quatro horas da manhã. Tomar banho, fechar a conta e tomar um suco com biscoito. Naquela hora não havia café da manhã disponível no hotel. O equipamento foi colocado nos automóveis.

CHARLIE OSCAR **229**

Pontualmente, às cinco horas, o comboio saiu rumo ao teatro de operações. No caminho fizemos teste de rádio, para garantir que a comunicação estaria disponível a todos.

Quarenta e cinco minutos depois, o comboio parou nas imediações do objetivo. Os policiais rapidamente tomaram posição. O explosivista instalou a carga no portão. O grupo de assalto se posicionou abrigado pelo muro lateral, nosso Ponto Final de Assalto (PFA). O perímetro foi protegido.

– Abre a boca, novinho! – alertou um integrante mais experiente, para que fosse diminuída a pressão junto ao tímpano durante a explosão.

Todos com a boca aberta aguardando a explosão. Nesses momentos de tensão que antecedem a "tempestade", sempre lembro da história da Batalha das Termópilas (livro *Portões de Fogo*, de Steven Pressfield), onde 300 espartanos comandados pelo Rei Leônidas enfrentaram um milhão de guerreiros persas, comandados por Xerxes. Lembro de todo o sacrifício, do treinamento, da disciplina, da coragem, da garra e da perseverança dos espartanos, lutando para defender seu povo do domínio persa. Por alguns segundos me senti ainda mais forte e concentrado para o combate que estava por vir. Acionamento realizado, a detonação. Um imenso estrondo. O explosivo causou um enorme rasgo no portão, por onde o time tático entrou e começou a tomada das edificações. Os gritos de "Polícia Federal" e "deita no chão" soaram por todos os lados. É importante essa identificação, para que ninguém venha alegar que não sabia que era a polícia entrando.

O primeiro assaltante foi localizado próximo ao portão, dentro de um dos carros. Outro estava dormindo na varanda de uma das casas. Foram imediatamente rendidos, sem a menor chance de reação. O "rolo compressor" prosseguiu. As duas edificações menores foram "limpas" rapidamente. Pessoas foram encontradas na primeira residência e imediatamente rendidas. Parte do time seguiu "varrendo" a casa maior. O restante do grupo reagrupou-se e participou da tomada dessa edificação. Em menos de 20 segundos, ouviu-se o último "limpo". No quarto em que entrei, havia uma mulher encolhida em um dos cantos e uma pistola jogada no chão. Achei estranha aquela situação e ao levantar o colchão encontrei o assaltante, quietinho, se fingindo de morto. Estava desarmado e não reagiu. Permaneceu vivo.

Todas as equipes reuniram os seus custodiados na sala principal da casa maior, algemados para trás e deitados no chão. Com o ambiente dominado, procedemos a uma varredura minuciosa em busca de outros suspeitos, armas e drogas. Durou cerca de quarenta minutos. Encontramos duas pistolas calibre 9mm com carregadores extras. Prendemos oito pessoas, sendo seis homens e duas mulheres. Supúnhamos existirem mais armas e seria questão de tempo encontrá-las.

Na vistoria do terreno, uma cena inusitada nos chamou atenção. No canto oposto à explosão foram encontrados dois cães, um da raça *pitbull* e outro sem raça definida, encolhidos e assustados, um sobre o outro, aparentemente em perfeitas condições. Chegaram até brincar com os policiais depois de tudo controlado. Uma coisa que percebi durante esses anos de atividades policiais é que os cães sentem quando podem ou não desafiar um ser humano. Ao verem um grupo agindo, com tanto barulho e determinação, acabam buscando um refúgio.

Os policiais que garantiam o perímetro começaram a ter trabalho, pois os primeiros vizinhos curiosos chegaram ao local. Posteriormente a imprensa se fez presente.

Iniciamos a vistoria nos carros estacionados dentro do terreno. Os policiais responsáveis pela investigação realizaram inspeção minuciosa no último veículo que chegou ao esconderijo, conduzido pelo chefe da quadrilha.

Nesse veículo, localizaram um fundo falso, preparado para o transporte do armamento. Ali, devidamente embrulhados em sacos de lixo, estavam um fuzil calibre 7,62mm, três fuzis calibre 5,56mm, três submetralhadoras calibre 9mm, uma pistola calibre 9mm, dois coletes balísticos e vinte e seis carregadores sobressalentes de diversos calibres, todos municiados. Ainda apreenderam diversos aparelhos celulares e um rádio comunicador, aparentemente, operando na frequência de uso restrito da Polícia.

Obtivemos informações de que outro membro da quadrilha chegaria perto da hora do almoço para participar das ações. Duas equipes foram deslocadas para interceptá-lo. Perto das treze horas, obtiveram sucesso e prenderam o último integrante do bando, que foi conduzido para o local da operação, onde era aguardado por nossa equipe, ansiosa por essa boa notícia.

Curiosamente, um dos criminosos havia sido preso pelo COT acerca de cinco meses em outro assalto a banco. Infelizmente, saiu pela porta da frente da penitenciária onde estava custodiado, após corromper um agente prisional, segundo sua própria informação. Situações como essa, não só denigrem o sistema prisional e prejudicam o trabalho policial, como fortalecem a sensação de impunidade do criminoso. Essa sensação de impunidade é o maior inimigo do combate à criminalidade. É muito triste desenvolver um trabalho policial durante anos para tirar criminosos das ruas e, logo em seguida, vê-los saindo pela porta da frente de penitenciárias e presídios ou, ainda, ser libertado devido à aplicação de leis inadequadas que tendem a beneficiar muito mais o réu do que a sociedade. Pense na revolta do policial ao flagrar o assaltante, preso poucos meses antes, planejando outro crime e ainda escutar: "daqui a uns dias estou fora novamente...". Neste momento é preciso ter um bom controle emocional, pois a vontade é de fazer "justiça" com as próprias mãos. Como a nós não cabe esse papel, o "velho conhecido" acabou preso e entregue à penitenciária para aguardar mais um julgamento.

Do lado de fora, o número de curiosos aumentava, bem como o número de repórteres. Logo estaria terminado, pois havíamos iniciado o planejamento para a retirada dos criminosos do local.

As polícias estaduais chegaram para verificar a situação e seus comandantes regionais entraram para verificar se conheciam alguns daqueles criminosos que poderiam estar envolvidos em outros crimes na região.

Foram disponibilizados mais dois aviões do DPF para transportar os presos para a capital do Estado, onde seriam ouvidos.

Procedimentos terminados, todo o armamento recolhido e os criminosos prontos para o transporte. Montamos um comboio formado pelos carros alugados que funcionavam como viaturas e por alguns carros que foram apreendidos no local, tudo sob a proteção de um forte esquema de segurança. A multidão, concentrada nas imediações, aplaudiu intensamente o êxito da operação. A quadrilha foi levada ao aeroporto de onde partiriam rumo à capital. Os aviões já estavam a nossa espera. Embarcamos os criminosos e o avião decolou.

Durante a viagem, algo inusitado. Um dos líderes da quadrilha pediu permissão para falar. Autorizei.

– Dá gosto de ver a Federal trabalhar. Escutei um barulho no muro, achei que um caminhão tinha batido. Quando dei por conta já havia várias metralhadoras e lanternas na minha cara. Isso que é trabalho bem feito, – elogiou o criminoso.

Tive uma vontade imensa de rir. Escutar isso do preso eu não esperava. Mantive minha cara fechada e disse que esse era o nosso padrão de trabalho. Encerrei o assunto.

Armamento que estava escondido no fundo falso.

Pousamos na capital às vinte e duas horas. O pessoal da Superintendência estava aguardando com as viaturas para transporte dos presos e toda a estrutura para formalizar os procedimentos.

Fizemos a escolta do comboio até a SR e às vinte e três horas estávamos liberados. O percurso até a penitenciária seria por conta da Superintendência. Os mesmos aviões que nos trouxeram com os presos, nos levariam de volta a Brasília. Combinamos a partida às dez horas da manhã seguinte para que todos, inclusive os pilotos, também Policiais Federais, pudessem descansar um pouco.

Armamento junto com outros equipamentos apreendidos.

A fome e o cansaço pairavam sobre o grupo. Hospedamo-nos em um hotel, trocamos de roupa e descemos para comemorar. E não é só no Congresso que tudo acaba em pizza! Aquele dia também acabou em pizza para o COT, porém, como recompensa pela missão cumprida. Mais uma quadrilha desarticulada e todos nós estávamos bem, inteiros, felizes. Fizemos nosso trabalho, da melhor forma possível. E como guerreiros depois de um combate, retornaríamos para o nosso lar.

Algumas pizzas depois, o justo repouso. Acordamos às oito horas, café da manhã e aeroporto. Chegamos a Brasília pouco antes das quinze horas do domingo. Após três missões consecutivas, enfim, retornamos ao COT.

20. Missão Índia

SÁBADO, dia 16, nove horas da manhã. O telefone toca. Estava dormindo, sonhando com alguma coisa boa. Final de semana em casa para descansar. Era o plantonista do COT avisando que viajaríamos no final da tarde daquele sábado. Preparar mala para cinco dias e comparecer às dezesseis horas no auditório. Lá se foi meu final de semana. Perguntei ao plantão:

– Sabe para onde é a missão?

– Sudeste, – respondeu.

– Sabe de mais alguma coisa?

– Não. Roupa para cinco dias e reunião às quatro da tarde.

Na verdade, nem sei por que pergunto. As respostas são monossilábicas. O jeito era acordar, comer e arrumar a mala. Estávamos no outono, então corria o risco de pegar um tempo com um pouco de frio. Para garantir, pelo menos um casaco.

Aproveitei para assistir ao filme que havia alugado. Terminada a sessão-cinema, coloquei a mala no carro, devolvi o DVD e fui ao shopping almoçar. Desmarquei um compromisso para a noite e fui direto ao COT.

Cheguei um pouco mais cedo para arrumar meu material individual, como saco de dormir, mosquiteiro, carregadores, munições...

Dezesseis horas no auditório. Oito cotianos convocados, todos curiosos para saber o que seria desta vez. O Chefe de Operações estava em sua sala, em um longo telefonema. Quinze minutos de atraso, começa a reunião.

Iríamos dar apoio ao pessoal da DRE (Delegacia de Repressão a Entorpecentes) de uma Superintendência da Polícia Federal da Região Sudeste. Eles vinham investigando uma quadrilha que realizava tráfico de drogas em uma cidade litorânea do Estado e conseguiram localizar uma casa que supostamente funcionaria como laboratório de refino de cocaína. Nessa residência faziam o "milagre da multiplicação", onde um quilograma de cocaína pura virava oito quilogramas ou mais de cocaína misturada, de baixa qualidade. Para isso adicionavam uma série de produtos à mistura, como talco industrial, xilocaína[91], pó de mármore, entre outros. Na quadrilha, um químico fazia o "batismo"[92] da droga. Nos próximos dias, os donos do laboratório receberiam um carregamento de cocaína pura e, com o auxílio do químico, produziriam uma nova remessa da droga. Era a oportunidade ideal para prender em flagrante a cúpula desse grupo responsável pela distribuição de boa parte da cocaína comercializada naquela região.

Como não existiam muitas informações sobre quem fazia e como funcionava o esquema de proteção dos traficantes e do local, o COT daria apoio aos Policiais Federais da DRE para o estouro desse laboratório.

Viagem prevista para cinco dias, de avião comercial, com partida programada para as vinte horas e trinta minutos do mesmo dia. A equipe de atiradores de precisão não seria empregada. Todos atuariam na equipe de intervenção. O equipamento que levaríamos seria praticamente o padrão para missões urbanas. O uniforme preto e os coletes táticos provavelmente não seriam utilizados, pois a ação seria em região de praia e seríamos facilmente detectados por informantes do bando. Utilizaríamos como arma principal o fuzil, uma vez que as imediações do local não eram das mais tranquilas.

Recebemos dois celulares operacionais, o código localizador das passagens aéreas e os telefones de contato do responsável pela investigação. Carregamos o material e o comboio partiu para o Aeroporto Internacional de Brasília. Chegamos pouco depois das dezenove horas e fomos direto para o *check in*, enfrentar o problema de excesso de bagagem. Tudo resolvido, o avião decolou antes

---

[91] Substância cristalina utilizada como anestésico local, lidocaína.

[92] Ato de misturar a cocaína concentrada com diversas substâncias, visando aumentar seu rendimento.

das vinte e uma horas. Perto das vinte e três horas pousamos no aeroporto da capital do Estado. Havia uma equipe nos aguardando com viaturas. Seguimos para o alojamento da Superintendência onde descansamos até o dia seguinte. Seria feita uma pequena reunião com todos os envolvidos na operação às dez horas do domingo. Hora de descansar. Não sabíamos o que nos aguardava no dia seguinte.

Domingo, dez horas, dia nublado. Reunião iniciada. As informações básicas eram as mesmas que recebemos em Brasília antes da partida. As novidades se resumiam aos Mandados de Busca e Apreensão para dois locais onde supostamente funcionaria o laboratório, e à data prevista para um encontro prévio dos comparsas, na terça-feira. Em princípio, seguiríamos para o local com viaturas descaracterizadas ainda no domingo e faríamos um reconhecimento na região.

Foi o que fizemos. À tarde nos dirigimos ao litoral norte do Estado. Doze policiais no total, divididos em quatro viaturas. Rodamos pela região por mais de duas horas, separados. Conhecemos os prováveis locais de funcionamento do laboratório, estradas de acesso, rotas de fuga, pontos de referência da região, hospitais, delegacia, hotéis e demais lugares que fossem relevantes para nossa operação. Hospedamo-nos em duas pousadas diferentes, porém próximas, para não chamar atenção.

Perto da meia noite, o pessoal da inteligência fez contato avisando que o encontro do bando poderia antecipar-se para segunda-feira. Todas as equipes foram avisadas para permanecer em prontidão.

Na manhã seguinte, por volta das dez horas, recebemos informes da inteligência de que um dos chefes da quadrilha encontraria o transportador da cocaína pura num posto de combustível, na entrada do município. A droga não estaria lá. Seria um contato para combinar a entrega. Três equipes foram deslocadas para as proximidades do posto e acompanharam o encontro, filmando tudo. Recebemos a descrição dos veículos dos criminosos: o chefe deles utilizaria uma caminhonete e o seu contato uma moto. Não seria difícil identificá-los. Deixamos um policial dentro da lanchonete do posto para ficar o mais próximo possível dos criminosos, com o objetivo de escutar alguma coisa ou obter algumas fotos. Com os alvos identificados, conseguiu fotografá-los, mas não conseguiu ouvir muita coisa. Uma frase, entretanto, pareceu importante e tinha ficado clara: "Quero o material ainda hoje, pois preciso prepará-lo até amanhã". Deduzimos que o material citado na conversa seria a droga e, se estivéssemos certos, a entrega seria naquele mesmo dia.

Terminado o encontro, duas equipes passaram a seguir o chefe enquanto a terceira ficou responsável por buscar o policial que aguardava no posto. Seria perda de tempo tentar seguir o contato, pois estava em uma moto.

As outras equipes se revezaram no acompanhamento do veículo do chefe da quadrilha. Em cidades de pequeno e médio porte é muito difícil fazer esse acompanhamento de alvos utilizando veículos. A chance de ser detectado é grande, ainda mais por alguém que conheça bem a região.

O veículo-alvo se dirigiu para uma área da cidade que não coincidia com os dois endereços dos Mandados, indicando que poderia existir um terceiro lugar desconhecido dos policiais que realizaram a investigação. As equipes fizeram o possível para acompanhar o alvo, mas em algum momento o perderam de vista. Todo cuidado era pouco para não ser "queimado"[93]. Sabíamos, entretanto, que ele não estaria longe da nossa localização.

Reunimos todas as equipes e rapidamente dividimos a região em pequenas áreas e organizamos buscas nesses locais. Nos pontos mais sensíveis circulamos a pé, para não chamar a atenção. Em menos de meia hora, havíamos localizado a casa onde o veículo estava guardado.

O bairro era composto por casas de veraneio. Um dos membros da equipe passou caminhando e constatou, através da placa, que realmente era o automóvel do alvo. A casa era protegida por

---

[93] Termo utilizado para designar que o policial foi descoberto, percebido pelo seu alvo.

muros altos e portões. Fazia divisa com apenas uma residência, em uma de suas laterais. Por um lado, isso era favorável porque poderíamos cercar a casa com facilidade, reduzindo as possibilidades de fuga dos criminosos. Por outro, a nossa aproximação poderia ser facilmente detectada e não dispúnhamos de pontos de cobertura e abrigo do lado de fora.

Definitivamente havíamos descoberto mais um possível ponto para o laboratório. O pessoal da Inteligência tentaria o quanto antes conseguir um Mandado de Busca para essa residência.

Enquanto aguardávamos o Mandado, deixamos duas equipes fazendo a vigilância discreta do local, usando binóculos.

Após algum tempo, próximo das doze horas, as equipes de vigilância avistaram um veículo branco estacionar em frente à residência. Dois homens desembarcaram e entraram na casa. Poderiam ser dois convidados para o almoço ou dois comparsas.

Pouco tempo depois, outro veículo estaciona e dele desembarca um homem portando um pacote. Esse sujeito era parecido com o motoqueiro monitorado no posto de combustível. Devido à distância em que as equipes de vigilância se encontravam, não era possível afirmar com absoluta certeza se era ou não o referido homem.

Ligamos imediatamente para o pessoal da inteligência para verificar se tinham conseguido o Mandado para a casa. A resposta foi:

– Estamos tentando, mas o Juiz ainda vai analisar. Pode ser que só saia no final da tarde. Vão ter que aguardar.

Aguardar? Só podiam estar brincando! E se o último homem que chegou à casa fosse o cara da moto? E se no pacote estivesse a cocaína? E se ele fosse embora?

É claro que poderíamos entrar sem Mandado de Busca, mas somente em caso de flagrante delito. Se estivessem "batizando" a droga, tudo bem. Se existisse droga no local, também. Mas se não estivessem produzindo nada, ou se ainda a droga não estivesse lá? Se isso ocorresse, nós é que estaríamos enrolados.

Que dilema...

Esperamos mais meia hora. Ligamos, novamente, para saber do Mandado. Sem notícias ainda. O Juiz analisaria. Essa distância entre a polícia e o Poder Judiciário muito atrapalha o combate à criminalidade. É preciso criar algum mecanismo que facilite essas ações, pois nem sempre as coisas podem ser planejadas com antecedência. Esse era um dos casos. A situação evoluiu, e não poderíamos ficar parados, sob pena de perdermos o princípio da oportunidade.

Reunimos o pessoal. O chefe da missão indagou aos demais integrantes:

– A situação é essa: o Juiz ainda não emitiu o Mandado. Temos duas opções: aguardar e ver no que dá ou arriscar a entrar e não ter flagrante. O que vocês acham?

– Eu acho que estão preparando a droga sim. Pra mim o homem que chegou há pouco é o cara da moto e estava com um pacote na mão. Deve ser o pó.

– Se não for, sabe que estamos ferrados?

– Sei. Então vamos fazer o seguinte, vamos nos aproximar da casa e tentar ouvir alguma coisa. Quem sabe não acabamos com a dúvida. O que acham?

– Se ficarmos perto da casa, logo algum vizinho vai ligar pra Polícia Militar e vamos tomar um "atraque". Ou pior ainda, vai que conhece o dono da casa e liga avisando que tem um pessoal rondando. Pode "queimar" o serviço.

– Acho que é o risco que corremos. O Mandado vai demorar. Daqui a pouco o cara sai de lá. Acho que então poderíamos nos aproximar vestidos com coletes da PF e aguardar do lado de fora por alguma coisa que nos dê uma pista. Se alguém estranhar a movimentação, pelo menos vai ver que é Polícia.

– Mas aí correremos o risco de avisarem os traficantes e eles desovarem a droga no vaso sanitário.

– Pois é... Realmente pode acontecer. Mas acho que ainda é

a melhor opção. E aí, o que acham? Todos concordam com nossa aproximação?

Todos concordaram. Ninguém queria deixar que aqueles criminosos fossem embora impunes. Policial está sempre na "corda bamba".

Deixamos as viaturas cerca de duzentos metros do local. Colocamos coletes balísticos identificados com "POLÍCIA FEDERAL". Estávamos de bermuda, tênis e camiseta. Bem estilo praia. Avançamos até cercar a residência. Dois colegas da DRE ficaram cuidando dos fundos e laterais. O restante da equipe foi se esconder perto do muro da frente. A torcida era para que nenhum vizinho percebesse a nossa ação. A espera durou dez minutos. O que pudemos ouvir foi o ruído parecido com um liquidificador. Foi acionado por várias vezes. Poderiam estar preparando alguma sobremesa, sei lá. Não é comum, contudo, vários homens juntos em um recinto, ao fundo da residência, fazendo tal tipo de coisa. Outro fato que chamou a atenção é que falavam baixo. Normalmente um grupo de homens tende a falar mais alto, ainda mais reunidos num sábado à tarde. A análise, contudo, era muito subjetiva.

– E aí, o que acham? – Indagou o chefe em voz baixa.

– Estão misturando os ingredientes. Estão batizando a "porra" da droga.

– Também acho – retruquei.

– Está tudo muito estranho. Por mim já tinha entrado!

– Ok. Então avisa ao pessoal que está nos fundos que vamos invadir.

Decisão difícil. Mas não tinha jeito. A experiência nos levava a crer que tínhamos razão.

Checamos os portões. Todos trancados por dentro. Pulamos o muro e entramos. Fomos direto para os fundos, pelos dois lados da casa. Um policial ficou na frente para evitar qualquer tentativa de fuga.

– Polícia Federal! Todo mundo no chão! Deita, deita, deita!

Um dos traficantes que estava na porta da cozinha, nos fundos da casa, tentou fugir e no desespero, pulou o muro. Era criminoso condenado e fugitivo do presídio da região. Acabou rendido do lado de fora. Os outros quatro criminosos não tiveram tempo para nada.

Estavam na cozinha da casa, com um liquidificador industrial, baldes e bacias, diversos produtos químicos e com aproximadamente cinco quilogramas de cocaína pura. Encontramos ainda balança de precisão, estufa e mais alguns petrechos utilizados na fabricação e distribuição da droga. Pegamos, literalmente, o pessoal com a mão na massa. Dois deles com as mãos brancas da manipulação do pó. Fizemos uma busca em toda a casa para ver se havia mais alguém. Nada. Não encontramos mais drogas ou armas de fogo.

Flagrante confirmado. Que alívio! Havíamos prendido o chefe da quadrilha, um fornecedor, dois compradores e o "químico". Certamente, atrapalhamos seus negócios. Produziam cerca de duzentos quilos de cocaína por mês. A capacidade de produção, porém, era mais de uma tonelada. Atividade muito rentável.

Ainda tivemos que escutar a explicação de um dos comparsas:

Quadrilha reunida no momento da prisão.

– E aí, doutor! Eu tava só olhando o pessoal fazer essa receita. Nem sabia que o bagulho era droga. Tô limpo nessa, chefia. Hoje em dia não mexo mais com isso não.

"Pobre" homem. No lugar errado e na hora errada! Totalmente inocente. Só acompanhando a fabricação de um "bolo" com amigos.

Avisamos aos colegas da inteligência que os traficantes e a droga estavam conosco e que haviam sido presos em flagrante. Recebemos os parabéns. Ficaram de avisar ao Juiz que não precisava mais do mandado porque a quadrilha estava presa, em flagrante delito.

Recolhemos todo o material, fotografamos o local, passamos os nomes dos criminosos para a inteligência, mas faltava ainda cumprir os dois mandados nos outros endereços. Para isso, duas equipes foram designadas, enquanto alguns policiais permaneceram fazendo a segurança do material apreendido e dos criminosos no local do flagrante.

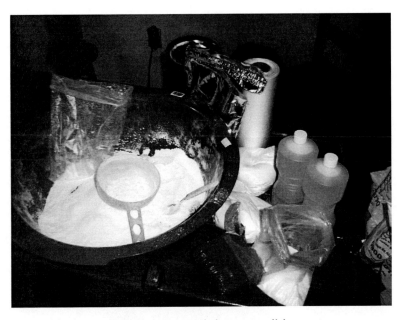

Parte do material apreendido.

Após cumpridos os mandados, nada de relevante foi encontrado. Um dos endereços era do chefe da quadrilha e o outro a residência de um dos comparsas. Estavam limpas. Os criminosos concentravam o laboratório, os equipamentos e os produtos químicos na casa de praia onde foi realizado o flagrante.

Os carros que estavam no laboratório foram apreendidos. Transportamos os veículos e os presos até a Delegacia de Polícia Federal mais próxima, em um município vizinho.

Papelada resolvida; presos ouvidos e entregues; condutor e testemunhas ouvidas. Todos liberados. No início da noite retornamos à capital do Estado.

Na manhã seguinte, em vez de retornarmos a Brasília, fomos enviados para a Região Norte, onde daríamos apoio a outra grande operação da Polícia Federal de combate ao trabalho escravo. Ficamos mais quatro dias, cumprimos essa missão, e retornamos à Capital Federal.

21. Missão Juliete

SEGUNDA, dia 28, quase dezoito horas. O Chefe de Operações do COT me chamou à sua mesa.

– Saiu o mandado de reintegração de posse, prepare-se para formar aproximadamente cem policiais... em três dias. Partiremos sábado, chegamos lá domingo à tarde e as instruções devem iniciar na segunda, logo pela manhã. Quinta, bem cedo, atuaremos.

Iniciamos a separação do material a ser utilizado. Capacete anti-tumulto, tonfa, colete balístico, colete tático, escudo antitumulto de acrílico, perneiras, luvas, cinto tático, armamento calibre 12 com munição menos-letal, granadas de gás lacrimogêneo, espargidor de gás de pimenta, granadas de efeito moral, lançador de munição menos letal AM600, máscaras contra gás e equipamento completo para as instruções, como barracas de campanha, computadores, projetor multimídia e *flip-chart*. Carregamos tudo no ônibus e nas vans durante o decorrer da semana. Sábado pela manhã, partimos em comboio do qual faziam parte o ônibus, duas vans e várias viaturas ostensivas. Mais de mil quilômetros de estradas, algo que já faz parte da rotina no COT.

Chegamos domingo no final da tarde e fomos direto ao hotel, para descarregar a bagagem e fazer a reunião que precede esse tipo de evento. As informações finais nos foram passadas.

Mais ou menos um mês antes, eu e mais um policial tínhamos feito o *"recon"* da área e um levantamento dos dados relevantes para a operação. Sobrevoamos os locais e também coletamos informações por terra. Coordenadas foram tiradas com o auxílio do GPS, fotografamos e filmamos tudo o que pudemos. Passamos três dias na região para que nada fosse esquecido. O cumprimento de Mandado de Reintegração de Posse seria em uma área rural da região Sudeste.

A missão, como havia adiantado o coordenador, consistia em duas etapas. A primeira era treinar os policiais que integrariam os grupamentos; a segunda era desocupar e proceder à reintegração na posse a proprietária dos dois terrenos tomados como aldeias, por "supostos" índios. Os terrenos ficavam a aproximadamente trinta quilômetros de distância entre si. Chamaremos as ocupações de Alfa e Bravo. Na ocupação Alfa, havia aproximadamente nove índios, sendo a maioria mulheres e crianças. Contudo localizava-se a menos de sete quilômetros de uma aldeia de grande porte e a menos de vinte de outra maior ainda. Ambas totalizavam aproximadamente 750 famílias. Na ocupação Bravo residiam cerca de vinte e cinco índios. Esta ficava a aproximadamente vinte quilômetros de uma outra aldeia e todos os índios das diversas reservas da região estavam mobilizados no processo de invasão.

Como podemos notar, era uma situação sensível dada a proximidade de várias aldeias aos locais de cumprimento do Mandado. Para tal missão foi destinado um contingente de noventa e um policiais. Decidimos, no planejamento, que a abordagem seria realizada simultaneamente, em ambas as ocupações, utilizando-se para cada uma a metade do efetivo disponível. O principal fator que motivou tal decisão foi a necessidade de evitar a mobilização das aldeias próximas, situação que poderia levar a uma tragédia.

Dispúnhamos, para tanto, de dois grupamentos, com quarenta e quatro e quarenta e cinco homens respectivamente, mais dois chefes de operação para cada ocupação, totalizando os noventa e um policiais. O tempo disponível para treinamento dos dois grupamentos era de três dias, o que tornava a missão ainda mais difícil. Das pessoas envolvidas, menos de vinte por cento tinha alguma experiência em CDC (Controle de Distúrbio Civil, também conhecido como operações de Choque). O pessoal do COT totalizava quinze homens, mais o Chefe de Operações.

Segunda-feira, seis horas e meia da manhã, chegamos ao quartel do Exército que seria utilizado como local de treinamento, transformando-se em nossa base operacional na primeira fase da operação. A cooperação entre as Forças Armadas brasileiras e a Polícia Federal é constante. Em muitas operações utilizamos as instalações militares como alojamento e apoio logístico, local para alimentação, treinamentos e reuniões. Isso sem falar na grande quantidade de cursos que Exército, Marinha e Aeronáutica disponibilizam para os policiais federais. A Aeronáutica também oferece transporte através de suas aeronaves, em algumas operações de grande porte.

Na fase do treinamento, a compressão de tempo era nosso maior obstáculo. A heterogeneidade dos componentes do quadro da Polícia Federal, talvez a maior riqueza que o Departamento possui, em se tratando de recursos humanos, nesse tipo de operação, muitas vezes, gera problemas e dificuldades de padronização. Para nossa surpresa, as pessoas que participaram do treinamento mostraram a que vieram e percebemos logo no primeiro dia que o grupo era surpreendentemente motivado. Após uma manhã de teoria, o período da tarde iniciou com o treinamento da tonfa, equipamento de grande utilidade e extrema eficiência como arma de contato direto de ataque e defesa policial. É imprescindível que o grupamento tenha pleno domínio da tonfa antes de progredir no treinamento. Ainda no primeiro dia, ao final da tarde, iniciamos o treinamento em módulos que seriam: Escudeiros, Atiradores, Granadeiros, Extintores e Detenção.

Treinamento de Controle de Distúrbio Civil.

É fundamental, nessas primeiras horas, demonstrar como cada membro do grupamento é igualmente importante. Da equipe de detenção aos escudeiros, cada membro é parte do todo e dele depende a unidade e uniformidade do grupo. Os oitenta e nove policiais eram intensa e lentamente doutrinados a atuar de maneira única, como um bloco conciso, respondendo prontamente ao comando dos chefes dos grupamentos. O mais importante nesse tipo de atividade é motivar os participantes. Os integrantes da Polícia Federal são, via de regra, pessoas muito bem preparadas. Basta consultar as provas teóricas para o ingresso na carreira, que são abrangentes, complexas e concorridas. Não raro encontramos pessoas que, antes de resolverem tornar-se policiais, seguiam uma carreira acadêmica. Mestres, doutores e especialistas nas mais diversas áreas do conhecimento ingressam na Polícia Federal. Para se ter uma ideia, na minha turma do curso de formação na Academia Nacional de Polícia havia um médico, vários advogados, dentistas, engenheiros das mais diversas áreas, um mestre em ciência do solo, psicólogos, biólogos, um teólogo, fisioterapeutas, nutricionistas, veterinários e muitos outros. Isso tudo em um universo de trinta e cinco pessoas. As outras turmas totalizavam mais de trezentas pessoas. Imaginem a Federal como um todo. Agora imaginem pegar pessoas com esses perfis e colocá-las em um grupamento de CDC, no qual terão que responder a comandos militares prontamente, sem questionar, todos uniformizados, carregando mais de vinte quilos de equipamentos desconfortáveis e atuando em um tipo de serviço que não julgam ser responsabilidade da Polícia Federal.

– Isto é serviço da tropa de choque, – dizem – é responsabilidade deles, são bem treinados para isto, muito mais que nós!

Acontece que segundo a Constituição Federal, art. 144, é responsabilidade da Polícia Federal agir quando o interesse da União for lesado e, como sabemos, a causa indígena é responsabilidade da União. Resultado: sobra para a Federal fazer. A equipe de instrução procura então estimular os policiais a todo o custo. Dizem que a motivação é uma porta que só se abre por dentro, ninguém motiva ninguém, contudo, você pode estimular a pessoa, tocá-la para que ela perceba a necessidade de ampliar sua zona de conforto em

CHARLIE OSCAR **249**

busca de algo que será, ao final, uma conquista para ela ou um bem maior para a sociedade. Foi o que fizemos. Estimulamo-os como pudemos. Eles responderam de forma extremamente positiva. A motivação deles nos estimulava e nossos estímulos os motivavam. Estava estabelecido o ciclo virtuoso do aprendizado.

Iniciamos o segundo dia com os módulos de treinamento, nesse momento a atenção deve ser redobrada nos Escudeiros que serão o esqueleto da formação, por sobre os quais virão os tendões e nervos, atiradores menos letais e granadeiros; o tecido e a pele, extintores e equipe de detenção. Treinamos exaustivamente as formações e os comandos fazendo com que o grupo passasse a responder cada vez mais rápida e eficientemente à voz de comando. Quando estavam realizando as manobras a contento, juntamos aos escudeiros de vanguarda os escudeiros de retaguarda e posteriormente o restante da formação. Durante o primeiro período da tarde, o grupamento treinou com sua configuração completa pela primeira vez. Ao final do dia, seria a adaptação ao gás, prática que mais tarde chamaríamos de exposição ao gás, porque se você conhece o gás OC[94] ou o CS[95], sabe que ninguém se adapta àquilo. É muito ruim e toda vez é igual; você nunca se torna resistente. Apenas aprende a controlar os sintomas. Mais uma vez a equipe de instrução se surpreendeu com o quilate daquelas pessoas. Raros os casos de ex-militares ali presentes. Entre eles, pouquíssimos tiveram experiência anterior com o gás. Os dois grupamentos foram colocados dentro de uma mata, onde a dispersão do gás seria menor e foram lançadas duas granadas tríplices, de alta emissão. Os componentes do COT ficaram de frente para o grupamento, observando o comportamento dos integrantes das equipes Alfa e Bravo. A densa nuvem de gás aumentava com o passar do tempo e as pessoas não abandonavam a formação, tossiam, engasgavam, choravam e não abandonavam sua posição. A situação piorou e, finalmente, alguns saíram, mas muitos ainda permaneceram em forma. A situação tornou-se limite, os cotianos entraram na nuvem de gás e coman-

---

[94] Gás pimenta - Oleoresin Capsicum (OC).

[95] Gás lacrimogêneo – Clorobenzilmalononitrilo (CS).

250 CHARLIE OSCAR

daram para as pessoas dispersarem. Nunca se havia presenciado tamanha força de vontade num treinamento a "paisanos", como os militares chamam a quem não faz parte do seu quadro.

No início do terceiro dia, a equipe de instrução estava preocupada, pois tinha muito ainda a treinar, mas, ao mesmo tempo, confiante, pois o comportamento dos policiais, no dia anterior, havia sido surpreendentemente bom. Iniciamos os treinamentos com embarque e desembarque das viaturas. Aqui se ratifica a importância dos detalhes nesse tipo de trabalho. O embarque e, principalmente, o desembarque das viaturas deve ser metodicamente treinado para possibilitar a demonstração de força e tática, método muito importante que deve ser levado a cabo logo nos cinco primeiros minutos da operação. O treinamento baseou-se em duas situações que foram apresentadas pelos instrutores. Poderiam desembarcar com os dois grupamentos, Alfa e Bravo, em um mesmo terreno ou separadamente. Ensaiamos as duas possibilidades. Partimos então para a parte final dessa etapa, o simulado geral.

No simulado geral juntamos novamente os dois grupamentos e treinamos com barracas fazendo às vezes de ocas[96] indígenas, de forma integrada no mesmo terreno. Os grupamentos manobravam e atuavam de forma conjunta na área de ensaio. Esse detalhe seria vital para a situação na qual seriam inseridos algumas horas mais tarde, durante a operação real. Partimos para o *briefing* final, no qual foi exposta para os integrantes toda a situação que cada um enfrentaria na sua posição e nesse ponto não poderia restar dúvida alguma sobre o que cada um faria. Ao final chegamos à conclusão de que o treinamento foi muito proveitoso. Qualquer pessoa que saiba os rudimentos do CDC e sua estrutura básica sabe a dificuldade que encerrava essa primeira fase da missão. Durante a noite, uma reunião expôs a todos a operação, e foram detalhados os últimos pontos que continuavam compartimentados.

Ainda não eram quatro da manhã quando o soldado acendeu a luz do alojamento. Lentamente os integrantes dos grupamentos

---

[96] Espécie de cabana indígena.

CHARLIE OSCAR **251**

Alfa e Bravo se equipavam. Enquanto alguns faziam o desjejum, outros checavam o equipamento pela última vez. Todos se encontraram no pátio onde estavam estacionadas, de maneira organizada, todas as viaturas. Iniciamos o deslocamento. As equipes se dividiram e partiram, cada uma a cumprir sua missão.

Ambas as equipes comunicaram à FUNAI[97] o local indicado na determinação judicial, pedindo que, como tutora dos interesses indígenas, permitisse que seus representantes nos acompanhassem nos trabalhos.

O grupamento Bravo chegou à ocupação alvo de sua atuação. O levantamento foi preciso e lá havia vinte e quatro índios, entre homens, mulheres, crianças e velhos. Rapidamente desembarcamos e, valendo-nos dos princípios do CDC, controlamos a área. Imediatamente, iniciamos a desocupação. O chefe da operação negociou com os índios e concedeu a esses o direito de desmontar tudo o que ali construíram, retirando inclusive telhas de fibrocimento[98], processo este extremamente lento.

O comandante do grupamento alertou:

– Temos que agilizar o processo, nesse tipo de operação o tempo é nosso maior inimigo. Estamos "rifando" nossa vantagem, o grupamento está se cansando e os índios podem estar se mobilizando.

O chefe da operação acatou a sugestão e os procedimentos foram agilizados, porém a velocidade empregada na desocupação ainda era lenta. A polícia negligenciou a segurança em prol da cidadania e bem-estar daqueles "infelizes". O preço seria alto.

Prevendo complicações futuras, o chefe do grupamento Bravo decidiu descansar seu pessoal, lançou sentinelas, nesse caso atiradores letais e não letais e comandou ao restante retirar capacetes e repousar os escudos ao solo. Alguns minutos mais tarde, o chefe da operação na aldeia Alfa entrou em contato por rádio,

---

[97] Sigla de Fundação Nacional do Índio.

[98] Telhas fabricadas da mistura de fibras de amianto (ou material alternativo) com cimento.

informando que a situação estava crítica e pediu reforço. Agilizaram mais ainda os trabalhos na aldeia Bravo e decidiu-se dar um prazo fatal, mais dez minutos e o comboio partiria. Dez minutos e o comboio partiu, o chefe da operação Alfa entrou em contato e sentenciou ao chefe da equipe Bravo:

– Necessitamos de reforço urgente, nossa situação é crítica, divida seu grupamento da melhor maneira possível, mande parte para a devolução dos índios da aldeia Bravo e o restante deve partir para nos auxiliar aqui na Alfa.

Sem perder tempo, o comboio parou e, pela primeira vez, fizemos algo para o qual não tínhamos treinado: dividimos o grupamento. Seguimos, uma parte em direção a aldeia Alfa, a outra para a devolução dos índios da aldeia Bravo. O comboio Bravo tinha menos mobilidade (utilizávamos um ônibus de grande porte) e estava amputado, isto é, parte havia rumado em direção norte para entregar os índios, outra parte rumava ao sul. Após cinquenta minutos cortando as estradas que mais pareciam labirintos dentro de florestas de eucalipto, avistamos a aldeia Alfa.

A representante da FUNAI tinha sido pega como refém dos índios e a situação estava ficando cada vez mais complicada. Tínhamos de resgatá-la.

O comandante da equipe Bravo entrou em contato com o chefe da operação e relatou o que viu:

– Chefe... tem muitos índios caminhando na direção de vocês.

– Muitos quantos?

– Vejo ao menos vinte e cinco guerreiros a pé e mais três carros cheios...

– Vem pra cá que você vai ver o que são muitos índios...

Observando aquelas pessoas, tivemos a certeza da seriedade da situação. Nesse momento o policial encontra acalento nas horas de treino, planejamento e preparação.

Informamos contato visual com as viaturas da Equipe Alfa. Estacionamos nossas viaturas e procedemos ao desembarque como planejado. Pelo rádio o comandante da operação deu as diretrizes:

– Venha com seu grupamento em direção às ocas e posicione-o ao lado do nosso.

O grupamento Bravo se aproximou em linha com marcação pela tonfa, marchando ofensivamente. Havia mais de duzentos índios reunidos em atitude hostil, brandindo seus tacapes, bordunas[99], arcos e flechas. Numa atitude temerária, partiram para cima do grupamento Bravo, deixando que o medo os dominasse e, cheios de cólera e paixão, foram de encontro aos escudos. O comandante colocou o grupamento em Apoio Lateral, a formação ofensiva, comandou "fogo à frente" aos atiradores com armamento menos letal e "lançar granadas" aos granadeiros. Os índios lançaram flechas que passavam por cima dos nossos capacetes ou estalavam contra os escudos do grupamento. Nenhum índio, porém, conseguiu se aproximar. Retraíram e desbordaram os grupamentos que agora avançavam ganhando terreno. Os atiradores se concentraram nos flancos para prevenir ataques laterais. Os índios se reorganizaram e atacaram as viaturas, forçando os grupamentos a se separarem. Um permaneceu na desocupação das ocas e o outro, o Bravo, retornou para proteger as viaturas.

Os policiais olhavam, ao longe, seus símbolos serem atacados e destruídos, enquanto o grupamento se deslocava em colunas "por quatro", com o chefe pela sua esquerda. Um cacique, portando um tacape, colocou-se em frente à coluna de policiais de maneira ofensiva, o comandante se adiantou e partiu para o combate corpo a corpo, pois não havia tempo a perder. Com sua tonfa desferiu um corte lateral e atingiu o tacape que saiu da sua mão, no retorno a tonfa atingiu o joelho do índio e finalizou com uma estocada na altura da costela. O grupamento passou em direção às viaturas. Lançaram as granadas e mais uma vez os atiradores não-letais foram decisivos, a agressão foi rechaçada. Agora era preciso retomar a posição. Após algum tempo, o grupamento utilizou as viaturas para

---

[99] Arma indígena utilizada para ataque, defesa ou caça, feita de madeira.

sua cobertura e reagrupou, formando um círculo de proteção com o grupamento posicionado ao centro e com os atiradores fazendo a proteção dos 360 graus, proporcionando segurança a todos. Os índios se aproveitavam da presença da imprensa e usavam-na como escudo humano, impossibilitando-nos de contra-atacar.

Havia dois índios muito fortes e grandes, que instigavam os outros. Eram gêmeos e mais tarde ficamos sabendo que ambos faziam faculdade e frequentavam academia de musculação na cidade. Nem sempre as coisas são o que parecem.

A equipe Alfa permaneceu na sua posição fazendo a segurança da desocupação, a Bravo protegendo as viaturas e o perímetro externo. Os índios permaneceram fazendo ataques-surpresa e utilizaram a tática de cercar pelo fogo, utilizando a vegetação da área.

Os combates prosseguiram até o meio da tarde, quando finalmente foi encerrado o trabalho de destruição das ocas e desocupação do terreno. Os grupamentos efetuaram o embarque, exatamente como havíamos treinado e retornamos à base, a missão havia sido cumprida. Utilizamos a força necessária e com moderação. Ao chegarmos à base operacional estávamos exaustos. Lembro-me de ter dificuldade para descer as escadas do ônibus. Foram mais de oito horas de confronto. Minhas pernas não respondiam. Saí e logo deitei, utilizando meu capacete como apoio para minhas pernas. Todos estavam na mesma situação. Após uns quinze minutos de descanso chegou uma Deputada Federal. A mulher estava acompanhada de alguns representantes indígenas. Aproveitava para fazer politicagem e tentava intimidar os policiais ali presentes. Falamos que não tínhamos nada a tratar com ela, que fosse reclamar na Justiça ou no Congresso, e que fomos ali para cumprir uma determinação judicial. Estávamos cumprindo as leis que ela, a Deputada, deveria estar elaborando.

Permanecemos ali por mais duas horas. Depois de reorganizarmos o comboio retornamos a Superintendência. Tivemos que limpar e guardar o equipamento. Todos os policiais se reuniram em um auditório da SR para a reunião de crítica. Ali discutimos todos os aspectos positivos e negativos da operação. Voltamos ao quartel.

No dia seguinte, o chefe fez outra reunião. Haviam três vagas no Caravan[100] que estaria retornando para Brasília, ele pediu voluntários. Os demais voltariam no comboio por terra. Fui um dos que se candidataram, sempre que posso prefiro voltar antes para casa. No dia seguinte, estava voltando para Brasília, os outros ficaram mais dois dias, até que o conserto das viaturas danificadas fosse finalizado. Dois dias depois o comboio chegaria a Brasília.

---

[100] Avião da marca Cessna, operado pela Coordenação de Aviação Operacional do DPF.

Apêndice

A sociedade e a violência

Neste apêndice faremos breves comentários sobre sociedade, criminalidade e violência. Traremos ainda dicas sobre segurança preventiva e a melhor maneira de se portar em caso de emergência.

Uma breve análise

A criminalidade e a violência são problemas tão antigos quanto a existência do ser humano. A história nos mostra diversos exemplos ao longo dos séculos. Os motivos sempre foram os mais variados: ganância, luta pelo poder, sobrevivência, amor, ciúmes, território. Com a modernização dos meios de produção, a organização e evolução da sociedade, houve uma concentração de pessoas nas cidades, criando conglomerados urbanos com tamanhos antes inimagináveis. Infelizmente, não foi possível que a infraestrutura das cidades, a geração de empregos e os serviços de cunho social acompanhassem esse crescimento exagerado.

Os resultados são observados por todos através da mídia ou pelas próprias experiências. Assaltos, sequestros, assassinatos, corrupção e outros crimes assolam a humanidade. Muitos governos não conseguiram, através de suas políticas públicas, conter e combater esse avanço da criminalidade.

Os motivos atuais são inúmeros e passam, principalmente, pela educação de baixa qualidade, má distribuição de renda e desigualdade social. A situação ainda é agravada por uma questão que há tempos ronda nossas vidas: a impunidade. Um dos caminhos que reduzem o avanço da criminalidade é a certeza de punição entranhada na sociedade. É preciso que existam leis bem elaboradas a proteger a sociedade e não o criminoso; uma Polícia eficiente que investigue, encontre materialidade e prenda; um Ministério Público atuante que denuncie; um Poder Judiciário ágil em suas decisões; um sistema prisional digno e com capacidade de reter o prisioneiro pelo tempo que a lei determina. É o primeiro passo para o sucesso nesse enfrentamento.

De outro lado, a população, em sua maioria, tende a culpar e cobrar apenas da polícia a diminuição dos índices de criminalidade. É preciso compreender que a sua atuação é voltada ao final da cadeia geradora de criminalidade, mesmo trabalhando em frentes preventivas. O problema, contudo, é bem anterior. Concentrar todas as atenções nos efeitos é incorrer no erro da parcialidade, da visão turva, da inconsistência. Como fato social, o crime é passível de uma abordagem profunda, científica, seja ela do ponto de vista sociológico ou da criminologia. Antes dos efeitos, devemos entender as suas causas. Para tanto, são essenciais investimentos em pesquisas sólidas sobre vitimização, em dados estatísticos coerentes e detalhados (coletados sem o engodo da parcialidade) e na conscientização da opinião pública. A Segurança Pública deve ser gerenciada por especialistas com formação específica para tal.

Podemos fazer uma analogia do flagelo da violência com a medicina. Comparemos a criminalidade com uma doença. Imaginemos que a causa dessa doença é a falta de uma alimentação adequada. Com o tempo, o sujeito doente apresentará diversos sintomas: fraqueza, indisposição, desnutrição, problemas de pele, avitaminoses, etc. Existem duas formas de trabalhar o problema. Uma é a emergencial e imediatista, necessária, que seriam os remédios e nutrientes, atuando somente nos sintomas e sinais da doença. A segunda, a médio e longo prazos, é fundamental para a resolução definitiva da enfermidade, atuando no fator desencadeante. Como exemplo, poderíamos realizar um trabalho de reeducação alimentar e uma capacitação para que a pessoa ou grupo familiar consiga obter os alimentos necessários, seja pela sua produção ou por meio da sua aquisição com recursos obtidos através de seu trabalho. Fazendo agora a analogia, a criminalidade (doença) pode ser combatida de imediato, com um trabalho policial sério (remédio), tanto preventivo como repressivo. No longo prazo, contudo, são necessárias políticas que ataquem a raiz do problema, objetivando que ele não se torne recorrente. Entram aí as políticas sociais, educacionais e de segurança pública, por exemplo. É o que chamamos de abordagem sistemática da questão violência.

Infelizmente, não é possível, em curto prazo, reverter a maioria dos fatores geradores da violência. Faz-se necessário um esforço constante do governo e da sociedade. Ainda assim, poderão levar gerações para que essas ações atinjam um efeito positivo.

Nesse ponto, nos últimos anos, o Ministério da Justiça vem dando alguns passos em direção a uma provável solução. São vários programas sendo desenvolvidos, objetivando a construção de um sistema de segurança pública chamado de Segurança Cidadã. Esse Sistema implementa ações sociais de prevenção visando resgatar a cidadania e trabalhar na antecipação do problema. Podemos citar alguns projetos que buscam essa mudança de paradigma: a qualificação dos agentes públicos envolvidos no setor, padronização das técnicas e equipamentos utilizados, ampliação do policiamento comunitário, modernização e integração de sistema de informações dos participantes do sistema de segurança pública, desenvolvimento de programas de redução da violência.

A Polícia Federal, nessa mesma linha, tem elaborado estratégias para acompanhar a evolução da criminalidade. Em 2007, iniciou a elaboração de um plano de metas para a instituição que abrangem os próximos 15 anos. Esse planejamento estratégico de longo prazo visa nortear os investimentos e traçar objetivos a serem atingidos no decorrer dos anos que virão.

Para o COT manter-se na vanguarda em treinamento, equipamentos e estratégia, são necessários muitos investimentos na formação da sua equipe. Cursos, palestras, intercâmbio com forças policiais de outros países, treinamentos em novas tecnologias voltadas à atividade de operações especiais. Tem desenvolvido doutrina em diversas áreas, inclusive repassando para outras forças policiais (nacionais e estrangeiras) e para a Força Nacional. Vem elaborando técnicas para uso progressivo da força e equipamentos menos letais. O planejamento estratégico para os próximos anos envolve a ampliação do seu quadro de policiais, a ampliação da sede e a aquisição de novos equipamentos.

Segurança preventiva

A prevenção ainda é a melhor alternativa contra a criminalidade. Se você estiver atento e evitar algumas atitudes reduzirá, consideravelmente, as chances de ficar nas mãos de criminosos. Procure observar com atenção as dicas abaixo relacionadas, muitas delas conhecidas e já divulgadas, e adotar alguns hábitos para aumentar sua segurança e de seus familiares.

Elas se baseiam no segundo princípio básico que rege as Operações Especiais: a Simplicidade. São seis no total: Segurança, Simplicidade, Surpresa, Rapidez, Repetição e Propósito[101]. Focalizando sua atenção em métodos e atitudes simples, porém eficazes, você elevará seu nível de segurança. Ela compõe um rol de necessidades básicas do ser humano, ao lado de necessidades como alimentação e vestuário. Investir em conhecimento sobre o assunto é investir em qualidade de vida.

É importante lembrar que segurança pública não é uma ciência exata. As dicas que seguem representam apenas sugestões das práticas mais eficientes e voltadas para casos genéricos. Nem sempre elas poderão ser empregadas ou se enquadrarão na situação que você possa vivenciar.

Para os policiais, em muitos casos, elas não se aplicarão, principalmente porque a reação pode ser inevitável. Nessa hora, a experiência, o treinamento e até mesmo a sorte farão a diferença entre o sucesso e o fracasso.

---

[101] Para facilitar sua assimilação utilizamos a fórmula S^3+R^2+P.

Prevenindo roubos e furtos a automóveis

- Sempre que precisar parar ou estacionar em via pública, procure locais iluminados e movimentados. Fique atento a pessoas suspeitas aos arredores, principalmente ao retornar ao veículo. Evite ficar dentro do carro quando ele estiver estacionado em vias públicas, e se a permanência for necessária, redobre sua atenção. Ao estacionar, mantenha seu carro em condições de sair com facilidade. Nunca entregue suas chaves para guardadores de carros (flanelinhas), pois podem ser copiadas com facilidade.

- Tenha o hábito de observar os arredores quando for abrir seu veículo. Observe também dentro dele. Se achar algo estranho não entre e procure por ajuda especializada.

- Mantenha o carro engrenado (primeira marcha) ao parar nos semáforos. Fique atento ao ambiente, prestando atenção na aproximação de estranhos. À noite, reduza a velocidade nos semáforos que estiverem com a luz vermelha acesa, tentando esperar o momento em que vai ficar verde. Se se sentir ameaçado, não pare no sinal, tomando cuidado com os veículos que estiverem na preferência. Se perceber ameaça em algum estranho se aproximando, utilize a buzina para chamar atenção.

- Ao estacionar em vias públicas ou em estacionamentos privados, evite deixar volumes, carteira, armas, cartões de crédito, documentos do carro, talões de cheque ou qualquer coisa de valor dentro do veículo. Ao sair, sempre verifique se não está sendo seguido.

- Mantenha a manutenção do seu carro sempre em dia, checando constantemente pneus, amortecedores e freios. Ande sempre com o tanque acima da metade de sua capacidade.

- Não dê caronas a estranhos, não abra a porta ou vidro para vendedores de rua. Quando estiver ao volante, evite distrair-se com jornais, revistas, celulares, *outdoors* ou luminosos.

- Não deixe as chaves na ignição do seu carro, mesmo que seja apenas uma parada rápida. Sempre feche os vidros e tranque as portas do veículo.

- Procure dirigir com os vidros fechados e portas travadas. Sempre que for dar a partida, coloque o cinto de segurança e confira se todas as portas estão realmente travadas.

- Evite deixar objetos (malas, bolsas, carteiras, óculos de sol, etc.) expostos ao trafegar. Mantenha-os, na medida do possível, no porta-malas. Isso evita que assaltantes se sintam atraídos pelos seus pertences, principalmente nos semáforos. Evite também trafegar ostentando relógios caros, joias ou falar em aparelhos celulares.

- Se alguém solicitar ajuda, não pare. Entre em contato com as autoridades competentes (Corpo de Bombeiros, Polícia Militar ou Civil, Defesa Civil), indicando o local.

- Exija comprovante da entrega do veículo em estacionamentos ou estabelecimentos servidos por manobristas, certificando-se de que o manobrista trabalha realmente para o estabelecimento.

- Fique atento aos motociclistas, em especial aos que carregam outra pessoa na garupa.

- Em caso de pane em seu veículo, tente estacioná-lo em local mais seguro possível, coloque o triângulo sinalizador, saia do veículo e chame assistência especializada. Evite aceitar ajuda de assistências que não foram chamadas. Dê preferência ao mecânico de sua confiança ou à assistência das seguradoras.

- Utilize-se de meios preventivos para aumentar a segurança de seu veículo: alarmes, trancas, chaves gerais. Se tiver condições, faça um seguro contra roubo e furto.

- Não pare o carro para conversar ou namorar em vias públicas. Se precisar esperar alguém, mantenha-se atento e com o carro ligado e pronto para uma fuga.

CHARLIE OSCAR **263**

- Evite utilizar adesivos que possam dar informações sobre sua rotina, como adesivos da faculdade, da academia, de clubes.

- Esteja sempre atento ao chegar em casa. Se perceber qualquer movimento suspeito, passe adiante, dê mais uma volta ou entre em contato com a polícia.

- No caso de sofrer pequena batida (abalroamento) em seu veículo, principalmente, em locais escuros ou pouco movimentados, não pare ou desça para discutir a situação. Procure uma viatura ou posto policial para explicar o ocorrido.

- Ao perceber que está sendo seguindo por um veículo, siga para lugares de grande movimento ou delegacia de polícia. É muito útil conhecer bem sua cidade, os itinerários e adjacências de delegacias, postos e batalhões de polícia.

- Procure locais seguros, postos de gasolina ou assistências técnicas se perceber um pneu furado. Evite parar em locais ermos e escuros para trocá-lo.

- Se observar seu carro sendo furtado, chame ajuda especializada e não tente agir sozinho. Na maioria das vezes, os criminosos não agem sozinhos.

- Somente reaja em caso de ameaça à vida e se for a última alternativa. Não é vantajoso correr risco de morte para salvar seu patrimônio.

Prevenindo roubos e furtos a residências

- Instale sistemas de alarme, cercas eletrificadas e iluminação eficiente. Teste-os regularmente. Cães adestrados também é um bom sistema de segurança. Até mesmo cachorros pequenos de estimação servem como alarme.

- Mantenha trancados os portões e portas de acesso a sua casa. Oriente seus empregados ou moradores a mantê-los trancados mesmo nos momentos da realização de faxinas e limpezas.

- Reforce a segurança das janelas com grades, mais eficientes se instaladas internamente. Utilize sarrafos como segurança adicional em janelas de correr.

- Reforce a segurança das portas com fechaduras resistentes, trancas extras ou travas que ache necessário. Não esqueça das portas secundárias, como a da cozinha ou das sacadas.

- Durante a noite, mantenha portas internas trancadas, isso ajudará a evitar "surpresas".

- Se possuir acesso ao sótão, mantenha-o trancado.

- Ao acordar, antes de abrir a casa verifique se não há estranhos no pátio ou quintal, esperando uma oportunidade para entrar.

- Tome muito cuidado na seleção dos funcionários que trabalharão em sua residência. Confira as recomendações, procure verificar se não tem antecedentes criminais. Só confie a eles as cópias das chaves necessárias. Se for contratar vigilantes, prefira empresas idôneas e exija a carteira nacional de vigilante, fornecida pela Polícia Federal.

- Fique atento à presença de suspeitos nas proximidades de sua residência, em especial, nos horários de entrada e saída dos moradores. Qualquer suspeita pode ser informada à polícia. Procure sempre anotar o máximo de informações relativas aos suspeitos.

- Não permita a entrada de pessoas estranhas em sua casa, como vendedores e supostos pesquisadores. Exija sempre a credencial das pessoas que forem ter acesso ao seu lar, como entregadores de gás, funcionários de companhias telefônicas, elétricas e de saneamento. Se desconfiar, ligue para a companhia e cheque as credenciais. Evite a entrada de pessoas estranhas quando estiver sozinho.

- Cuidado com pessoas pedindo ajuda. Jamais abra a porta. Tente tranquilizá-las e chame imediatamente ajuda especializada (Polícia ou Bombeiros).

- Evite atender as pessoas diretamente no portão de casa. Tente usar interfone ou fale com elas mantendo uma distância mínima de segurança. Cuidado com entregadores de flores ou encomendas não esperadas. Se for preciso, avise um vizinho para que possa ficar observando.

- Evite fazer a guarda de valores elevados em sua residência. Evite também ostentar em excesso seu patrimônio. Se possuir um cofre, mantenha sigilo.

- Evite rotinas, como manter sempre as mesmas luzes acesas quando estiver fora de casa, utilizar os mesmos caminhos, utilizar os mesmos horários para deslocamentos.

- Tenha sempre à mão telefones úteis (vizinhos, parentes, amigos, Polícia Militar, Polícia Civil, Bombeiros, Hospital).

- Objetos simples podem funcionar como alarme de invasão de domicílio. Uma garrafa sobre uma cadeira, atrás de uma porta, cairá se ela for aberta e fará um barulho razoável. Se não possui condições financeiras para a aquisição de modernos sistemas de segurança, utilize sua criatividade.

- Eduque seus filhos para evitar que abram a porta para estranhos.

- Quando uma chave for perdida, troque o miolo ou a fechadura.

- Conheça seus vizinhos. Combinem entre si sinais e códigos para momentos de emergência. Em caso de viagem, um poderá vigiar a casa do outro.

266 CHARLIE OSCAR

- Só reaja em caso de ameaça contra a vida e se for a última alternativa. Não é vantajoso correr risco de morte para salvar seu patrimônio.

Prevenindo roubos e furtos a condomínios

- Todos os condôminos devem estar cientes das normas de seguranças adotadas pelo condomínio, inclusive informados dos golpes mais comuns aplicados pelos criminosos. A mesma regra vale para os funcionários, principalmente, porteiros e zeladores. Utilize-se de reuniões, mural, palestras, internet, enfim, toda forma de comunicação para que seja criada uma conscientização geral.

- Procure fazer uma rigorosa seleção do empregados domésticos e dos empregados do condomínio. Verifique as referências e cheque se tem antecedentes criminais. Dê preferência a empresas conhecidas e com idoneidade comprovada.

- O síndico deverá cadastrar todos os condôminos com dados pessoais, de veículos, das pessoas que frequentam o condomínio. Isso ajuda na identificação e poderá ser utilizado em caso de emergência. Também deve manter dados dos funcionários e ex-funcionários do condomínio.

- Outra forma de ajudar na segurança é criar um sistema de identificação através de crachás para todos os visitantes, delimitando o andar que ele terá acesso.

- No caso da contratação de obras, exija os dados dos funcionários que trabalharão nela, além de identificação com crachá. O porteiro deverá controlar, rigorosamente, a entrada e saída desses funcionários.

- Treine os funcionários para manipularem os sistemas de segurança disponíveis no condomínio. Se possuir sistema de gravação nas câmeras internas, providencie para que seja instalado em local onde o porteiro não tenha acesso, evitando que a gravação seja levada pelos criminosos.

CHARLIE OSCAR **267**

- Se possível, evite que entregadores entrem em seu condomínio. Instale uma abertura para que o porteiro possa receber as encomendas e solicitar que os condôminos a retirem na portaria. No caso de encomendas de grande porte, solicitar que os condôminos acompanhem os entregadores.

- É muito importante que os funcionários tenham um treinamento constante. Uma falha comum é deixar portões abertos em horários de limpeza e de retirada do lixo. Outra falha é a guarda de chaves de apartamentos ou de automóveis dos condôminos. Isso facilita e muito a ação dos criminosos.

- Procure instalar uma linha telefônica na portaria e exija que o porteiro tenha sempre a mão telefones úteis (Polícia Militar, Polícia Civil, Bombeiros, hospital, empresa de segurança).

- O porteiro deverá atender pessoas estranhas sempre do lado de fora. A entrada só deve ser autorizada após a confirmação do condômino. Prestar atenção em prestadores de serviço, confirmando se foram solicitados pelos condôminos.

- O porteiro ou zelador deverá estar sempre atento à movimentação de pessoas e veículos suspeitos nos arredores do condomínio. Qualquer dúvida ou ameaça avisar as autoridade competentes.

- Uma boa prática é o porteiro pedir um documento de identificação do visitante, para efetuar anotações no livro de entrada e para fazer uma comunicação mais precisa ao condômino.

- Os condôminos deverão ficar atentos à presença de suspeitos nas proximidades do condomínio, principalmente, nos horários de maior entrada e saída de moradores. É muito comum o morador ser rendido na hora de entrar no condomínio, "levando o problema" a todos. Qualquer suspeita pode ser informada à polícia. Procure sempre anotar o máximo de informações relativas aos suspeitos.

- Os condôminos devem ter muita atenção na hora de autorizar a entrada de algum prestador de serviço.

- Evite fazer a guarda de valores elevados em seu apartamento. Evite também ostentar em excesso seu patrimônio. Se possuir um cofre, mantenha sigilo. Caso for viajar por períodos mais longos, só comente com pessoas de sua confiança.

- Instale olho mágico na porta de entrada e de serviço, mantenha sistema de comunicação funcionando (interfone).

- O condomínio deve ter boa iluminação, guarita segura, grades de proteção, portão da garagem controlado preferencialmente pela portaria, câmeras de segurança com aparelhos para gravação das imagens, e tudo o que puder auxiliar na segurança. Mas não se pode esquecer da regra básica: conscientização de todos os condôminos e funcionários da importância da colaboração deles na segurança.

- Só reaja em caso de ameaça contra a vida e se for a última alternativa. Não é vantajoso correr risco de morte para salvar seu patrimônio.

Prevenindo roubos e furtos na rua

- Evite andar sozinho. Evite caminhar por locais ermos e mal iluminados. Escolha os trajetos mais movimentados. Tome cuidado em paradas como semáforos, locais procurados por "batedores de carteira".

- Se perceber atitudes suspeitas, entre no primeiro comércio ou local habitado para pedir ajuda. Evite parar para atender pedidos de pessoas estranhas.

- Procure sempre sair do trabalho ou de festas acompanhado por um ou mais amigos. Isso ajuda a inibir a ação dos criminosos.

- Não carregue grandes quantias de dinheiro, evite ostentar joias, relógios caros, bolsas, pastas, notebook, câmera fotográfica, talões de cheques, cartões e outras coisas com algum valor. Se for necessário o transporte de valores, faça de maneira discreta, evitando paradas em locais não programados e, preferencialmente, acompanhado de outra pessoa.

- Cuidado com estelionatários. Evite dar conversas a estranhos que propõem um grande negócio, ou a venda de bilhetes premiados e coisas afins. Cuidado também com encontros "ao acaso", com mulheres e homens interessantes querendo conhecê-lo. Os cuidados devem ser redobrados ao sair de bancos ou financeiras.

- Evite conversar e namorar em vias públicas. A sua distração é a maior vantagem para um criminoso.

- Prefira os pontos de ônibus em locais movimentados. Procure se posicionar de costas para uma parede, prestando atenção ao seu redor.

- Ande sempre com uma quantia de dinheiro em um bolso de fácil acesso, para pequenas despesas, como ônibus, metrô, café, jornais, etc. Com isso você evita ter que abrir a carteira em locais públicos e não chamará a atenção dos criminosos.

- Evite carregar muitos cartões de crédito, documentos e folhas de cheques assinadas em sua carteira. Leve o mínimo necessário.

- Evite aglomerações em frente de lojas, vendedores ambulantes ou outros locais.

- Ao sair de um banco, observe sempre se está sendo seguido, ou se não está marcado com alguma espécie de senha (papel pendurado ou colado em suas roupas, por exemplo). É um artifício utilizado pelos criminosos para sinalizar para os comparsas que aquela pessoa é um "cliente" em potencial.

- Evite qualquer tipo de confronto pelas ruas. Se for necessário, busque sempre a ajuda da Polícia.

- Nunca confira ou conte dinheiro em via pública. Lembre-se: a discrição é sua grande aliada.

- Preste muita atenção com sua bolsa, principalmente em mercados ou na hora de efetuar os pagamentos. São nesses momentos que ocorrem boa parte dos furtos.

- Evite rotinas. Procure variar seus itinerários e horários ao se deslocar para academia, trabalho, escola, residência, passeios com animais de estimação.

- Evite utilizar bolsos traseiros para transportar carteira, dinheiro ou documentos.

- Só reaja em caso de ameaça contra a vida e se for a última alternativa. Não é vantajoso correr risco de morte para salvar seu patrimônio.

Prevenindo roubos e furtos na fazenda

- Se possível, instale sistemas de segurança e iluminação adequada em sua propriedade (alarmes, portões, câmeras). Cadeados e trancas em porteiras dificultam o acesso à propriedade, principalmente de veículos, ajudando na segurança.

- Combinar sinais (códigos) com vizinhos e conhecidos para serem utilizados em situações de emergência.

- Procure possuir sistemas de comunicação (telefone rural, celular ou rádio). Tenha sempre a mão telefones úteis (vizinhos, parentes, amigos, Polícia Militar, Polícia Civil). Em deslocamentos, procure utilizá-los.

- Ter animais como cachorros e aves (quero-quero, gansos) ajudam a denunciar a presença de estranhos na propriedade.

- Só dê informações sobre a propriedade para pessoas mais íntimas ou de órgãos oficiais devidamente identificadas.

- Quando precisar ficar períodos fora da propriedade, comunique aos vizinhos.

- Evite rotinas, como manter sempre as mesmas luzes acesas quando estiver fora da propriedade, utilizar os mesmos caminhos, utilizar os mesmos horários para deslocamentos.

- Sempre que notar atitudes suspeitas, anote todos os dados possíveis para facilitar o trabalho da polícia (placa de carro, cor, tipo, quantas pessoas, sexo, cor de cabelo, altura, compleição física, roupas e tudo mais que possa interessar).

- Tome muito cuidado na seleção dos funcionários que trabalharão na propriedade. Confira as recomendações, procure verificar se não têm antecedentes criminais.

- Evite manter valores na propriedade. Evite também ostentar seu patrimônio.

- Tome cuidado com as pessoas estranhas que visitam sua propriedade, como compradores e vendedores.

- Manter em bom estado cercas e porteiras. Fazer vistorias periódicas nos limites da propriedade. Evite deixar animais em pastagens próximas a estradas no período noturno.

- Evite deixar ferramentas jogadas pela propriedade, pois poderão ser usadas como armas ou como ferramentas para auxiliar no arrombamento.

- Mantenha seus implementos agrícolas, máquinas, embarcações e o que tiver valor em locais seguros e devidamente identificados, facilitando o seu reconhecimento posterior no caso de um roubo ou furto.

- Só reaja em caso de ameaça contra a vida e se for a última alternativa. Não é vantajoso correr risco para salvar seu patrimônio.

Quando for viajar

- Comunique sua viagem a um vizinho de confiança. Mantenha contato com ele para saber se está tudo bem com sua casa. Evite comentar sobre sua viagem perto de pessoas estranhas. Se não tiver vizinho próximo, solicite a um amigo ou parente para passar regularmente em sua casa. Peça para abrirem as janelas, pegarem correspondências e jornais que possam estar jogados, etc.

- Certifique-se de que desligou aparelhos elétricos e o gás encanado. Verifique se todas as portas e janelas estão devidamente trancadas. Confira também se as torneiras estão bem fechadas.

- Evite deixar valores ou bens valiosos dentro de casa. Se possível, transfira para um banco ou para a casa de alguém de confiança.

- Evite deixar luzes acesas, pois durante o dia denunciarão sua ausência. Para longos períodos de ausência é uma boa prática solicitar que alguém faça a manutenção do jardim.

- Se possível, desligue campainha e interfone, evitando que pessoas certifiquem-se de que não está em casa. Atenção para cadeados colocados do lado externo, eles também denunciam sua ausência.

- Caso tenha empregados, oriente para que não informem a pessoas estranhas que está viajando, o seu destino ou outras informações importantes.

- Faça uma revisão em seu carro. Confira se está levando tudo que é necessário, principalmente, documentos pessoais e do veículo.

Sobre roubo de cargas

- Não dê caronas a estranhos, não abra a porta ou vidro para

CHARLIE OSCAR **273**

vendedores de rua. Quando estiver ao volante, evite distrair-se com jornais, revistas, celulares, *outdoors* ou luminosos.

- Se alguém solicitar ajuda, não pare. Entre em contato imediatamente com as autoridades competentes (Polícia Rodoviária, Polícia Militar ou Polícia Civil), indicando o local e detalhes sobre o acidente, por exemplo.

- Evite comentários com estranhos a respeito de seu itinerário e sua carga.

- Evite contratar pessoal (chapas) desconhecido. Utilize os serviços de quem tem recomendação ou que já tenha contratado.

- Evite deixar seu caminhão sem vigilância, mesmo ao parar para alimentar-se ou pernoitar. Dê preferência a postos de serviços grandes e conhecidos.

- Mantenha os principais componentes de seu caminhão com alguma identificação, facilitando o seu reconhecimento posterior no caso de um roubo ou furto.

- Procure instalar equipamentos de comunicação (rádio transmissor, telefone celular) em seu veículo. Rastreadores por satélites também são muito úteis.

- Após qualquer parada, examine seu caminhão para ver se não tem nenhuma avaria nas principais partes. "Alguém" pode não querer que você vá muito longe.

- Procure viajar durante o dia e à noite descansar. É bom para seu sono e mais seguro. Se for necessário viajar à noite, prefira fazê-lo em comboio.

- Compartilhe com outros caminhoneiros, sinais e códigos para situações anormais e de emergência.

- Qualquer situação anormal (veículo seguindo seu caminhão, caminhão com problema, acidentes na estrada, atitudes suspeitas) deverá ser comunicada à Polícia Rodoviária o mais rápido possível.

- Se seu veículo não for rastreado, estabeleça regras para comunicação regular com sua família e empresa para quem estiver trabalhando, sempre informando seu itinerário.

- Só reaja em caso de ameaça contra a vida e se for a última alternativa. Não é vantajoso correr risco para salvar seu patrimônio.

Cuidados com crianças

- Procure sempre esclarecer seus filhos sobre todos os perigos encontrados no dia-a-dia de uma vida urbana. O diálogo e educação ainda são as maiores armas na prevenção contra a criminalidade.

- Diga para nunca conversarem com estranhos. Também não devem aceitar presentes ou alimentos de qualquer natureza.

- Desde muito pequenas, as crianças devem saber na "ponta da língua" o nome de seus pais, endereço e telefone para contato. Não devem fornecer esses dados a estranhos, só em caso de necessidade e preferencialmente para policiais. Se houver dificuldade para memorização, placas ou cartões de identificação podem ajudar.

- Recomende que se algum adulto ou adolescente quiser tocar seu corpo deve afastar-se, gritar para chamar atenção e buscar ajuda.

- Um erro comum dos pais, no intuito de "assustarem" seus filhos para que não façam alguma coisa, é usar expressões do tipo "se fizer isso eu chamo a polícia". As crianças devem ter confiança nos policiais e ter a consciência de que eles servem para proteger e ajudá-las.

CHARLIE OSCAR **275**

- Recomende aos seus filhos que andem sempre acompanhados, preferencialmente em grupos grandes. Não permita que eles se desloquem sozinhos. Nesse caso, utilize transporte escolar regularizado ou o leve você mesmo para seu destino.

- Recomende para que nunca aceitem caronas de desconhecidos e que nunca se aproximem de carros estranhos, mesmo que seja só para dar uma informação. No caso de serem atacados ou forçados a entrar, o melhor a fazer é gritar por ajuda o mais alto possível.

- No caso de serem seguidos por estranhos, ensinar que devem procurar locais de grande movimento e entrar em estabelecimentos comerciais para pedir ajuda.

- A partir do momento em que as crianças forem sair sozinhas de casa, elas devem aprender noções de trânsito, como semáforo, faixa de pedestre, cuidado ao atravessar as ruas, cuidado com carros e bicicletas.

- Ao conduzir veículos com crianças dentro, lembrar de que lugar de criança é no banco de trás em assento adequado, com vidros e portas travadas.

- Ficar sempre atento ao comportamento dos filhos, suas notas na escola, suas companhias.

- Oriente seus filhos a sempre informarem onde estão, principalmente no caso de mudança de rotina.

Caixas Eletrônicos e Cartões de Crédito

- Evite criar senhas com números fáceis de serem identificados, como data de nascimento, número da identidade ou afins. Números aleatórios dificultam a ação dos criminosos. Nunca guarde senha e cartão no mesmo lugar. Não compartilhe sua senha e cartão com ninguém.

- Ao digitar sua senha, cuidado com pessoas próximas a você. Elas podem visualizar sua senha. Faça com que seu próprio corpo ajude a encobrir a digitação da senha. Se tiver problemas com estranhos, avise os funcionários ou a segurança do banco.

- Se precisar de ajuda na agência ou caixa eletrônico, só aceite se for de funcionários conhecidos ou devidamente identificados. Não aceite ajuda de pessoas estranhas em hipótese alguma.

- Antes de entrar no caixa eletrônico, observe sujeitos suspeitos nos arredores. Se ficar desconfiado, procure outro caixa. Em caso de ameaça, peça ajuda à segurança do banco ou à polícia. É recomendável a utilização de caixas em locais movimentados, como shoppings.

- Não empreste sua conta para movimentação de dinheiro de terceiros, pois poderão utilizá-la para lavagem de dinheiro ou cometimento de outros crimes.

- Adote o hábito de conferir regularmente a movimentação financeira de sua conta. Isso ajuda a descobrir se movimentações irregulares estejam sendo feitas por terceiros.

- Em caso de roubo, furto ou extravio de cartão de crédito, cheques ou documentos avise imediatamente à operadora do cartão e seu banco, além de fazer o registro da ocorrência na delegacia mais próxima.

- Após o uso do caixa eletrônico, certifique-se de que pegou o cartão magnético da máquina e não deixou outros documentos ou papéis junto a ela. Procure picotar o extrato antes de jogar no lixo.

- Uma boa prática é ir ao caixa eletrônico acompanhado, em especial no período noturno. Eles poderão ficar de olho na movimentação das pessoas enquanto efetua o saque ou pagamento.

- Se estiver com pacotes, cuidado com furtos na hora de efetuar transações financeiras em caixas eletrônicos.

CHARLIE OSCAR **277**

- Ao efetuar pagamentos com seu cartão de crédito ou débito, evite que fique fora de sua vista. Confira sempre o comprovante do cartão. Quando utilizar máquina manual para efetuar o pagamento, exija que o carbono seja inutilizado.

- Após fazer um saque, separe uma quantia para despesas de pequena monta e o restante guarde em lugar seguro e de difícil acesso, evitando os bolsos na parte de trás de calças. Não fique conferindo dinheiro fora do caixa eletrônico.

- Ao sair, verifique se alguém não o está seguindo. Caso desconfie, entre em um comércio ou peça ajuda a um policial.

- Se receber ligação telefônica de pessoas se identificando como funcionários do banco em que possui conta, nunca informe seus dados pessoais, senhas e nem digite números no telefone se solicitado. Avise que você fará uma visita à agência e regularizará a situação.

- Caso, ao sair do banco, deparar-se com um pneu do carro vazio, volte à agência e peça que um funcionário faça a guarda do seu dinheiro até que o problema seja resolvido. É um golpe muito comum criminosos esvaziarem pneus de clientes dos bancos para roubarem valores ou objetos enquanto trocam pneus.

Sequestros

- Evite rotinas como manter sempre os mesmos itinerários e utilizar os mesmos horários para deslocamentos. Isso deve ser feito também pelos familiares, uma vez que, na maioria dos sequestros, o chefe da família não é o sequestrado, mas seus familiares.

- Vigilância e atenção são as maiores armas. Observe se está sendo seguido, se há veículos ou pessoas suspeitas próximos a sua casa, seu trabalho, escola ou outro local que frequente regularmente. Ao sentir-se ameaçado, procure ajuda policial imediatamente.

- Nunca passe informações pessoais ou sobre a rotina da família para estranhos e para pessoas de "empresas" de *telemarketing*. Desconfie de telefonemas que busquem informações sobre a família. Se possível tenha um identificador de chamadas e fique atento. Essa orientação deve ser passada para empregados e para membros da família.

- Evite ostentar riqueza, utilizar-se de carros caros e chamativos, fazer comentários sobre seu patrimônio com pessoas que não sejam de extrema confiança. Peça para seus parentes também evitarem comentários sobre seu patrimônio.

- Ao perceber que está sendo seguido por um veículo, siga para lugares de grande movimento ou delegacia de polícia. É muito útil conhecer bem sua cidade, principalmente, os itinerários e adjacências de delegacias, postos e batalhões de polícia.

- Esteja sempre atento ao chegar em casa. Se perceber qualquer movimento suspeito, passe adiante, dê mais uma volta ou entre em contato com a polícia.

- É importante que algum familiar ou amigo saiba de seus itinerários e horários, e também seja comunicado de alguma mudança inesperada. Isso pode ajudar a detectar um sequestro logo em seu início.

- Procure dirigir com os vidros fechados e portas travadas. Sempre que for dar a partida, coloque o cinto de segurança e confira se todas as portas estão realmente travadas.

- No caso de sofrer pequena batida (abalroamento) em seu veículo, em locais escuros ou pouco movimentados, não pare ou desça para discutir a situação. Procure um policial para explicar o ocorrido.

- Atenção aos cruzamentos. Reduza a velocidade nos semáforos que estiverem com a luz vermelha acesa, tentando esperar o momento em que ficará verde. Sempre que parar deixe um espaço do carro da frente para manobras rápidas.

CHARLIE OSCAR **279**

- Evite também trafegar ostentando relógios caros, joias, ou ainda malas e objetos de valor em locais visíveis. Evite se distrair ao falar em celulares, ler jornais, revistas ou observar outdoors.

- Carregue só o necessário. Um pouco de dinheiro, algumas folhas de cheque e um ou outro cartão.

- Observar aos arredores quando for abrir seu veículo. Observe também dentro dele. Se achar algo estranho não entre e procure por ajuda especializada.

- Mantenha todos os dados de funcionários e ex-funcionários. Muitos sequestros são planejados com informações passadas por seus empregados.

- Se possuir um alto cargo, evite deixar a vista cartões de visita ou crachás. Isso poderá fazer com que um sequestro relâmpago evolua para um sequestro com cativeiro.

- Leia as dicas para evitar roubos e furtos de automóveis que também funcionam para sequestros relâmpagos.

Em caso de emergência

Mesmo ao adotar ações preventivas, nem sempre será possível escapar da atuação dos bandidos. Nesse caso, dicas para momentos emergenciais podem ser úteis, diminuindo o risco ao qual se expõe.

Sequestros

- Ao ser sequestrado, procure manter a calma, não realize ações que possam causar uma reação violenta do sequestrador. Se o criminoso perceber que efetivamente está no comando, no controle da situação, tende a manter-se mais calmo.

- Não tente negociar com os sequestradores.

- Apesar de sentir-se abandonado, com medo, lembre-se de que sua família e as autoridades competentes estão mobilizadas para tirá-lo da situação.

- Paciência é uma qualidade necessária. Tenha consciência de que a resolução do caso poderá ser demorada e evite maiores desgastes emocionais ou pensamentos autodestrutivos.

- Esteja preparado para um resgate. Se possível, estude um local do cativeiro para se proteger no caso de uma possível troca de tiros entre polícia e os sequestradores.

- Os maiores riscos estão nos primeiros momentos do sequestro. Por isso tenha tranquilidade e não se confronte com os raptores.

- Procure falar só quando falarem com você. E sempre que possível, fale sobre coisas que demonstrem sua condição de ser humano para o sequestrador. Assuntos sobre família e filhos são bons temas. Com o tempo, existe tendência do estabelecimento de uma relação humanizada entre o sequestrador e a vítima, chamada de Síndrome de Estocolmo, que reduz as chances do cometimento de violência por parte do perpetrador.

- Caso tenha algum problema de natureza médica, comunique aos sequestradores. Avise dos remédios e horários em que costuma ingeri-los. Não invente doença ou problema, pois se o raptor perceber que está mentindo você terá mais problemas.

- Em situações em que mais de uma pessoa foram sequestradas, não converse com os outros reféns. Isso traz ideia de conspiração.

- Evite dar sugestões aos sequestradores. Isso poderá fazer com que pareça que está no comando da situação. Mantenha a sua submissão.

- Sobre uma possível fuga, estude cuidadosamente a opção.

É preciso ter muita certeza de que será eficiente. Os sequestradores costumam prever as opções mais comuns, então existe uma chance de ser frustrada.

Assaltos

- Na grande maioria dos casos, os assaltantes têm comparsas escondidos, fazendo sua segurança ou apenas observando os acontecimentos. Isso aumenta, e muito, o risco de uma reação. Então só reaja se for uma ameaça iminente à vida e se for a última das alternativas.

- Muitas pessoas não sabem, mas o risco de morrer em um assalto é maior do que em um sequestro, além de que, assaltos são muito mais frequentes. Isso se deve porque sequestros, geralmente, são melhores planejados que assaltos, e seus executores, muitas vezes, são bandidos com mais experiência e controle. Vários criminosos iniciam-se na vida do crime cometendo furtos e roubos. A chance de ser assaltado por um bandido com pouca experiência é grande, também aumentando os riscos para você.

- Devido ao exposto, algumas atitudes podem auxiliá-lo no momento de um assalto, diminuindo os riscos a sua vida. Lembre-se de que atitudes preventivas, como as descritas no item "Segurança Preventiva" são sempre mais eficientes.

- Ao ser assaltado, procure manter a calma, não faça movimentos bruscos e tente comunicar-se claramente com o assaltante. Não encare. Não procure confrontação ou discussão. Peça autorização para todo movimento ou ação que executar, como desconectar o cinto de segurança, abrir a porta do veículo, tirar a carteira ou celular do bolso. Se o criminoso perceber que efetivamente está no comando, no controle da situação, tende a manter-se mais calmo.

- Em assaltos a residência, procure manter os moradores juntos, entregando logo o que os criminosos desejam, com o objetivo de abreviar ao máximo o momento.

- Se estiver em deslocamento com seu veículo, ao notar bloqueios na estrada faça a volta rapidamente e busque outros caminhos. Não tente desbloquear a pista e não pare o veículo.

- Se presenciar um crime acontecendo com outra pessoa, não tente ajudar e avise imediatamente a Polícia, passando o máximo de informações possíveis quanto aos suspeitos, ao local e as vítimas.

Ação e reação

Essa história é destinada principalmente para policiais e civis que tenham porte de arma. É importante lembrar de que portar uma arma exige consciência, atenção total, habilidade e treinamento constante.

A questão "reagir ou não-reagir", como foi dito, é uma decisão pessoal e dependerá muito da situação. Ora o mais prudente em uma situação perigosa é não fazer absolutamente nada; ora a reação é necessária ou inevitável.

O mais importante de tudo para quem porta uma arma de fogo é a sua condição de pronto emprego. Pronto emprego quer dizer arma na cintura, ou em coldre axilar. Será muito difícil conseguir sucesso em uma reação quando a arma estiver alojada em uma pochete, bolsa, mala, ou até mesmo no tornozelo.

A partir de agora relatarei um caso ocorrido comigo, em uma viagem de férias para o litoral de um Estado do Nordeste.

Uma mulher, um guia e eu estávamos fazendo um passeio até uma praia com acesso apenas por meio de trilhas. Após meia hora de caminhada, chegamos ao local. Fizemos algumas fotos, contemplamos a paisagem e resolvemos voltar por outra trilha, com o intuito de apreciar uma cachoeira situada a alguns minutos de caminhada dessa praia.

Estava trajando sunga, chinelo, camiseta regata e uma mochila, que continha toalha, água, câmera fotográfica, carteira de dinheiro e carteira funcional. A arma não estava na mochila, mas junto à cintura, na sunga, encoberta pela camiseta. O volume era discreto, pois a arma era uma pistola da marca Glock, modelo compacta (ou "*baby*", como alguns preferem chamar).

A trilha seguia por um manguezal, dividindo-se em duas a certa altura. Uma continuava pelo manguezal, a outra passava por um trecho de Mata Atlântica. Nessa bifurcação, fui surpreendido por dois marginais, um portando uma espingarda de caça e o outro com uma faca na cintura. Saíram de trás das árvores, anunciaram o assalto e permaneceram cerca de 10 metros do nosso grupo. Fui pego de surpresa, sob a mira de um dos assaltantes que demonstrava um nervosismo exagerado, mantinha o dedo no gatilho e ameaçava atirar.

O assaltante com a arma de fogo ordenou, de imediato, que a mochila fosse jogada a frente. Se a arma ali estivesse, acabariam as minhas chances de reação. Em seguida, mandou o guia jogar sua mochila à frente e que todos retirassem os chinelos, colocando-os junto às mochilas. Ameaçou-nos, novamente, dizendo que mataria os homens e estupraria a mulher. Na sequência, ordenou que eu retirasse minha camiseta. A partir desse momento a arma que estava sem coldre e na parte frontal da cintura ficaria exposta, perdendo sua cobertura. Nesse instante, eu, que há algum tempo tentava tranquilizar os assaltantes demonstrando humildade e submissão, saquei a pistola e efetuei três disparos contra o homem que portava a arma de fogo. Antes mesmo que pudesse enquadrar o segundo homem, este havia corrido em disparada para dentro da mata, não oferecendo mais perigo imediato.

Mantendo o enquadramento, segui em direção ao marginal caído para checar se realmente não oferecia mais risco. Atingi o assaltante com três tiros, dois na mão e um no antebraço, pouco acima do pulso. Os tiros foram desferidos em direção ao perigo, que era a arma. Por ser uma espingarda e devido ao seu posicionamento, acabei acertando a mão e antebraço do marginal, que em seguida foi levado para praia onde foi "recolhido" por policiais militares ao hospital e, posteriormente, à cadeia da região.

Na delegacia, durante o depoimento, fui informado de que ambos eram fugitivos da casa de custódia da região, um deles condenado por roubo.

Esse episódio serve para ilustrar a importância do pronto emprego do armamento. A partir do momento que alguém se propõe (civil) ou é obrigado (policial) a andar armado, deve estar treinado, em condição de utilizá-la e em constante estado de alerta.

Outras lições também podem ser aproveitadas. Após atirar em alguém, não devemos acreditar que o alvo está neutralizado apenas porque caiu. É um instinto de sobrevivência jogar-se ao chão. Pode ser apenas um ato reflexo da pessoa que recebe os disparos, ou até pode ter sido atingida e estar em condição de reagir. Por isso a importância do *follow trought*[102], ou como alguns preferem chamar, acompanhamento. É claro que há exceções. Imagine uma troca de tiro onde existam múltiplos agressores e todos oferecendo perigo. Nesse caso não será prudente seguir esses procedimentos, uma vez que terá que acertar os diversos alvos. O importante é usar o bom senso e, sempre que possível, procurar abrigo.

Lembre-se dessa frase: "Um guerreiro bem treinado não precisa contar tanto com a sorte".

---

[102] Técnica aplicada após efetuar disparos contra um alvo, onde para maximizar a sua segurança, o atirador permanece fazendo um acompanhamento, mantendo por alguns segundos o engajamento no alvo.

**Negociação em Crises: atuação policial na busca
da solução para os eventos críticos**
Angelo Oliveira Salignac
264 páginas

**Meio Ambiente, Política Criminal e Criminologia: reflexões
sobre qualidade de vida e a violência nas metrópoles**
Jorge Luiz Bezerra
216 páginas

Negociação de Reféns

Wanderley Mascarenhas de Souza

152 páginas

Como se Comportar Enquanto Refém

Wanderley Mascarenhas de Souza

112 páginas

Do Crime de Omissão de Socorro

Marcos Granero Soares de Oliveira

208 páginas

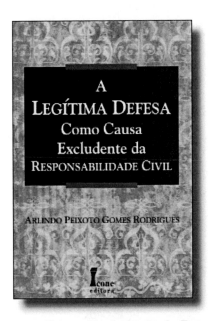

A Legítima Defesa como Causa Excludente da Responabilidade Civil

Arlindo Peixoto Gomes Rodrigues

168 páginas

CURSO DE USO DIFERENCIADO DA FORÇA – UDF.
Volume I: Portaria Interministerial 4.226/10;
Modelos de Uso da Força; os Direitos Humanos e o
Uso da Força; Instrumentos de Menor Potencial Ofensivo

Eduardo Maia Betin
Claudia Tereza Sales Duarte

304 páginas

Para saber mais sobre o nosso catálogo, acesse:
www.iconeeditora.com.br